EL RÍO DE LA Música

DEL JAZZ Y BLUES AL ROCK

Desde Memphis a Nueva Orleans

Miquel Jurado

Redbook

EL RÍO DE LA Música

DEL JAZZ Y BLUES AL ROCK

Desde Memphis a Nueva Orleans

A través del Misisipi

Miquel Jurado

MA NON TROPPO

MA
NON
TROPPO

Diseño de cubierta: Regina Richling

Diseño de interior: David Saavedra

Fotografías interiores y material de archivo: Miquel Jurado

Ilustración de cubierta: Shutterstock

ISBN: 978-84-120048-6-1

Depósito legal: B-15.593-2019

Impreso por Sagrafic, Pasaje Carsi 6, 08025 Barcelona

Impreso en España - *Printed in Spain*

Para Teresa, Àlex y Teresa que han soportado con resignación y una sonrisa de ánimo mis ausencias y las abducciones del tercer piso.

Con Teresa descubrí hace ya mucho el Misisipi en Nueva Orleans. Con Àlex en Memphis levantamos hasta las piedras buscando música. Y a Teresa, la pequeña aunque ya no lo sea, confío en llevarla pronto para que beba en esas fuentes.

Y para Robert Latxague con el que compartí alguno de estos reencuentros que me animaron a escribir este libro.

índice

Introducción 9

Ol' Man River 13

Memphis, Tennessee 19
- Primer día. Domingo. La llegada 20
- Segundo día. Lunes. Llegaremos juntos a la tierra prometida 53
- Tercer día. Martes. La noche que cambió el mundo 65

Nashville, Tennessee 87
- Cuarto día. Miércoles. El Partenón, Batman y los Honky Tonks 90
- Quinto día. Jueves. El trovador de Texas se adelantó al Hombre de Negro 121
- Sexto día. Viernes. Por la Natchez Trace 134

Tupelo, Misisipi 137

Highway 61 143
- Séptimo día. Sábado. La autopista del blues 144

Clarksdale, Misisipi 149
- Octavo día. Domingo. Desayuno con blues 163

Dockery Farms, Misisipi 165

Bordeando el Misisipi 177
- Noveno día. Lunes. No es fácil ser verde 185
- Décimo día. Martes. ¡Jesús! 199

Lafayette, Luisiana 203
Undécimo día. Miércoles. Violines y acordeones diatónicos 212

Regresando al Misisipi 215

Nueva Orleans, Luisiana 223
Duodécimo día. Jueves. Marie Laveau, Jean Lafitte y el Katrina 227
Décimo tercer día. Viernes. Festivales todo el año 249
Décimo cuarto día. Sábado. ¡Cómo les gusta bailar por aquí! 267
Décimo quinto día. Domingo. What a wonderful world 273

¿Sabes lo que significa añorar Nueva Orleans? 283

Direcciones y comentarios 285

Banda sonora 293

Listas de audición 304

Bibliografía 310

Índice onomástico 313

Introducción

"I only hope that one day, America will recognize what the rest of the world already has known, that our indigenous music - gospel, blues, jazz and R&B - is the heart and soul of all popular music; and that we cannot afford to let this legacy slip into obscurity".

(Solo espero que algún día Estados Unidos reconozca lo que el resto del mundo ya sabe, que nuestra música autóctona –góspel, blues, jazz y rhythm and blues– es el corazón y el alma de toda la música popular; y que no podemos permitirnos dejar que este legado caiga en el olvido.)

Quincy Jones, declaraciones a la emisora WHYY de Filadelfia
el 5 de noviembre de 2001 con motivo de su introducción
en el Rock and Roll Hall of Fame.

La cultura musical afroamericana tiene poco más de un siglo de vida. Una cultura joven pero de tal solidez que no solo se ha expandido por los cuatro rincones del planeta, sobre ella se ha edificado prácticamente toda la música popular del siglo XX (y del XXI, claro). Nada sería hoy igual sin aquellos primeros esclavos africanos entrando en contacto con un medio tan nuevo como hostil, sin el fecundo resultado cultural (que no social) de ese brutal encontronazo.

De ahí surgieron el blues, los espirituales negros y el góspel, el jazz, el rhythm and blues y el soul, el cajún y el zydeco, el rock and roll, el funk, el rap,... y toda una serie interminable de géneros y subgéneros.

Y han sido las aguas de un río (en ambas direcciones: río arriba, río abajo) las que han visto nacer y desarrollarse todas estas músicas que después han inundado el mundo e influido en la sonoridad actual de todo el planeta.

El río más caudaloso, en todos los sentidos, de América del norte: el Misisipi.

Pronunciar la palabra Misisipi comporta siempre algo mágico para cualquier aficionado a la música.

El Misisipi es solo un río pero es mucho más. Y su atractivo está muy por encima de su indiscutible belleza natural.

En especial el bajo Misisipi que va, para entendernos, desde la unión con el Misuri hasta el golfo de México. Un recorrido plagado de meandros y recovecos que desemboca en un delta cargado de historias, mitos, leyendas y, por supuesto, música. Mucha música. En el fondo la música y el río se parecen: ninguno de los dos puede permanecer quieto, fluyen sin parar y absorben todo lo que encuentran a su paso. Todos los afluentes (del río y de la música) se juntan en el caudal principal y, cuando llegan al mar o al océano (a nosotros), nadie puede distinguir su procedencia.

El Misisipi es tierra de plantaciones cultivadas por esclavos pero, al mismo tiempo, tierra en que la música nunca fue de un solo color. La influencia dominante fue la afroamericana, todos los músicos de esta zona, sea cual sea su raza, se han visto profundamente influidos por las tradiciones negras pero en música nunca se impuso la segregación de la sociedad que la circundaba. Músicos blancos y negros, mulatos y criollos, intercambiaron melodías y tocaron juntos desde los inicios del jazz hasta las grabaciones del estudio Stax. Músicos blancos enganchados al blues, Elvis como ejemplo, y músicos negros interpretando country and western, Charley Pride arrasó en las listas de éxitos estadounidenses aunque entre nosotros no fuera muy famoso.

Obviaré aquí la descripción geográfica del río, que hasta en la socorrida Wikipedia está exhaustivamente explicada, para centrarme en mi objetivo principal: las músicas que nacieron a su alrededor y cómo encontrar alguno de los lugares en los que se gestaron a lo largo de sus más de 3.770 kilómetros de recorrido hasta el océano cruzando diez estados. Encontrar esos lugares, quedarse un rato en silencio y respirar su peculiar atmósfera ayuda a entender un poco más la música que allí se creó.

En el Misisipi le das una patada a una piedra y aparecen tres o cuatro músicos sorprendentes. Solo siguiendo los innumerables letreros informativos del Mississippi Blues Trail podríamos pasarnos semanas recorriendo palmo a palmo la zona y descubriendo lugares, anécdotas, sonidos y nombres de músicos de los que nunca antes habíamos oído hablar a pesar de considerarnos buenos aficionados. Y ¡solo estaríamos en el ámbito del blues!

La idea de este libro es pasearse por alguno de esos lugares, los más significativos, los que dejaron verdadera huella en la historia. Calles, plazas, esquinas, autopistas, caminos, encrucijadas, pueblos, ciudades, plantaciones, viejos caserones, cabinas miserables, bares, restaurantes, clubes de todos los pelajes, museos, tiendas, estatuas, monumentos, estudios de grabación,... Solo he evitado los cementerios y las tumbas. Soy consciente de que muchos músicos relevantes reposaban a lo largo de mi camino pero las tumbas no suelen estar en mi idea de viaje. Solo me encontré sin buscarlas con un par que estaban a mi paso, lejos del cementerio. Pasearse por esos lugares y averiguar cómo y por qué nació allí aquella determinada música y cómo ha evolucionado hasta llegar a nuestros días.

No se trata de una descripción sistemática y musicológica de todas esas músicas, ni de su historia; dada la cantidad y calidad de esa música, un trabajo de esa magnitud convertiría este libro en una enciclopedia.

Tampoco es una guía turística aunque se ofrece (eso espero) suficientes datos como para realizar una visita (siempre completada con información adicional). En el fondo se trata de un simple cuaderno de viaje sin más pretensiones pero, eso sí, el cuaderno de un viaje iniciático para cualquier melómano que intentaré describir siempre en primera persona, tal como yo lo viví.

El relato no corresponde a una sola visita, he sintetizado en la narración todas mis experiencias en el Misisipi a lo largo de los años. Buscando una coherencia de lectura he intentado describir un viaje que marcó de forma indeleble mi relación con este río, las sensaciones de los diversos encuentros (que dejé escritas en un diario personal), con todos los añadidos y correcciones que el resto de visitas me han aportado. La narración dura quince días, porque esa fue la duración de aquel viaje. Se podrían invertir muchos más días, sobre todo en algunos momentos del año en los que la actividad musical es muy importante, pero este punto depende solo de una cuestión de disponibilidad y presupuesto. Quince días no son ni muchos ni pocos para un primer contacto.

Y lo que aquí sigue es un intento de reconstruir mi primer contacto con el Misisipi explicado con el desorden que suele acompañar todos mis viajes. Un desorden natural, para mí inevitable y en cierta medida reconfortante y que provoca que cada encuentro, que cada hallazgo, conocido o inesperado, sea siempre una auténtica sorpresa. Para mí lo fueron.

Chris Rose, célebre reportero del *The Times-Picayune*, escribió, y la frase se puede encontrar reproducida en muchos lugares de Nueva Orleans: “Puedes vivir en cualquier ciudad de los Estados Unidos, pero Nueva Orleans es la única ciudad que vive en ti”. Yo me atrevería a ir un poco más lejos: “Puedes vivir en cualquier lugar del planeta, pero el Misisipi es el único lugar que vive en ti”.

Miquel Jurado, Vilassar de Mar,
primavera-invierno de 2018.

Río Cumberland
Nashville
TENNESSEE
Memphis
ARKANSAS
Lake Cormorant
Helena
Tupelo
Río Misisipi
Clarksdale
Dockery Farms
Leland
Greenville
Tallulah
Vicksburg
MISISIPI
LUISIANA
Natchez
Baton Rouge
Lafayette
Oak Alley
Nueva Orleans

Ol' Man River

En 1936 Paul Robeson cantaba "Ol' Man River" en la película *Magnolia (Show Boat)* en un glorioso y estremecedor blanco y negro.

La historia ha querido que una de las canciones más negras no solo del Misisipi sino de todo el repertorio estadounidense fuera escrita por dos judíos blancos de la alejada (en aquella época bastante alejada) ciudad de Nueva York, el compositor Jerome Kern y el letrista Oscar Hammerstein II. Incluida, además, en una superproducción de Broadway *Show Boat*, basada en una novela previa de otra escritora judía, Edna Ferber, y producida por otro judío, el legendario Florenz Ziegfeld en su propio y recién inaugurado Ziegfeld Theatre[1].

Aparentemente nada que ver ni con el río ni con la cultura afroamericana.

Aun así, la poderosa y profunda voz de bajo de Paul Robeson sigue y seguirá siendo el hito más alto de la negritud de un río absolutamente negro.

Y esa es la canción que ha sonado en mi mente cada vez que me he encontrado con el río por primera vez, porque cada vez ha sido la primera.

Dere's an ol' man called de Mississippi
Dat's de ol' man dat I'd like to be!
What does he care if de world's got troubles?
What does he care if de land ain't free?

---

1 *Show Boat* se estrenó en Broadway el 27 de diciembre de 1927 cosechando un éxito inmediato de público y crítica y alcanzando en esa primera producción las 572 representaciones. El personaje de Joe cantando "Ol' Man River" fue interpretado por Jules Bledsoe. Paul Robeson lo interpretó por primera vez en su estreno londinense en 1928 y repitió el papel en producciones posteriores. En 1929 se rodó con el mismo título un film parcialmente sonoro basado en la novela y no en el musical. En 1936 se realizó la primera versión cinematográfica del musical dirigida por James Whale (famoso por haber dirigido el primer e inolvidable *Frankenstein*) con Robeson como Joe. En 1951 en su tercera aparición en cines la dirección corrió a cargo de George Sidney, autor de numerosos y recordados musicales, y Joe fue interpretado por William Warfield.

Paul Robeson cantando "Ol' Man River" en el film *Magnolia (Showboat)*.

Ol' man river. Dat ol' man river,
He mus'know sumpin' But don't say nuthin'
He jes' keeps rollin'. He keeps on rollin' along.
He don' plant taters, He don' plant cotton,
An' dem dat plants 'em is soon forgotten,
But ol' man river, he jes' keeps rollin' along.
You an' me, we sweat an' strain,
Body all achin an' racked wid pain.
Tote dat barge! Lif' dat bale!
Git a little drunk an' you land in jail.
Ah, gits weary an' sick of tryin'
Ah'm tired of livin' an' skeered of dyin',
But ol' man river, he jes'keeps rollin' along!
Darkies work on de Mississippi,
Darkies work while de white folks play,
Pullin' dose boats from de dawn to sunset,
Gittin' no rest till de judgement day.
Don't look up an' don't look down,
You don' dast make de white boss frown.
Bend your knees an'bow your head,
An' pull date rope until you' dead.
Let me go 'way from the Mississippi,
Let me go 'way from de white man boss;
Show me dat stream called de river Jordan,
Dat's de ol' stream dat I long to cross.
Long ol' river forever keeps rollin' on...

Oscar Hammerstein II no habla aquí de un río envejecido sino de un río que, utilizando una hermosa metáfora, es en realidad un hombre anciano, que arrastra en sus aguas esa sabiduría que solo atesoran los ancianos y que, gracias a ella, puede permanecer ajeno al turbulento mundo que le rodea.

> *Hay un anciano llamado Misisipi/¡Es el anciano que me gustaría ser!/¿Qué le importa si el mundo tiene problemas?/¿Qué le importa si la tierra no es libre?/*
> *Río anciano, ese río anciano/Sabe alguna cosa pero calla./Solo sigue fluyendo, fluyendo sin parar./No siembra patatas, no siembra algodón,/Y los que las siembran pronto serán olvidados,/Pero no el anciano río, él sigue fluyendo sin parar./*
> *Tú y yo sudamos y nos esforzamos,/Todo el cuerpo molido, lleno de dolor./¡Mueve esa barcaza! ¡Carga ese fardo!/Tómate un trago y acabarás en la cárcel./Ah, acabas cansado y enfermo de intentarlo./Estoy cansado de vivir y asustado por la muerte,/Pero el anciano río ¡sigue fluyendo sin parar!/*
> *Los darkies*[2] *trabajan en el Misisipi,/Los darkies trabajan, mientras los blancos juegan,/Arrastrando esos fardos desde el amanecer hasta el crepúsculo,/Sin conseguir descansar hasta el día del juicio final./*
> *No mires arriba, no mires abajo,/No intentes enojar al patrón blanco./ Dobla tus rodillas, agacha tu cabeza,/Y estira de esa cuerda hasta que te mueras./Déjame alejarme del Misisipi,/Déjame alejarme del patrón blanco;/Muéstrame ese arroyo llamado río Jordán,/Ese es el viejo arroyo que quiero cruzar./*
> *Largo río anciano sigue fluyendo por siempre jamás...*

---

2 En la versión teatral de 1927 se utilizaba la palabra *niggers* pero para versiones posteriores se prefirió el término más suave *darkies* que prácticamente nadie utilizaba. En el film de 1951, no entraron en polémicas y los dos últimos párrafos fueron directamente suprimidos, igual había sucedido en 1946 cuando Frank Sinatra la cantó en la película *Till the Clouds Roll by* (una puesta en escena empalagosa como pocas y diametralmente opuesta, en lo estético y en lo social, a la de *Magnolia* pero entrañable también). Más adelante el mismo Paul Robeson volvió a cambiar *niggers* o *darkies* por *colored folks* e, incluso, en sus actuaciones solía saltarse esa frase. En versiones modernas (las posteriores de Sinatra, por ejemplo) se suele cantar *Here we all work 'long the Mississippi* (*Aquí todos trabajamos en el Misisipi*). En este contexto *darkies* no tiene una traducción exacta al castellano ya que *oscuros* o *morenos* no están en nuestro lenguaje coloquial. Tal vez sería necesario utilizar *hombres de color*, un eufemismo también muy extendido en castellano.

Un viaje por el Misisipi debería comenzar en sus fuentes en el lago Itasca, en el norte del estado de Minnesota. Los nativos ojibwa, la primera nación que pobló esas tierras antes de la llegada de los europeos (previamente la zona probablemente estuvo ocupada por nativos dakota u otros que fueron expulsados por los ojibwa pero no han quedado datos objetivos para afirmarlo), llamaban al lago Omashkoozo-zaaga'igan (Lago del alce). Nada que ver con la actual denominación Itasca que no procede de la cultura nativa aunque mucho se ha especulado sobre ello. El nombre fue introducido en 1832 por el geógrafo y agente indio Henry Rowe Schoolcraft que, guiado por el nativo ojibwa Ozaawindib (nombre que podría traducirse como Cabeza Amarilla), consiguió determinar la auténtica fuente del río acabando con las disputas anteriores que la situaban más al sur. Itasca, en realidad, es el apócope de las sílabas internas de la frase latina *veritas caput* (la verdadera cabeza).

En esa primera zona los nativos ojibwa conocían al Misisipi como el Río del Alce y también como Gran Río (en lenguaje ojibwa: mshi-ziibi). En regiones más al sur el nombre cambia a Río Abundante con cedros rojos, Río Grande y, sobre todo, Padre de las aguas. Y esos son los nombres que persisten en sus lenguas.

En 1541 el extremeño Hernando de Soto llegó a la región por primera vez y lo bautizó como Río del Espíritu Santo. Cuando la zona pasó a manos francesas fue conocido, sin perder su carácter místico, como Fleuve de l'Inmaculée Conception.

La palabra Misisipi, Mississippi en inglés, no es más que una adaptación anglófona del nombre anterior francés Meschacebé, del que habla Chateaubriand en sus novelas *Atala o Los amores de dos salvajes en el desierto* de 1801 y su continuación *René* de 1802. Nombre que, sin duda, procede directamente de mshi-ziibi aunque no hay datos fidedignos para asegurarlo.

Un mismo río conocido con palabras tan alejadas entre sí es la metáfora idónea para hablar de la música de esa zona. O mejor de las músicas de esa zona.

En la zona norte del río la música de los nativos y la música de los primeros colonos de origen europeo (inicialmente franceses pero pronto de todas las regiones del norte de Europa y muy especialmente noruegos) se mezclaron poco o nada.

Aquí no puede hablarse de mestizaje ni de términos similares. En muchos casos incluso se puede afirmar que las distintas músicas de los diferentes grupos de colonos no solo no se relacionaron con las de los nativos que ya vivían allí, sino que tampoco llegaron nunca a mezclarse entre ellas. La dureza geográfica y climática no era la más propicia para las relaciones humanas y la música se interpretaba solo en el seno del hogar como una diversión familiar o compartida con algunos amigos que, como premisa, vivieran cerca. Las grandes fiestas y bailes de la comunidad no son habituales en estas tierras inhóspitas, en especial en invierno cuando la nieve y el hielo dificultan los desplazamientos. Es decir, cada comunidad siguió interpretando sin interferencias, mejor o peor, en realidad como pudo y supo, las músicas que llegaron con ellos desde sus lejanos países.

Además, a mediados del siglo XIX el Misisipi marcó la frontera real entre el este y el oeste. Es decir entre el antiguo (relativamente, claro) Estados Unidos y el nuevo Estados Unidos, entre las ciudades cultas y educadas y las praderas salvajes, entre la civilización y la barbarie. Una división que, aunque nadie lo reconozca abiertamente, sigue viva en el imaginario colectivo estadounidense.

A medida que avanzamos por el Misisipi hacia el sur todo esto va cambiando, las relaciones comunitarias son cada vez más frecuentes y más intensas. Servicios religiosos, mercados, fiestas y bailes forman parte del día a día en una geografía menos agreste y un clima bastante más benigno. Incluso las diferentes culturas nativas y las recién llegadas de Europa y África comienzan a relacionarse. Y, en el extremo más al sur del Misisipi, la ciudad de Nueva Orleans fue (y sigue siendo) una de las tierras más mestizas de todo el planeta.

El hecho de que luminarias como Bob Dylan o Prince nacieran en el estado de Minnesota carece de un significado especial ya que sus aportaciones musicales nunca fueron localistas.

En Misuri sucede algo parecido. El Misisipi atraviesa su capital St. Louis pero los nombres importantes surgidos en esta ciudad no aportaron nada nuevo y consolidaron su carrera río arriba en Chicago, río abajo en Memphis o incluso más allá en Nueva York. Miles Davis, Chuck Berry (al que sus paisanos de St. Louis consideraban un cantante hillbilly), Fontella Bass, Lester Bowie (del Art Ensemble of Chicago) o Ike Turner que, nacido en Clarksdale, vivió sus inicios musicales en St. Louis y conoció a su futura mujer Tina en un club de esa ciudad, son nombres no solo importantes sino esenciales en el desarrollo de la música actual pero no crearon ningún tipo de música que pueda relacionarse con St. Louis o con el estado de Misuri.

Chicago en Illinois no está en la orilla del Misisipi pero por su cercanía podría entrar perfectamente en una exploración como esta. La ciudad ha sido y es un importante núcleo musical pero tampoco se puede hablar de ningún estilo en concreto que haya nacido en la ciudad. Hablamos del Jazz de Chicago y del Blues de Chicago, ambos con características bien determinadas pero fueron los jazzmen y bluesmen que ascendieron por el río los que, asentados en la capital de Illinois, sofisticaron o añadieron ritmo al jazz o al blues que trajeron del Sur. El historiador Peter Guralnick afirmaba sin cortapisas: "Basta con decir que el blues nació en el Misisipi, olfateó alrededor de Memphis y luego se estableció en Chicago, donde es posible que viva en paz el resto de sus días[3]".

Es decir, un viaje a la búsqueda del Misisipi debería partir de Itasca pero todo lo anterior no es más que una (buena) excusa para iniciar mi andadura en tierras en las que la música suena con más fuerza y personalidad, en las que el mestizaje (todo tipo de mestizaje) ha creado cosas nuevas: el estado de Tennessee.

Si hablamos de turismo, el gobierno estadounidense creó en 1938 la Great River Road, un encadenado de carreteras secundarias que siguen más o menos el cauce del Misisipi desde sus fuentes hasta su desembocadura, desde la frontera canadiense hasta Venice en la punta de Luisiana. No se trata de un antiguo camino utilizado por los nativos, los colonos o los esclavos sino una creación artificial más pensada para el turismo rural que para una aventura musical. En los estados del norte la Great River Road es un delicioso paseo junto al río pero en el sur se aleja de la mayoría de poblaciones importantes en el aspecto musical.

Comenzar a la mitad del río no parece la mejor idea pero si hablamos de música es el lugar idóneo. Y, edificada prácticamente sobre el mismo río Misisipi, se encuentra Memphis que, de alguna manera, aúna todos los objetivos de este cuaderno de viaje como cuna de muchas músicas: blues, rhythm and blues, rock and roll, soul,...

Uno de los lemas de la ciudad ya lo apunta:

> *"In the quest to identify the roots of American music,*
> *all roads led to Memphis."*
> *(En la búsqueda para identificar las raíces de la música estadounidense,*
> *todos los caminos conducen a Memphis.)*

> *"I'm goin' away, to a world unknown*
> *I'm goin' away, to a world unknown*
> *I'm worried now, but I won't be worried long".*
> *(Me voy, a un mundo desconocido/Me voy, a un mundo desconocido/*
> *Ahora estoy preocupado, pero no lo estaré por mucho tiempo.)*

Charley Patton: "Down The Dirt Road Blues"

---

[3] Guralnick, Peter: *Feel Like Going Home. Portraits in blues and rock and roll.* Outerbridge & Dienstfrey, Nueva York 1971. Reedición: Back Bay Books, Nueva York 1999

Memphis, Tennessee

"Memphis to me was like the Eiffel Tower, or the Tower of Pisa, or the Grand Canyon. God almighty!, this was really something!"

(Memphis para mí era como la Torre Eiffel, o la Torre de Pisa, o el Gran Cañón. ¡Dios todopoderoso!, ¡fue realmente algo importante!)

B.B. King

Primer día. Domingo. La llegada

Llegar a Memphis en avión a las 6.30 de la mañana de un domingo a finales de julio tiene su historia. Al salir de la cabina, a pesar de la aparente protección del *finger*, la oleada de calor es implacable ya a esas horas. Un calor pesado, una humedad del 82 %, que enlentece los movimientos y probablemente también los pensamientos. Nada que ver con el fresquito veraniego de Seattle (de donde vengo).

La terminal parece abandonada, solo de tanto en tanto alguien dormita en un sillón o teclea un ordenador. Por cierto, la wifi no es gratuita como en la mayoría de aeropuertos estadounidenses.

Los primeros bares, con nombres musicales (¡claro!), están cerrados. La primera tienda abierta es la de Harley Davidson y, aunque parezca raro, pueden venderte una moto además de merchandising de todo tipo: cazadoras, camisetas, llaveros, chapas, billeteras, pelotas de golf,... No hay nadie comprando una moto a esas horas de domingo.

Más allá el infalible Starbucks está también abierto (¡salvado!) y a su lado una tienda de suvenires de Elvis Presley con objetos ramplones *made in China* que perfectamente podrían estar en cualquier bazar de las Ramblas de Barcelona. Además, ¿quién compra suvenires al llegar a una ciudad?

Las oficinas de los coches de alquiler, como suele ser norma, están en el quinto pepino y se necesita un autobús gratuito para llegar. En ningún aeropuerto estadounidense estas oficinas están cerca de la salida de llegadas pero, para ellos, las grandes distancias son algo natural aunque a los europeos pueda chocarnos esa necesidad de desplazarse siempre en un vehículo.

El autobús lanzadera es rápido, el conductor amable aunque, sin quererlo, hiere un poco mi sensibilidad insistiendo en subirme la maleta cuando a un grupo de veinteañeros a mi lado solo les ha sonreído dejándoles con sus bultos. Una vez en el edificio de oficinas, todas las empresas juntas y con el mismo mostrador para evitar que ninguna oferta destaque, todo va bastante rápido.

El Misisipi solitario al amanecer.

La entrega del coche también. Es la primera vez que me llevan al parking y me dicen que escoja el coche que más me guste [en viajes posteriores he comprobado que esto ya es una norma]. Descarto una camioneta y varios coches japoneses (se trata de un viaje iniciático por el Misisipi ¡no puedo utilizar una montura japonesa!) y me quedo con un Chrysler 200 suficientemente grande y cómodo para un trayecto que puede ser largo y en el que, espero que esta vez no ocurra (en otras anteriores pasó), pueda quedarme de repente sin un lugar donde dormir y tenga que hacerlo en un parking de la carretera o en algún camping de caravanas (esto es mejor porque tienen ducha e, incluso, café caliente o algo parecido).

La radio lleva presintonizada una emisora en la que pasan *oldies* de la zona, como es domingo casi todo es góspel (agradable tópico para empezar un viaje). No cambio de emisora y me mezo suavemente al ritmo de estas plegarias tan distintas a las que pueden oírse en las iglesias europeas. No conozco ninguno de los nombres que van desfilando pero todo tiene una cadencia rítmica que cala hondo, jondo me atrevería a decir en este caso. Y le pone a uno de buen humor en una mañana de domingo tras haber dormido bastante poco.

Llegar desde el aeropuerto hasta el centro de Memphis es fácil, ni siquiera yo me pierdo. [Sonrío al recoger esta frase de mi primer cuaderno de viaje. Años después, en compañía de mi amigo Robert Latxague, no solo nos perdimos en ese corto trayecto sino que al detenernos en una cuneta para intentar orientarnos, nos abordó un coche de la policía con todas sus luces encendidas en la noche. Lógicamente estábamos mal aparcados. Del coche bajó una agente afroamericana, con toda su artillería a la vista, y nosotros, por aquello de las películas, sin hacer el mínimo movimiento, con las manos a la vista sobre el volante y la ventanilla bajada. La agente puso la típica sonrisa condescendiente al vernos con el mapa desplegado y nuestra evidente impotencia ante un GPS que no entendíamos. Nos indicó amablemente cómo llegar al centro, justamente en la dirección contraria a la que íbamos. Mi primer y único encontronazo con la policía estadounidense se saldó con una sonrisa.]

Casi sin proponérmelo aparezco a orillas del Misisipi que impresiona, la palabra correcta sería *emociona*, al primer contacto (después también), claro que no es solo por la geografía sino por toda la historia que acarrea a sus espaldas y que la sientes muy presente al mirarlo. Ya desde el avión impactaba por su caudal y sus grandes meandros. Conocía el Misisipi en Nueva Orleans, incluso lo había remontado en un steamboat años atrás pero la sensación más al norte es diferente: aquí es como más salvaje, más natural.

Dos inmensos puentes, que lo cruzan en cada extremo de la ciudad, y un también enorme carguero (con distintos cuerpos que se empujan unos a otros) confeccionan una imagen de postal.

La zona está casi desierta, solo algún corredor madrugador de vez en cuando.

En esta región la mitad del río pertenece a Arkansas y la otra mitad a Tennessee. Los dos puentes son inmensos, el de mi derecha es llamativo por su construcción: la mitad de Arkansas es completamente recta sin adornos superfluos mientras que la de Tennessee tiene unos bonitos arcos (que además, lo comprobé después, por la noche se iluminan), como si los de Arkansas no pensaran en la decoración y los de Tennessee sí. O, tal vez sea más realista pensar que los de la otra orilla no tienen tanto dinero como los de esta.

El puente está dedicado al conquistador extremeño Hernando de Soto (aunque a menudo suelen escribir, incluso en mapas, Hernando Desoto), el primer europeo que llegó al Misisipi, el primero que lo cruzó en balsa a pesar de las hostilidades de los nativos de ambas orillas y también el primero cuyo cuerpo descansa en sus aguas. Dice la leyenda que, al morir de fiebres,

Embarcadero en el Misisipi frente a la isla de Mud.

sus hombres lo hundieron de noche en el río para que los nativos, que le consideraban inmortal, no supieran de su muerte[4].

El puente a mi izquierda se conoce como Big River Crossing aunque también se le llama el Memphis-Arkansas. Últimamente por la noche también se ilumina en tonos blancos, azules y rojos.

La orilla que da al centro de la ciudad a lo largo del Riverside Drive es un gran parque muy verde, todo es muy verde, pero la ciudad parece quedar lejos y no lo está, como si viviera a espaldas del río. Una impresión fundada en una primera mirada que después y en viajes posteriores comprobé que era totalmente cierta. El tranvía pasa cerca del río, un tranvía a la antigua, como debe ser, nada de modernidades como en Barcelona. Me voy encontrando docenas de hidrantes, todos plateados; curioso encontrar a orillas de un río un sistema de conducción de agua para incendios tan importante.

---

4 La isla de Mud, en pleno Misisipi, además de un entorno magnífico rodeado por el río, alberga el Mississippi River Museum con todo tipo de información sobre las andanzas de De Soto y del resto de colonizadores y la posterior utilización del río para el transporte.

La *Memphis Queen*, un enorme steamboat blanco que todavía hace excursiones, luce con una decrepitud aristocrática en su embarcadero. Anuncia pequeños paseos y cenas con música.

Y a lo lejos, tras el Hernando de Soto, se vislumbra la punta de la pirámide de cristal.

Tomo el coche hacia el centro por la famosa Beale Street (la calle del blues) hasta la zona en que se convierte en peatonal y me doy de bruces con el Fedex Forum, el pabellón de los Grizzlies, el equipo de baloncesto de la ciudad. El polideportivo con aire de nave espacial recién aterrizada está situado en el centro del meollo justo al lado del museo del rock and soul y de la fábrica de guitarras Gibson. Una imagen gigante de Marc Gasol es lo primero que llama la atención, es el único póster de un jugador que tienen expuesto en ese momento en el exterior del pabellón. Justo delante una franquicia de Starbucks, me conecto a Internet en su minúscula terraza junto a un rosco de canela (uno tiene sus debilidades) y disfruto de un panorama altamente sugerente: blues a la izquierda, baloncesto en el centro, rock and soul a la derecha y, al fondo, el suave murmullo del Misisipi que no se oye pero se siente.

Escena de película en el interior de la cafetería: un negro pequeño y bajito, supongo que homeless porque lleva una camiseta de un centro de acogida, está leyendo un diario. Entra un poli negro enorme, como suelen ser por aquí los polis, y comienzan a discutir acaloradamente, por los gestos da la impresión de que el homeless se ha llevado el diario sin pagar o algo parecido, salen afuera y discuten un rato más, el homeless siempre como disculpándose, bajando la cabeza en expresión de sumisión, hablan bastante alterados y se despiden. El homeless entra sonriendo. ¿Un confidente, un familiar descarriado? Me quedo con la duda.

Del ocio de los granjeros al rock and roll

Paseo por Beale Street, son las nueve de la mañana y todo está cerrado. Los neones apagados. No se ve a nadie por la calle, como en las ciudades fantasma de las pelis. Aun así suena música, rhythm and blues, desde el interior de una tienda cerrada, lo que todavía contribuye a aumentar más esa sensación fantasmagórica. Solo faltan algunas zarzas rodantes atravesando la calle.

Ya son las 9.30 y el Memphis Rock'n'Soul Museum ha abierto sus puertas, soy el primer cliente y lo visito completamente solo, un lujo. Realizo una visita rápida porque no quiero llegar tarde al servicio religioso de la Full Gospel Tabernacle Church. Primero pensé que con una hora tendría más que suficiente pero me equivocaba y fue necesaria una segunda visita para poder digerir todo su contenido.

El Rock and Soul Museum de Memphis bajo la imagen de Marc Gasol.

El museo, creado por el Smithsonian Institution (lo que de por sí es ya una garantía) expone, con un sentido didáctico que se agradece, el nacimiento del rock and roll. Desde la música campesina a la aparición casual de Elvis Presley en un estudio de la ciudad y después toda la eclosión primero del rock and roll y después de la música soul.

En el folleto de mano que puedes recoger en la entrada se explica que el museo está dedicado a "la historia del corpus musical que tuvo la mayor influencia en la cultura y el estilo de vida del mundo desde mediados del siglo XX hasta nuestros días. Afectó la forma en que caminamos, la forma en que hablamos, la forma en que nos peinamos y la forma en que vestimos, no solo en Memphis o en los Estados Unidos, sino en todo el mundo". Nada que añadir.

El museo incluye muchas piezas curiosas (instrumentos originales, discos, fotos, revistas, grabadoras, victrolas, rótulos luminosos, vestidos, etc...). Comienza su andadura mostrando la subsistencia cotidiana y ocio de los granjeros que, buscándose la vida, emigraron a la ciudad y de los libertos afroamericanos que habían ascendido por el Misisipi buscando una sociedad menos racista. Grandes paneles, fotografías y objetos muestran el caldo de cultivo en el que nació el rock and roll con especial atención al importante papel que tuvo la

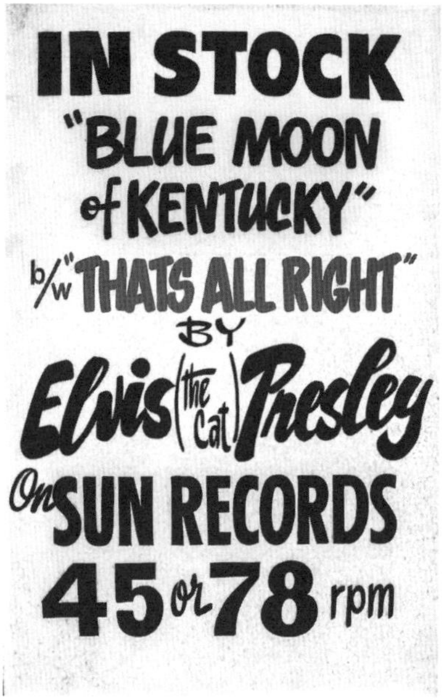

El primer anuncio del primer disco de Elvis Presley conservado en el Rock and Soul Museum.

radio. Todo lo que precedió a Elvis y todo lo que sucedió después de que el camionero grabara en el estudio Sun a pocos kilómetros de aquí. Emociona ver la grabadora que se utilizó aquella noche, está aquí cedida por el propio estudio Sun, curioso que esté aquí y no allí.

Me muevo excitado de una vitrina a otra y me doy de bruces con una curiosidad: el cartel de una tienda de Memphis en que anuncian la llegada del primer disco de Elvis Presley. En letras rojas, negras y azules, sin ninguna imagen, solo diferentes tipografías, se promociona el disco en 45 o 78 rpm. La curiosidad: colocan como canción principal "Blue Moon of Kentucky" y presentan a su intérprete como Elvis (*The Cat*) Presley. Ya nadie recuerda que Elvis fue conocido por un corto espacio de tiempo como *The Hillbilly Cat* pero la cara A de su primer disco fue indudablemente "That's All Right". Tal vez estoy ante el anuncio de una tienda eminentemente blanca a cuyo dueño "That's"... le pareció una canción excesivamente negra[5].

La historia continúa con la expansión de la música soul y la importancia del estudio Stax. Por supuesto no deja de lado el blues de la cercana Beale Street y todos los nombres míticos que ayudaron a confeccionar esa historia de Memphis: Elvis, por supuesto, pero también W.C. Handy, Ike Tuner, Buddy Holly, Sam Phillips y toda la escudería Sun (Johnny Cash, Jerry Lee Lewis y Carl Perkins), Otis Redding, Booker T. and the MG's, Rufus Thomas, Al Green, Carla Thomas, Aretha Franklin,...

Si se quiere, se puede ver rápido, no cansa, pero también se pueden pasar horas si te interesa la historia del rock and roll, de la música afroamericana y toda su imaginería y memorabilia. La afirmación a la puerta del museo es cierta: *"The beat starts here!"* (*¡El ritmo comienza aquí!*).

Al salir conduzco por el centro de Memphis y me pierdo. ¡Un GPS es un artilugio necesario para cualquier viaje por los Estados Unidos! Varias vueltas después encuentro una referencia y aparezco en el Motel 6 Downtown. Una vez allí, sorpresa, resulta que había hecho mal la reserva telefónica, era para el día anterior. La señora de la recepción, una enorme y amable afroamericana me riñe pero ahí acaba todo.

[5] Al visitar el estudio Sun se tratará este tema con algo más de profundidad.

El Motel 6 sigue igual a sí mismo. Limpio, sencillo, dos enormes camas y aire acondicionado que se agradece, mucho. En este viaje he decidido utilizar solo moteles de carretera tan anodinos como típicos de vieja película de serie B. La oferta es abundante y, por regla general, no es necesario reservar. Yo hice la reserva en Memphis para no tener que preocuparme al llegar la tarde del primer día (siempre el más emotivo) y no perder tiempo dando vueltas, pero en el resto del viaje ya no fue necesario y (como si de un relato de Kerouac, ¡uf!, se tratara) me quedé a dormir allí donde me cogió la noche.

Rótulo luminoso original de la histórica tienda de discos Poplar Tunes de Memphis en el Rock and Soul Museum.

Motel 6 es una de las cadenas más populares, barata y ni mejor ni peor que tantas otras; la ventaja es que prácticamente en cualquier lugar encuentras uno y que todos son idénticos. Llegar cada noche a un sitio conocido, aunque sea diferente al de la noche anterior, hace que el aposento pase a segundo término.

Todo el downtown de Memphis es esencialmente afroamericano. Las tierras que rodean la ciudad son en su mayoría antiguas plantaciones de algodón en su época trabajadas por esclavos traídos de África. Con la abolición de la esclavitud[6] muchos de los esclavos libertos dejaron los campos de algodón para trasladarse a la ciudad en busca de trabajos menos severos y mejor remunerados. Esta migración hacia la ciudad, que necesitaba mano de obra barata, engendró una población eminentemente negra que hoy sigue manteniendo su hegemonía numérica aunque las clases dirigentes siempre fueron y siguen siendo blancas a pesar de estar en minoría. Todas estas migraciones fueron decisivas en el nacimiento de todos los estilos musicales que recorremos en este cuaderno.

---

6 Oficialmente el 6 de diciembre de 1865, decimotercera enmienda de la Constitución estadounidense. Lo que no significa que se pusiera inmediatamente en práctica, en los estados del Sur se tardaron varias décadas en llegar a la abolición real. Y como anécdota, si se le puede llamar así, el estado de Misisipi tardó 148 años en hacerlo, no ratificó la abolición hasta 2013. Al parecer se trataba de un "olvido administrativo" que salió a la luz tras el estreno de la película *Lincoln* de Steven Spielberg.

Esperamos que te sientas como si estuvieras con tu familia

Ni siquiera abro la maleta en el motel y parto a la aventura al sur de la ciudad buscando la iglesia que fundó Al Green, la Full Gospel Tabernacle Church. No es la iglesia más antigua de Memphis, ni la más importante o la más bonita pero la presencia del reverendo Al Green[7] le confiere un interés especial para todo amante de la música.

La iglesia pertenece al movimiento pentecostal y se encuentra en el sur de Memphis, a unos quince kilómetros del centro. Por el camino voy encontrando un sinfín de otras iglesias con los nombres más dispares y todas anunciando en la entrada, generalmente en letras muy grandes, el nombre del predicador. En algunas los nombres están formados con luces de neón, como en los viejos teatros; en otros una enorme foto del predicador, solo o con su esposa, ambos endomingados, preside la entrada.

Folleto publicitario de una iglesia de El Reno.

En otro viaje posterior por la América aún más profunda pude comprobar que este tipo de publicidad religiosa, que tanto me sorprendió en el primer momento, es algo absolutamente normal. Incluso en El Reno (pronúnciese de manera incomprensible), en el estado de Oklahoma, nos encontramos (iba con mi hijo Àlex) una congregación que obsequiaba vales para lavar gratis el coche por cada asistencia a un servicio religioso: la El Reno Free Will Baptist Church nos pasó un panfleto de Special Offers (literal) en que apuntaban "*Join us for Sunday Service and receive a free carwash*". Sin comentarios.

7 Al Green nació en 1946 en Forrest City, Arkansas. Tras un inicio en la música góspel (su padre le expulsó del cuarteto familiar por escuchar demasiada música secular) se trasladó a Memphis donde grabó éxitos tan importantes como *Let's stay togheter* o *Take me to the river*. En 1974, tras ser agredido gravemente por una pretendiente despechada que inmediatamente se suicidó con la misma pistola del cantante, Green se convirtió al pentecostalismo, fue ordenado y fundó en 1979 la iglesia pentecostal de Memphis Full Gospel Tabernacle Church. Desde entonces ha combinado temporadas fuera de los escenarios con giras nunca excesivamente largas para no alejarse de su iglesia en la que sigue predicando con regularidad.

LP de Al Green de 1974 inmediatamente anterior a su conversión al pentecostalismo.

En Memphis es mañana de domingo y en las iglesias a mi paso se agolpan gran cantidad de coches dando la impresión de estar todas a rebosar. La zona sur donde se encuentra la Full Gospel es un barrio todo negro pero de casas bonitas y espaciosas. Da la impresión de que corre dinero por aquí y se confirma esa impresión por la cantidad de todoterrenos enormes, casi todos de color negro, que se apelotonan en los alrededores de la iglesia. La zona de aparcamiento es amplia y está llena.

No es fácil llegar, se ha de tomar el Elvis Presley Boulevard, dejar a la derecha Graceland y unas millas después apartarse de la carretera, no hay rótulos que indiquen el camino; hoy por hoy no se trata de un lugar turístico y, una vez más, el GPS es necesario.

El edificio es discreto, blanco con un tejado de varias aguas, como si quisiera pasar desapercibido en el entorno. Su interior es también blanco con muchas lámparas colgando del techo y multitud de cuadros por las paredes, escenas bíblicas y una enorme foto de Al Green. Un piano, un órgano Hammond con su altavoz Leslie, una batería y un par de amplificadores de guitarra y bajo. Una sencilla cruz blanca ocupa la parte posterior del altar.

La primera vez llegué con una cierta prevención, se trataba de una ceremonia religiosa y no de una representación teatral o musical. Cualquier recelo desaparece al llegar a la puerta y ser recibido con los brazos abiertos (literal, no es una figura) y una enorme sonrisa nada afectada. "¿De dónde vienes?" "Esperamos que te sientas entre nosotros como si estuvieras con tu familia." Me quedo en las últimas filas pero la misma señora que me ha recibido me

Al Green en la portada de su disco *Lay it down* de 2008.

arrastra, siempre con una sonrisa, hasta los primeros bancos aún semivacíos porque gran parte de los asistentes están todavía fuera conversando animadamente en corrillos.

Lo primero que me llama la atención es la presencia de bastantes blancos mezclados entre la mayoría de afroamericanos. Incluso el pianista es rubio, de ojos azules y apariencia escandinava.

La ceremonia es muy intensa, tremendamente rítmica y con momentos de puro éxtasis compartido. Unas dos horas en las que se alternan las lecturas bíblicas con cantos dirigidos y animados por el Reverendo Green con su poderosa voz y coreados por todos los presentes puestos en pie y en constante movimiento, los ojos cerrados, cabeza y brazos dirigidos hacia el cielo.

El sermón es también rítmico, por momentos casi cantado, la congregación lo sigue con yeahs, aleluyas, risas y aplausos. El patrón estricto de los cantos de llamada-respuesta africanos traídos por los esclavos.

El clímax va aumentando progresivamente hasta estallar y recuperarse la calma mientras resuenan muchas inspiraciones profundas buscando ansiosamente aire tras la descarga de energía.

Mientras suena la música, el Reverendo Green se pasea entre los presentes, encaja manos, algún abrazo, alguna palabra dicha casi al oído o una entrañable sonrisa cuando, como es mi caso, no reconoce al feligrés.

Una experiencia emocionante y alejada de los estándares que nos intentan vender la mayoría de los grupos de góspel de gira por Europa o los muchos que han ido surgiendo en nuestro país; aquí no hay coreografías ni movimientos acompasados, ni siquiera los cantos tienen un unísono impecable, más bien al contrario: la espontaneidad es total.

En mi primera visita tuve la suerte de coincidir con Al Green, no así en la segunda. Nunca anuncian el nombre del predicador y se molestan si se les pregunta cuándo predicará el Reverendo Green.

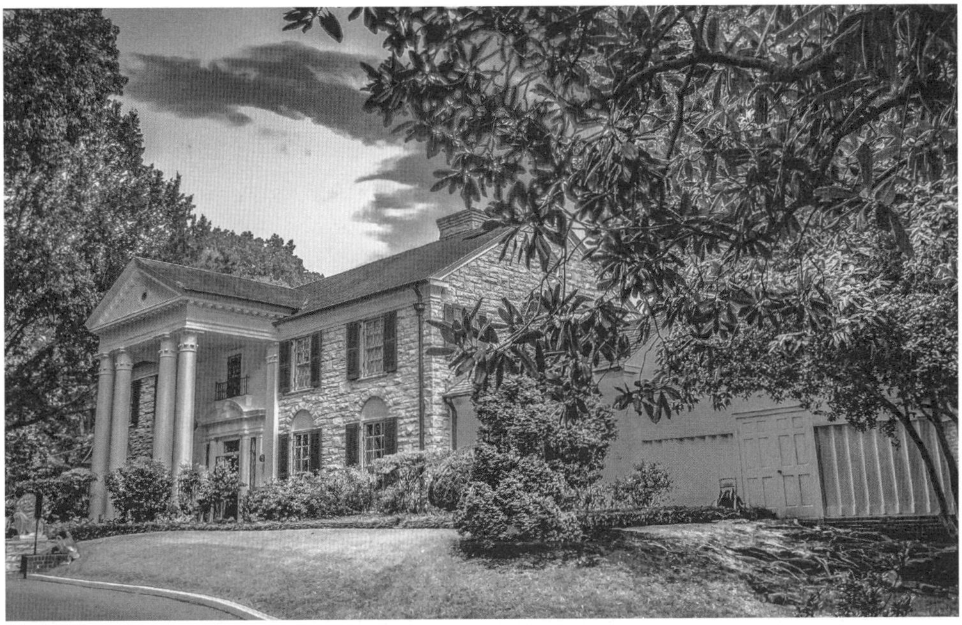

Graceland.

Haciéndolo bien

A pocos minutos de la iglesia de Al Green se encuentra Graceland.

La casa en la que Elvis vivió sus dos últimas décadas y en la que falleció el 16 de agosto de 1977 es uno de los monumentos más visitados de todo Estados Unidos, el segundo tras la Casa Blanca, y está incluido en la lista de Monumentos Históricos Nacionales[8].

La casa fue edificada en 1939, es decir mucho antes de que el King la comprase inicialmente para sus padres en 1958. Tampoco el popular nombre fue cosa de Presley y ni siquiera tiene las connotaciones religiosas que se han querido ver; la casa se denominó así en honor a la hija del primer propietario (Stephen C. Toof) llamada Grace.

El propio Elvis explicaba con un cierto orgullo matizado de estoicismo: "Graceland se encuentra a solo 15 millas al sur de Memphis. Cuando compré la propiedad y la mansión por 100.000 dólares en 1958, era como vivir en el campo. No había nada alrededor excepto algunas plantaciones de algodón y caña de azúcar. La autopista era de segunda clase. Ahora, el Departamento de

---

8 El National Historic Landmark's Program depende de la secretaría de interior del gobierno estadounidense y se centra "en la preservación de lugares históricos que poseen un valor o calidad excepcional para ilustrar o interpretar el patrimonio de los Estados Unidos". En este momento incluye unos 2.600 lugares.

autopistas de Tennessee ha arreglado el camino que se extiende frente a mi propiedad porque los miles de turistas que pasan constantemente lo habían estropeado. Dejar la carretera en perfecto estado supuso abrir la puerta a una nueva inundación de visitantes. Ahora estamos rodeados de todo tipo de cosas que no planeé. A una manzana se ha levantado un centro comercial de 2.300 metros cuadrados, uno de esos edificios ultramodernos. Tiene de todo, desde tiendas de ropa hasta supermercados, peluquerías e incluso una tienda de discos. Estoy contento con la tienda de discos. Pero con toda esta historia esto está aumentando mucho el tráfico en frente de mi casa, ahora es casi como vivir en Times Square en Nueva York"[9].

Y años después sigue siendo así. La diferencia es que ahora está todo perfectamente planeado. Desde el primer momento todo huele a negocio en Graceland, eso sí muy bien montado, presentado y explicado y con una cantidad asombrosa de material original expuesto. Cualquier seguidor, no hace falta ser un fanático, aunque vea que está atrapado por una máquina de hacer dinero, dará por bien invertido el importe de la entrada. Realmente los herederos de Elvis (con Priscilla a la cabeza) no se han conformado con dejar visitar su mítica mansión, lo que ya hubiera sido un negocio de altos vuelos dadas las elevadas cotas de mitomanía existente en todo el mundo (y Elvis está en lo más alto), sino que han reunido todo tipo de objetos tanto personales como musicales e información alrededor del cantante hasta el punto de conseguir que incluso el más acérrimo incondicional pueda acabar mentalmente fatigado tras la visita.

Llegar en coche es fácil, no solo arreglaron la carretera sino que la mantienen en perfecto estado, y un gigantesco parking te acoge, previo pago de 10 dólares por toda la jornada.

Un autobús te traslada al interior de la casa pasando por la famosa puerta de hierro blanco con los dos rockeros y el enorme y verde jardín. No puedes entrar caminando ni, por supuesto, con tu vehículo. Junto a la puerta una tapia de piedra no demasiado alta rodea toda la mansión y guarda el recuerdo de miles de grafitis realizados por los peregrinos que han llegado hasta allí en las últimas décadas.

La entrada a la casa sería toda una sorpresa si no la hubiera visto en cientos de fotografías: dos leones blancos ante cuatro enormes columnas también blancas rematadas con su arquitrabe y su friso prácticamente corintios.

Las columnas dan paso a toda una locura disparatada en la que contenido y continente están constantemente a la greña. Salas tapizadas con telas imposibles, decoraciones tope kitsch, viejos televisores por aquí y por allá, su toca-

---

9 Mick Farren and Pearce Marchbank: *Elvis in his own words*. Omnibus Press, Londres 1977.

Tapia exterior grafiteada de Graceland.

discos puro vintage junto a sus elepés (¡el primero de Mario Lanza!), la cocina con todo su sabor a antiguo (y una tele, por supuesto), el columpio de Lisa Marie, la mesa de billar con un, al parecer, histórico siete, los pianos (incluido el que estuvo tocando la noche de su muerte)... A pesar de toda la exuberancia reinante lo que más sorprende son las medidas de la casa en absoluto irracionales, no se trata de una gigantesca mansión de multimillonario caprichoso sino de una casa señorial amplia y lujosa pero nada que ver con las excentricidades volumétricas de algunos de nuestros futbolistas, por ejemplo. Incluso la piscina arriñonada del King es poco más que una bañera grande.

Para el recuerdo quedan la recargada decoración de paredes y techo en casi todas las habitaciones. Tela plisada en tonos amarillento verdosos de la sala de billar, sencillamente agobiante; me explican que tres obreros tardaron diez días a jornada completa para cubrir de tela hasta el más pequeño recodo. El ambiente africano, tallas de madera incluidas, de la Jungle Room, donde además de servir como sala de estar se grabaron algunas de las últimas canciones de Presley. La sala de música (decorada en un amarillo chillón con su mono blanco de porcelana sobre la mesita) con los tres televisores funcionando al mismo tiempo con tres canales distintos; Elvis los hizo instalar tras ver un reportaje en el que Lyndon B.

Sala de estar de Graceland.

Johnson utilizaba tres televisores al mismo tiempo para mantenerse informado de lo que sucedía en el mundo (¡un Rey no iba a ser menos que un presidente!).

También sorprenden las múltiples muestras de su labor caritativa expuestas en las vitrinas. Elvis, en vida, no se vanaglorió en exceso de todas esas donaciones pero sus herederos han querido convertirlas casi en un estandarte de la parcela más humana del cantante, esa que a menudo nadie conoce y suele quedar diluida en sus biografías siempre plagadas de excesos.

En los últimos años se ha reconstruido el antiguo frontón dejándolo en su estado original (a Elvis le gustaba el frontenis, aquí le llaman ráquetbol) y todos los discos de oro y platino y trajes que albergaba se han trasladado a un nuevo complejo al otro lado del Elvis Presley Boulevard.

Solo está abierta al público la planta baja de Graceland. En la planta superior se encuentran los aposentos privados de la familia que, por respeto (según explica un rótulo), no se visitan. Después del viaje y ya en casa, los más curiosos pueden recuperar el agridulce film *El último Elvis* de Armando Bo III para ver cómo son esos aposentos y quedarse tranquilos al comprobar que tampoco se perdieron nada espectacularmente interesante.

Al salir al exterior se encuentra la mini piscina y las caballerizas (el caballo de Elvis era un golden palomino llamado Rising Sun, así que el King a la cuadra le llamaba The House of the Rising Sun). El césped que rodea la casa fue utilizado con frecuencia como circuito de carreras de carritos de golf. Elvis era tremendamente competitivo y constantemente tenía que medirse con sus invitados, ya fuera al billar, al frontenis o en increíbles carreras de carritos o motos de nieve adaptadas sobre el césped. Actualmente el césped está tan bien conservado que no pueden apreciarse restos de aquellas justas. También le gustaban las armas y, por supuesto disparar; junto a las caballerizas se halla su pequeña (para el entorno es pequeña) sala de tiro con alguna de las dianas originales que usaba (¡con forma humana!) y hasta algún casquillo recogido del suelo.

A pocos metros de ahí todo cambia. La diversión desenfrenada da paso al rincón de la meditación, un pequeño jardín rodeado de columnas que Elvis hizo construir para poder escapar del ajetreo que siempre le rodeaba. Aquí está ahora su tumba junto a la de sus padres y su abuela paterna. Hay una lápida recordando a su hermano gemelo mortinato, Jessie Garon, que nadie sabe dónde está enterrado; es de suponer que en una fosa común en Tupelo. Elvis fue enterrado inicialmente junto a su madre en el cementerio Forest Lawn de Memphis pero inmediatamente hubo varios intentos de saqueo por lo que su padre trasladó ambas tumbas a Graceland bastante antes de que la casa se abriera al público.

Siempre hay flores sobre las tumbas en el jardín de la meditación donde se conserva también el mausoleo original. Es un lugar tranquilo y que inspiraría paz si no estuviera siempre lleno de turistas. A pesar de las aglomeraciones en este lugar del jardín reina siempre un silencio respetuoso.

Sobre la tumba de Elvis quema una llama eterna con una pequeña inscripción de un grupo de amigos íntimos.

TO ELVIS IN MEMORIAM
You gave yourself to each of us
in some manner. You were wrapped in
thoughtfulness and tied with love.
May this flame reflect our never
ending respect and love for you.
May it serve as a constant reminder
to each of us of your eternal presence.

(A ELVIS IN MEMORIAM
Te entregaste a cada uno de nosotros./Rodeado de consideración y amor./
Que esta llama refleje nuestro sempiterno respeto y amor por ti./Que
sirva para recordarnos constantemente/a cada uno tu presencia eterna.)

No es la única inscripción. Sobre la misma tumba su padre Vernon dejó escrito:

He was a precious gift from God
We cherished and loved dearly.
He had a God-given talent that he shared
With the world. And without a doubt,
He became most widely acclaimed;
Capturing the hearts of young and old alike
He was admired not only as an entertainer,
But as the great humanitarian that he was;
For his generosity, and his kind feelings
For his fellow man.
He revolutionized the field of music and
Received its highest awards.
He became a living legend in his own time;
Earning the respect and love of millions.
God saw that he needed some rest and
Called him home to be with Him.
We miss you, Son and Daddy. I thank god
That He gave us you as our son.

(Fue un precioso regalo de Dios/Le adoramos y amamos./ Tenía un talento dado por Dios que compartió/ con el mundo. Y, sin lugar a dudas,/fue ampliamente aclamado./Atrapando los corazones de jóvenes y viejos por igual./Fue admirado no solo como un artista,/ también como el gran benefactor que era;/Por su generosidad y sus amables sentimientos/hacia su prójimo./Revolucionó el campo de la música y/recibió sus más altos galardones./Se convirtió en una leyenda en su propia época;/consiguiendo el respeto y el amor de millones./Dios vio que necesitaba un poco de descanso/y lo llamó a casa para estar con él./Te echaremos en falta, hijo y padre. Le doy gracias a Dios/que te nos dio como hijo.)

Rubricando la inscripción está el logotipo personal de Elvis, el mismo rayo amarillo que se podía ver en la pared de la sala de las televisiones, con las letras TCB, siglas de *Taking Care of Business*[10], frase que el King convirtió en su lema,

[10] *Taking Care of Business* literalmente se traduciría por *Cuidando de los negocios* pero coloquialmente la expresión más bien significa *Haciendo bien las cosas* o simplemente *Haciéndolo bien.*

Piano que Elvis estuvo tocando la noche anterior a su fallecimiento.

casi un mantra que tanto él como sus compañeros de la Memphis Mafia[11] repetían hasta la saciedad. En su regreso a los escenarios tras el *Comeback Special* de 1968, Elvis llamó TCB a su banda y utilizó profusamente el nombre colocándolo incluso en la parte delantera de su avión particular.

A pesar de la presencia constante de otros turistas (no hay que olvidar que nosotros también lo somos) la visita a la casa resulta siempre bastante relajada, nadie te atosiga, puedes emplear todo el tiempo que desees visitándola a tu ritmo con una buena audioguía en castellano ahora servida en un iPad que incluye imágenes, música y vídeos.

Acabada la visita a la mansión, al otro lado del bulevar Elvis Presley se alzan diversos edificios que incluyen restaurantes, una deliciosa heladería estilo años cincuenta, tiendas de suvenires, un concesionario de Harley Davidson (¡lógico!), el hangar con los aviones del King y el nuevo Elvis Presley's Memphis Entertainment Complex. Aquí se han trasladado los centenares de discos de oro y platino que antes estaban en el frontón junto

11 Nombre creado por la prensa para referirse al entorno de Elvis formado por amigos de infancia, consejeros y guardaespaldas, lo que en los Estados Unidos llaman un *yes man group*. A pesar de que se trataba inicialmente de un calificativo peyorativo, a Elvis y su grupo les gustó la denominación y comenzaron a usarla sin tapujos añadiendo trajes negros y gafas de sol a su atuendo para reforzar la idea.

a vestidos de todas sus épocas (desde el *Comeback* hasta el *Aloha from Hawaii* pasando por todos los utilizados en Las Vegas) y gran cantidad de objetos personales (fotografías, revistas, libros, trofeos, pequeños electrodomésticos, mancuernas, regalos,...) que, junto a la exhibición de todos sus coches y motos, conforma la mayor y más impresionante exhibición que sobre un artista pueda imaginarse.

Probablemente por aquello de que es de bien nacidos ser agradecidos una magnífica muestra exalta la personalidad y la obra de Sam Phillips, dueño de Sun Records, con un título evocador *Mystery Train*.

En el super garaje encontramos desde el Cadillac rosa que le regaló a su madre en 1955 hasta un impresionante Cadillac Eldorado descapotable de 1956 o un Lincoln Continental de 1962, un Ferrari Dino negro de 1975, diversos Mercedes y Rolls Royce, carritos de golf y hasta algún tractor. No faltan sus Harleys personalizadas, un go car, un buggy especial para las dunas del desierto, motos de nieve reconvertidas para circular sobre césped o el espantoso Jeep de color rosa de la película *Amor en Hawái*.

Apabullante. Toda la mitomanía imaginable servida de golpe en Graceland aunque sería imposible prescindir de ella (de la mitomanía y de la visita a Graceland).

Ahora bien, por si la visita no es suficiente, en el bosquecito adyacente se erige la Graceland's Chapel in the Woods: *"The perfect setting for a wedding to remember" (El escenario perfecto para una boda para recordar)*. No lo dudo, vista por fuera parece bastante más seria que las capillas que ofrecen *Bodas Elvis* en Las Vegas; aquí no se ofrece un ministro Elvis ni un sosias caldeando el ambiente. Recuerdo con pavor la Little White Chapel Tunnel of Love, absolutamente blanca, con su limusina blanca y su carroza blanca tirada por un caballo de cartón también blanco (en las fotos no debe notarse mucho el cartón entre tanta blancura), en la que todo el mundo va vestido como el King mientras un imitador canta "Love me tender". Ni allí, ni aquí. Paso por delante de la Chapel in the Woods sin casarme.

En la tienda de recuerdos compro un lujoso cómic que solo se puede comprar aquí (no es gran cosa pero uno tiene sus debilidades). No compro, en cambio, ninguno de los trajes de escenario de Las Vegas (¡qué tentación ir a trabajar con uno puesto!), el precio (entre 2.000 y 3.000$) no los hace aptos para una broma.

Gracias a un anuncio en la pared me entero que funciona una emisora de radio por satélite que solo programa canciones de Elvis Presley las veinticuatro horas los siete días de la semana. Se emite desde Graceland en la plataforma SiriusXm y, lógicamente, se llama Elvis Radio. Mi coche de alquiler no lleva radio por satélite, tendré que esperar para escucharla.

El abandonado hotel Chisca de Memphis desde donde se radió la primera canción de Elvis.

Salgo de allí un poco mareado. En cambio me tomo un helado en la heladería vintage Shake Split & Dip, valen la pena el helado y el ambiente años cincuenta. En la última redistribución de Graceland la heladería ha cambiado de ubicación y de nombre, ahora es la Minnie Mae's Sweets (llamada así en honor a la abuela de Elvis) pero sigue ahí con su ambiente y sus sundaes y sus banana splits.

Antes de tomar el coche vuelvo a mirar Graceland encima de la colina. El King explicaba: "Solo me siento como en casa en Memphis, en Graceland. Para mí, la palabra hogar siempre se deletreará Memphis y Graceland"[12].

Regreso al centro. Por el camino, evito el Elvis Presley Boulevard para recorrer calles secundarias, se ven muchas zonas abandonadas, con casas derruidas y gasolineras, bares, tiendas y restaurantes grandes cerrados y estropeándose por el paso del tiempo. Incluso en el centro hay grandes solares vacíos y casas abandonadas, incluido el mítico hotel Chisca desde donde el dj Dewey Phillips pinchó en la radio por primera vez el "That's all right, Mama" de Elvis. Al parecer es tan caro rehabilitar como derruir y no hay dinero.

Los barrios que rodean Graceland son esencialmente negros y bastante pobres a diferencia de los que, un poco más al sur, rodeaban la iglesia de Al Green. Las casas suelen ser pequeñas y de madera, sus ocupantes se siguen sentando en el porche a ver pasar a la gente (¿la vida?).

---

[12] Mick Farren and Pearce Marchbank. Obra citada.

La calle Beale, una vez tras otra

Paseo por Main Street, lo de llamarla calle Mayor me suena un poco raro, entre tranvías ruidosos y muchos edificios vacíos junto a otros perfectamente conservados y rehabilitados incluso con un cierto aire art decó. Toda la ciudad es así: casas de lujo junto a gasolineras, supermercados o hamburgueserías abandonados y de aspecto ruinoso.

Y regreso a Beale Street, ahora ya mucho más animada, demasiado incluso. Es imposible no regresar una y otra vez a Beale Street a pesar de los sentimientos encontrados que me provoca este lugar.

En la película *St. Louis Blues* la gran Ella Fitzgerald cantaba "Beale Street Blues" ante un sorprendido Nat King Cole que interpretaba a W.C. Handy, autor del tema:

"I've seen the lights of gay Broadway,
Old Market Street down by the Frisco Bay,
I've strolled the Prado, I've gambled on the Bourse
The seven wonders of the world I've seen
And many are the places I have been.
Take my advice, folks and see Beale Street first".

(He visto las luces de la alegre Broadway,/Old Market Street en la bahía de San Francisco,/He paseado por el Prado, he apostado en la Bolsa/He visto las siete maravillas del mundo./ Y he estado en muchos lugares./Seguid mi consejo, amigos y ved primero Beale Street.)

Históricamente fue una calle de negros para negros, los blancos tenían prácticamente prohibido entrar en ella. Nada estaba escrito pero nadie se atrevía a entrar. Elvis, por ejemplo y hablamos ya del final de los años cuarenta y los primeros cincuenta del siglo pasado, recordaba hacerlo a escondidas en sus incursiones para oír blues.

Actualmente el color ya no tiene importancia. No es que se haya abolido definitivamente la segregación racial, simple y llanamente Beale Street es una calle para turistas vengan de donde vengan y sea cual sea su color siempre que tengan un buen fajo de dólares para gastar (mejor para malgastar).

Lo sé y lo acepto pero, a pesar de todo, Beale Street me sigue atrayendo como la bombilla a las polillas que, sin duda, saben del peligro pero la atracción es más fuerte que la sensatez.

La calle fue creada en 1841 en honor al héroe militar Edward Fitzgerald Beale, amigo de Buffalo Bill y de Ulysses S. Grant (en California, en el desierto del Mojave, una cadena de montañas lleva también su nombre; son las montañas más bajas de Estados Unidos). En los años de su fundación la calle formaba parte de South Memphis, hasta 1846 una población diferente.

Como la calle desemboca en el Misisipi muchos trabajadores afroamericanos de los muelles se instalaron allí formando una de las comunidades negras más numerosas del sur de Estados Unidos. Una de las primeras publicaciones periódicas contra la segregación, *Free Speech*, nació en esta calle.

En 1903, leo en uno de los rótulos informativos que la sociedad Mississippi Blues Trail tiene instalados por doquier, que un músico que llegó desde Clarksdale, W.C. Handy, se instaló aquí y creó una escuela mucho antes de escribir "St. Louis Blues".

En la misma época en la que Handy se instaló en Beale Street sus plazas y aceras vieron nacer un peculiar estilo musical emparentado directamente con el blues pero mucho más alegre e incluyendo elementos procedentes tanto del rag time como de las músicas de baile en boga en la comunidad negra. Un estilo musical que, a falta de un nombre concreto, podemos describir como música de las jug bands.

Una jug band no es más que un pequeño grupo, a menudo sin intereses profesionales, es decir que tocan por pura diversión, cuya característica principal es incluir una o dos jugs, una jarra generalmente de barro destinada originalmente a contener agua o bebidas alcohólicas por cuyo orificio se soplaba o canturreaba consiguiendo un rítmico sonido de bajo. La tuba de los pobres, le llamaban. La jarra estaba acompañada de una guitarra, un banjo o un violín y uno o varios instrumentos de fabricación casera como el popular contrabajo de balde de una sola cuerda (washtub bass en inglés, fabricado con un balde como resonador, un palo de escoba y una cuerda tensada). Otros instrumentos de bricolaje frecuentemente utilizados eran los tubos de las estufas en los que se soplaba, las cucharas y otros enseres de cocina, platos de latón, latas vacías,... utilizados como percusión o la tabla de lavar sobre la que se rasgaba rítmicamente con dedales.

Estas bandas nacieron como una reminiscencia de los shows de los charlatanes ambulantes que vendían pócimas médicas para curar todas las enfermedades y solían atraer a su público con escenificaciones musicales siempre con un punto estrafalario.

Otro precedente de las jug bands podría encontrarse en los grupos de minstrels itinerantes que interpretaban para públicos blancos obras de vodevil inspirados lejanamente en la música y vida diarias de los afroamericanos. Estos espectáculos estaban interpretados por actores-cantantes blancos con la cara pintada de negro. Ocasionalmente algunos músicos negros participaron también en estos espectáculos ¡pintándose la cara de negro!

llegando a crearse compañías exclusivamente afroamericanas conocidas como *colored minstrels*.

La música de estos grupos era una mezcolanza al gusto de los auditorios blancos y procedía tanto de la tradición europea como de los rag times, cake walks y espirituales negros, que en aquel ambiente se denominaban *jubilees*, incluyendo siempre canciones a la moda.

La primera película hablada, *The Jazz Singer* de 1927, estuvo precisamente protagonizada por un minstrel blackface, Al Jolson. Algunos de estos grupos siguieron actuando por los Estados Unidos hasta bien entrada la década de 1960 cuando la oleada de luchas por los derechos civiles obligó a prohibirlos por su carácter abiertamente racista.

Vinieran de donde vinieran lo cierto es que las jug bands vivieron una época de gran expansión a finales de la década de 1910 y posteriores llegando a grabar numerosos discos.

En las calles de Memphis ya no se ve a músicos soplando en una jarra, la recuperación del instrumento fue cosa del revival folk de los años sesenta en el Village neoyorquino.

Volvamos al presente y a Beale Street. Las dos manzanas centrales de la calle, donde está casi todo el mogollón, están reservadas solo para peatones y fueron incluidas en los años sesenta en la lista de National Historic Landmarks del gobierno estadounidense (que en un acta del Congreso en 1977 declaró oficialmente a la calle *Home of the Blues*).

En ambos extremos de las manzanas cerradas al tráfico sendos coches policiales, a veces más, ejercen un esperado efecto intimidatorio, de noche con las luces bien encendidas en todo momento. Según las estadísticas Memphis es una de las cuatro ciudades más peligrosas de los Estados Unidos, en la que se cometen más crímenes por número de habitantes, superando incluso a ciudades aparentemente más temibles como Chicago o Fresno. No dudo que sea así, la presencia constante de la policía en las zonas más concurridas da fe de ello aunque mi experiencia personal apunte en otra dirección.

En el centro de la calle varios chicos negros hacen acrobacias sobre música rap ante la mirada aburrida de otro nutrido grupo de polis, unos en bicicleta, otros en segway. Es una lástima porque da la impresión de que han querido convertir las dos manzanas centrales de Beale en un parque temático de bajo presupuesto para turistas poco exigentes. Días después esa misma sensación, incluso aumentada, me asaltará al recorrer las calles Decatur y Bourbon en Nueva Orleans y, pensándolo bien, ¿no sucede igual en algunas zonas de Venecia, en París o en Barcelona?

Pasear por Beale Street es ir topándote con rincones históricos o pintorescos escondidos entre un número exagerado de tiendas de suvenires que

Estatua de W.C. Handy en el parque que lleva su nombre.

venden cualquier cosa, desde imágenes de B.B. King tocando su Lucille o Johnny Cash haciendo una peineta hasta tapas de váter con forma de piano o de guitarra, enanitos de jardín armados con metralletas o artículos (genuinos dicen, no copias para turistas) para realizar vudú. Hay también discos, libros, pósters, ropa barata (generalmente camisetas con todo lo imaginable dibujado), figuritas, ceniceros (sí, todavía se venden ceniceros), guitarras en miniatura, ukeleles hechos con cajas de puros (cubanos a ser posible a pesar del embargo),... en fin, todo tipo de cosas de esas que nunca te llevarías a casa como recuerdo.

Doy tumbos por los garitos de blues que pueblan la calle, todos muy típicos, muy tópicos y con música en vivo que no pasa de mediocre. En casi todos hay una indicación a la entrada en la que se prohíbe fumar y entrar armas de fuego. Estamos en pleno verano, todo son turistas; los carteles insinúan temporadas más favorables para la música y debe ser verdad.

En el parque W.C. Handy también hay blues en vivo, gratis y no sé si de más calidad pero sin duda mucho más genuino. La gente se trae las cervezas de una barra cercana y baila delante del escenario.

Una enorme estatua, trompeta en mano, del creador de "St. Louis Blues" preside el parque que lleva su nombre. Cuando en 1960 William Claxton y Joachim E. Berendt llegaron a la ciudad a bordo de su viejo Chevy para escribir uno de los libros más bellos sobre la música afroamericana, en especial la parcela fotográfica del genial Claxton[13], se sorprendieron al ver la estatua de Handy, afirmando que, en aquel momento, era el único monumento jazzístico erigido en todo Estados Unidos. A modo de anécdota la estatua la realizó en Florencia (es decir bastante lejos del Misisipi) el escultor italiano Leone Tommasi en 1960.

Una lápida recuerda más allá a otro ilustre de la ciudad: Rufus Thomas "*Ambassador of soul. The King of rhythm and blues. The funkiest chicken of the south*" (*Embajador del soul. El Rey del rhythm and blues. El pollo más funky del Sur*[14]).

En este parque es donde Elvis venía de joven y a escondidas a escuchar a los músicos negros. B.B. King en su autobiografía recordaba haberle conocido aquí, reafirmando el amor de Elvis por el blues. Otro bluesman menos popular, Calvin Newborn, alardeaba de haber enseñado a Elvis algunos trucos con la guitarra en este parque. O sea que, más o menos, en esta pequeña explanada empezó a gestarse todo lo que después se cocinaría en el estudio Sun y se serviría al mundo como rock and roll.

A pocos metros de allí se encuentra la casa de W.C. Handy. Es una casa de madera pequeña y típica de película tipo *Aleluya*, sin mayor interés a pesar de contener en su interior un minúsculo museo sobre el compositor. Además, la casa históricamente no estaba en este lugar sino en la calle Jeanette, cerca del cementerio Elwood (ese que todas las guías turísticas recomiendan visitar); fue trasladada hasta Beale Street en 1985.

No es raro que a tan corta distancia la ciudad tenga dos recuerdos importantes para Handy, un músico que ni siquiera nació allí, pero dejó su marca indeleble en la música de Memphis. William Christopher Handy nació en la pequeña ciudad de Florence, en el estado de Alabama, en 1873 y a primeros del siglo XX se instaló con su orquesta en Memphis para tocar en los florecientes clubes de Beale Street. Aunque, al parecer, la palabra *blues* ya estaba en su vocabulario, resulta más verosímil pensar que su música, en aquel momento, fueran melodías bailables al gusto del público sureño. Nunca lo sabremos con exactitud pero el propio Handy explicó años después que la música que se hacía en aquel momento en Beale Street era muy similar a la que, por aquel entonces, se hacía en Nueva Orleans. "Pero no fue hasta 1917 que descubrimos que existía una música similar en Nueva Orleans", afirmaba. Si así fue, Handy

---

[13] Claxton, William y Joachim E. Berendt: *Jazz Life*. Taschen, Colonia 2005.

[14] Referencia a su más famosa canción "Do the Funky Chicken".

Casa en la que vivió W.C. Handy durante su estancia en Memphis.

ya habría escrito "St. Louis Blues" (la célebre composición data de 1914) antes de ese contacto con los músicos que estaban oficialmente inventando el jazz.

Ceno justo enfrente del parque, en Dyer's en la misma Beale, dicen los expertos que hacen una de las mejores hamburguesas de la ciudad porque utilizan los mismos ingredientes desde 1912 y tal vez no sea cierto pero, como mínimo, el lugar tiene un seductor encanto algo decrépito y un aire de autenticidad alejado de estrellas Michelin o diseños para hipsters. A pesar de la oferta de hamburguesas escojo el otro plato estrella de la casa: pollo rebozado con salsa BBQ y, por supuesto, aros de cebolla. Más típico imposible, me siento como un japonés comiendo paella con sangría en una terraza de las Ramblas pero la disculpa (si fuera necesaria) es que está buenísimo.

En esta primera visita en plenas vacaciones estivales Beale Street fue para mí una enorme decepción pero es necesario aislarse de los tópicos porque en Beale Street hay muchas más cosas y no están tan escondidas. Comenzando por la fachada mantenida del Gallina Building aguantada con enormes barras metálicas y que daría la impresión de un montaje provisional para edificar en la parte posterior, algo muy corriente en Barcelona al reconstruir edificios modernistas, pero no: es algo definitivo para conservar la fachada y detrás sigue la vida normal de dos locales musicales, uno de ellos irlandés: el Silky O'Sullivan's. Al parecer el tal Charles Gallina tenía aquí un hotel, un restaurante y un casino a finales del siglo XIX.

Siguiendo por Beale está A. Schwab. Se trata de la tienda más antigua de Tennessee, fundada en 1876, como luce orgullosamente su rótulo a la entrada, sigue regentada por la misma familia[15]. El lema de la tienda sigue colocado en un enorme letrero: *"If you can't find it at A. Schwab, you're probably better off without it!" (Si no puedes encontrarlo en A. Schwab, ¡probablemente estés mejor sin ello!)*. A lo largo de su historia pasó por fases muy diversas pero su mayor especialización fueron los monos de trabajo.

La tienda mantiene toda la estructura original y muchos rincones perfectamente conservados en los que se expone maquinaria antigua y objetos tan diversos como moldes para aumentar el diámetro de los sombreros (aún se utilizan pero ya nadie lo sabe), prendas especiales para masones o una triste fuente doble para blancos a un lado, para negros en el otro (las diferencias entre la forma y la decoración son visibles a pesar de que los grifos están a menos de un metro de distancia).

A. Schwab ha sabido conservar su sabor a pesar de que entre la mercancía actual hay demasiados artículos para turistas. En el segundo piso todo tipo de máscaras de carnaval, desde las auténticas a las puramente chistosas, y en el tercero, junto a una antigua fábrica de perfumes todavía en funcionamiento con su inmenso muestrario de botellitas de todas las formas, tamaños y colores, una buena oferta de discos de blues. Compro alguna cosa, claro.

Lugares sorprendentes de una calle siempre sorprendente. Hay más, bastantes más, como el teatro Daisy que, con solo contemplar su fachada en entrañables blanco y rojo, te marcas todo un viaje al pasado. Se inauguró en 1913 y actualmente está en desuso (pero perfectamente conservado para poder realizar eventos privados). Justo delante está el New Daisy, mucho más grande y moderno (abrió sus puertas en 1936) ha albergado conciertos de algunas figuras históricas (multitud de pósters lo recuerdan) como John Lee Hooker, Jerry Lee Lewis, Al Green, Sam and Dave, Bob Dylan, Nirvana, Oasis o Prince. Y sigue en funcionamiento pero sin el sabor del Old Daisy.

A su lado un par de chicas de la franquicia Coyote Ugly Saloon bailan sobre la barra pero no parecen causar demasiado impacto entre los cerveceros dispersos por el local (eso sí: solo había hombres enganchados a las cervezas).

---

15 Todo tiene su fin. En 2011, tras 136 años, la familia Schwab vendió su negocio de Beale Street que, de todas formas, sigue abierto con ese mismo nombre y, aunque bastante más turístico, mantiene su ambiente tradicional.

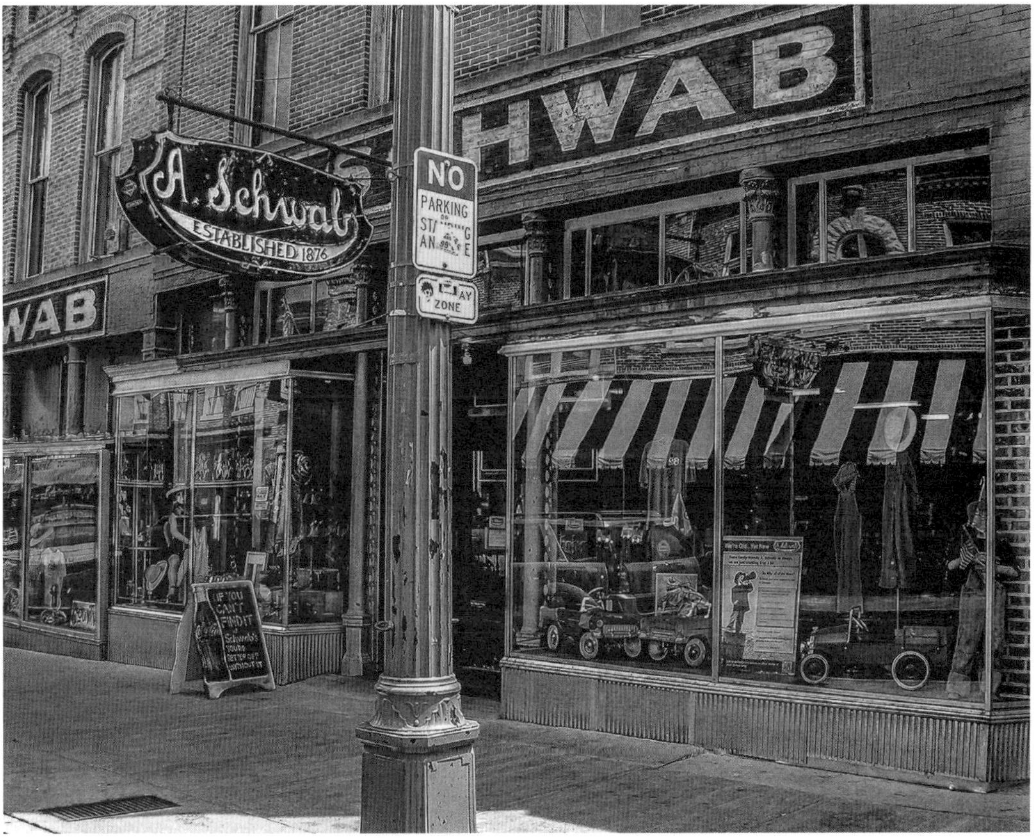

La tienda más antigua de Tennessee: A. Schwab.

Mientras suena rock and roll clásico y a buena potencia en el vecino tugurio de Jerry Lee Lewis que tiene todas sus ventanas abiertas para que la música llegue hasta la calle. Cerca casi parece fuera de lugar una franquicia del Hard Rock Cafe que podría estar en cualquier otra parte del mundo.

Y en la esquina con el B.B. King Boulevard varias espantosas carrozas en forma de calabaza, tiradas por un caballo e iluminadas con bombillas de colores parecen una ofensa al buen gusto de cualquier paseante. Casi tanto como el marcial desfile diario de patos en el cercano Peabody Hotel. Dos cosas, el paseo en la carroza de la Cenicienta y el patopaseo, que son para salir huyendo de Memphis aunque suelan estar recomendadas en casi todas las guías turísticas.

En un viaje musical es imposible no hablar de discos. En Beale se encuentra Memphis Music, justo al lado de la tienda de suvenires de B.B. King. Es una tienda no muy grande y excesivamente ecléctica en la que se dan la mano objetos de vudú y suvenires infumables (es la de las tapas de váter con forma de piano o guitarra) con una buena selección de discos esencialmente de blues.

No hay perlas escondidas y los precios no son baratos. Así que tras perder cinco minutos lo dejo estar y me olvido de los discos.

En aquella ocasión tenía otras cosas más interesantes por descubrir, en posteriores viajes visité un par de tiendas verdaderamente interesantes que no quedan en la ruta turística: Shangri-La y Goner. El problema de buscar mucho en estas tiendas (o en otras que visité más adelante) es que se pueden encontrar verdaderas maravillas pero después hay que transportarlas durante todo el viaje y llevártelas hasta casa con los consiguientes problemas de exceso de equipaje.

Aunque nada parezca excesivamente atractivo, en otros momentos del año Beale Street es muy diferente. En el cuaderno de otro viaje con mi hijo Àlex escribí: "En la calle del blues se respira más Elvis que blues, sorpresa. En el escenario siempre abierto de la plaza W.C. Handy un grupo toca algo de blues delante de poca gente, en el resto de la calle de blues absolutamente nada: todo son imitadores de Elvis y hasta karaokes de Elvis, abundan las camisetas del King y los tupés entre los paseantes".

En todos los locales, grandes letreros saludan la llegada de los fans de Elvis. Nos sorprende, no era así en otras ocasiones. Incluso en la tienda A. Schwab se saluda ostentosamente a los fans del King y en la segunda planta, entre los objetos históricos, hay una reunión de fans, sacamos la cabeza y nos invitan muy amablemente a entrar. No se trata precisamente de jovencitos, son señoras y señores mayores que departen amigablemente con profusión de risas. Tras la pregunta inevitable para saber de dónde venimos nos regalan un mapa para seguir los trazos de Elvis en Memphis. Sobre las mesas hay bocadillos pero no nos atrevemos a pesar de la invitación. Más bien nos marchamos discretamente, con la sensación de haber interrumpido algo y sin saber dónde nos habíamos metido. Tampoco preguntamos, para ellos era evidente lo que estaban celebrando.

El mapa que nos obsequiaron[16] es la poción mágica de cualquier seguidor del King. Presenta 137 lugares de la ciudad que guardan relación con Elvis, incluyendo un buen número que ya no existen (su peluquero, su sastre, su médico, la tienda donde compraba discos, la Crown Electric Co. en la que trabajó durante un tiempo, el joyero que diseñó su anillo de boda, la empresa que celebró el funeral de su madre,...) pero a los que se ha de peregrinar igual, como mínimo para ver dónde estaban y sentir su presencia sempiterna.

En el mapa nos recomiendan visitar Luderdale Courts. Posiblemente pasear ante el edificio puede tener una cierta gracia; coge a trasmano pero en coche es un momento. Es el bloque de apartamentos en el que vivían los Presley (exactamente en el apartamento 328). Dice la consiguiente placa a la entrada que los vecinos recordaban al joven Elvis ensayando con su guitarra en las es-

[16] *Memphis Map for Elvis Fans*. Good Foot Enterprises, LLC. New York 2013.

El viejo teatro Daisy en Beale Street, en desuso pero exquisitamente conservado.

caleras de acceso. La nota curiosa es que Bill Black, el primer contrabajista de Elvis, vivía en el mismo edificio pero no se conocían; no se trataron hasta la famosa noche en el estudio Sun cuando Elvis grabó su primer disco.

Más tarde intentamos seguir otros puntos de la ruta más allá de los lugares evidentes pero al segundo solar vacío (lo que en el mapa anuncian con un ceremonioso "*formely site of*"), tiramos la toalla.

Volvemos a Beale para ver más imitadores de Elvis, por regla general modelo Las Vegas. No es de extrañar que abunde más esa versión de Elvis porque con solo un traje aparatoso (blanco con lentejuelas y capa a ser posible), unas gafas de sol que venden en cualquier tienda de suvenires de la calle Beale por 15 dólares y un poco de tupé engominado, ya das el pego. En cambio para rememorar al Elvis de Sun Records o del *Comeback Special* de 1968 se necesita bastante más habilidad, el disfraz solo no cuenta. El imitador que actúa en el local irlandés que está tras la fachada del Gallina Building es patético.

Todo tiene su explicación: se está celebrando la anual *Elvis Week* ¡y nosotros sin saberlo! La semana se celebra todos los años y reúne en la ciudad fans e imitadores llegados de todo el mundo. El acto central es un concurso de imitadores que dura varios días en el New Daisy. Además este año reestrenan en el teatro Orpheum una versión remasterizada y en alta definición del *Aloha from Hawaii* para celebrar su 40 aniversario, lástima que lo pasen el próximo viernes y ya no estaremos aquí (en una visita anterior en ese histórico teatro reestrenaban *El mago de Oz* remasterizado pero tampoco me coincidieron las fechas). Nos dejamos impregnar por la atmósfera Elvis pero al concurso de imitadores no vamos, ya es suficiente con ir encontrando todo tipo de sosias por la calle.

Al hablar de Arcade's volveremos a recordar la semana del King.

En otro viaje más reciente con Robert Latxague, ya en temporada normal y lejos de las vacaciones turísticas, los clubes de Beale Street ardían. Alfred's con su enorme colección de discos de oro y fotos del King. Pig con su ambiente desvergonzado y su encantador lema "*Pork with an attitude*". El Rum Boogie Cafe con sus dos centenares de guitarras colgantes todas autografiadas (de Elvis a Sting pasando por Scotty Moore, Carl Perkins o Stevie Ray Vaughan) y una importante colección de memorabilia digna de un museo. Jerry Lawler donde también se anuncian veladas de lucha libre. El King Palace Cafe Patio al aire libre. Juke Joint, 152, Tin Roof, Blues City Cafe, Absinthe... y olvido algunos. Todos con música bastante atractiva, la competencia estimula, e ir sacando la cabeza para ver qué suena es un ejercicio recomendable.

Claro que, al final, es necesario escoger y, al solo tener una noche, la decisión se decanta por el B.B. King's Blues Club. El propio B.B. regentó esta sala[17] y la leyenda explica que se descolgaba de incógnito tres o cuatro veces al año para ofrecer conciertos sorpresa. Hoy anuncian a los B.B. King All Stars, el local está lleno y no solo de turistas (alguno hay, claro), solo queda algún hueco en la pista de baile ante el escenario.

Antes de comenzar el concierto causo sin pretenderlo un pequeño altercado en la barra al pedir una cerveza sin alcohol. Unos a otros se fueron pasando la pelota un tanto desconcertados (hay bastante gente trabajando en la barra y en la cocina pero todos parecían ignorar dónde estaban) y al final, al cabo de un rato durante el que había ya tomado la decisión de cambiar tan disparatado brebaje por una sencilla tónica, alguien apareció con una botella de O'Doul's que me muestran casi como un trofeo (no llegué a saber si la tenían en algún recóndito rincón del almacén o la fue a comprar a toda prisa a un supermercado cercano, me temo lo segundo). Después, a lo largo del viaje, constaté que esta cerveza de Misuri es prácticamente la única marca no alcohólica que se puede encontrar en locales no especializados; así que acabé pidiendo directamente una O'Doul's y normalmente no fue tan dificultoso como en el B.B. King.

Disfrutando de mi trofeo líquido (la verdad es que no había para tanto) me dejé arrastrar por los All Stars del local, un grupo de músicos que habían tocado con B.B. y a los que se les notaban las tablas. Una selección de estándares del género servidos con una eficacia a prueba de balas. Del blues al soul, de lo más clásico a toques funk (el "Purple Rain" de Prince parece inevitable en cualquier

---

17 El B.B. King's Blues Club de Memphis fue el primero de una pequeña cadena que en vida dirigió el mítico guitarrista. Se inauguró en 1994. Después vendrían otros en Los Ángeles, Nueva York, Nashville y Orlando. El casino Foxwoods de Connecticut también tiene una franquicia con este nombre pero el ambiente tiene poco que ver con el original de Memphis.

Aviso a la entrada de un local musical en Beale Street

garito del Misisipi) y hasta el "Uptown Funk" que cantara Bruno Mars es aceptado con total naturalidad (sí, por aquí Bruno Mars es ya un clásico).

Sobre la pista se mezclan los colores de las parejas danzantes ya desde el primer tema. De pronto un estrepitoso sonido de vidrio roto, una copa y su contenido acaban de estallar en plena pista. No hay problema: aparece un camarero bailarín y, creando un verdadero espectáculo a su alrededor, recoge cuidadosamente primero los cristales y después limpia el suelo bailado sobre dos paños húmedos (uno en cada pie) al ritmo de la música del escenario con un estilo que no hubiera desentonado en una peli de Fred Astaire. Soberbio. Al final es aplaudido y saluda como el artista que es. Todo es posible en Beale Street.

Es hora de retirarse, demasiadas emociones para un solo día, pero antes casualmente paso por la exposición permanente de un fotógrafo afroamericano que documentó sobre todo las luchas a favor de los derechos civiles en Memphis: Ernest C. Withers. La galería abre hasta las once de la noche y sus fotos en blanco y negro son sencillamente turbadoras. En las paredes músicos, deportistas y activistas, toda la historia de la segregación en el sur de los Estados Unidos y, sobre todo, las visitas de Martin Luther King Jr. a la ciudad y su asesinato. También pueden adquirirse un par de magníficos

Todos son iguales pero este es el Motel 6 del Downtown de Memphis.

libros de fotografía del Dr. Withers o relajarse un rato en uno de sus sofás ajenos al bullicio exterior de Beale Street. Imprescindible pasar algunos minutos en este local en el que, además, te acogen con una sonrisa y te sientes muy cómodo. [He repetido en todas mis visitas a la ciudad.]

De camino al motel es imprescindible un alto en el extremo de Beale Street justo cuando la calle acaba en el Misisipi. Si un contacto matutino con el río es emocionante, la primera oscuridad de la noche es estremecedora. No hay nadie paseando por la orilla. Respiro hondo.

Volveré a Beale Street, claro. Apunto en mi agenda hacerlo durante el mes de mayo cuando se celebra el Beale Street Festival con, aunque parezca imposible, mucha más música a todas horas y en todos los lugares, calle incluida.

El Motel 6 es como todos los moteles estadounidenses. Las camas son gigantescas, la televisión totalmente anticuada y en una esquina del pasillo tiene su enorme máquina de cubitos de hielo que hace un ruido atroz cada vez que descarga su preciado contenido. Una también enorme cubitera preside cada habitación. Siempre me he preguntado ¿para qué necesitan tanto hielo en los moteles estadounidenses? Para sentirme más integrado paso a buscar hielo con mi cubitera aunque luego no sé qué hacer con él. Pongo a enfriar la botella de agua que he comprado en Walgreens.

Segundo día. Lunes. Llegaremos juntos a la tierra prometida

Por la mañana, tras el horrible café del Motel 6 (como es cortesía de la casa no puedes protestar), aparezco otra vez en el Misisipi. Llueve, la visión es muy distinta a la del día anterior. El impresionante caudal del río parece haber aumentado (es solo una impresión óptica) y moverse con brusquedad y la fuerte lluvia sobre sus aguas genera una sensación menos romántica, mucho más dramática. Se intuye lo doloroso que sin duda fue trabajar un siglo atrás en esas aguas. No se ve ningún carguero ni nadie corriendo en la orilla. La lluvia insistente hace que no sea cómodo pasearse por allí. Dejo el Misisipi, lo cambio por el museo de los derechos civiles.

El National Civil Rights Museum se ubica en el antiguo motel Lorraine donde asesinaron a Martin Luther King Jr. el 4 de abril de 1968.

La historia del Lorraine comienza en 1926 cuando se inauguró como Hotel Marquette con dieciséis habitaciones. A partir de 1945 pasó a llamarse Lorraine. Walter Bailey, el nuevo dueño, amplió el hotel, incluso construyó una piscina y le cambió el nombre recordando la canción "Sweet Lorraine" que había popularizado Nat King Cole. El hotel pasó a denominarse motel y se convirtió en un establecimiento solo para clientes afroamericanos, en aquel momento en Memphis todavía estaban prohibidos los locales integrados. En las décadas de 1950 y 1960 el Lorraine fue un lugar muy apreciado tanto por los músicos de paso en la ciudad (Louis Armstrong, Ethel Waters y Ray Charles se alojaban frecuentemente) como por los que trabajaban en el cercano estudio Stax (Aretha Franklin y Otis Redding también fueron clientes asiduos).

En 1968 Martin Luther King Jr. estaba en Memphis para apoyar a los basureros negros en huelga. El conflicto se había alargado en exceso y se preveían altercados. La gota que había colmado el vaso de los basureros negros era sencilla: los trabajos de recogida de basura se suspendían durante las fuertes tormentas que solían azotar la zona, casualmente los basureros blancos (muy pocos) cobraban esas horas como trabajadas mientras que a los negros (la mayoría) se les descontaban. Añadamos al peligro de los inminentes altercados el hecho de que, en aquel momento, todos los policías eran blancos. Actualmente ese detalle ha cambiado sustancialmente ya que casi el ochenta por ciento de los policías de Memphis son afroamericanos, un equilibrio más acorde a la realidad social de la ciudad.

La noche anterior a su muerte King ofreció un discurso en el templo Masón, el recordado como *I've Been to the Mountaintop* (*He estado en la cima de la montaña*), en el que afirmaba tener miedo por su vida. A pesar de esas evidencias ni la policía ni el FBI (que seguía sus pasos minuciosamente) se preocupó nunca por protegerle.

En ese mismo discurso King pronunció una premonición que hoy está esculpida en la puerta metálica del museo: "*I may not get there with you but I want you to know that we as a people will get to the promised land*" (*Puede que yo no llegue allí con vosotros, pero quiero que sepáis que nosotros, como pueblo, llegaremos a la tierra prometida*).

Pasaba un minuto de las seis de la tarde del 4 de abril de 1968 cuando tirotearon a King desde el edificio de enfrente, una antigua casa de huéspedes. El reverendo estaba en el balcón de la habitación 306 con tres amigos, entre ellos el también reverendo Jesse Jackson. Fue una sola bala disparada con increíble precisión por un rifle Remington 760 Gamemaster la que le atravesó la cara e impactó en la columna vertebral.

El asesinato provocó un alud de protestas en todo el país que se saldaron con más de 40 muertos.

En el motel se han conservado las dos habitaciones que utilizó King tal como estaban en el momento del asesinato, hasta los restos del desayuno siguen en su bandeja (imagino que no son los mismos) y los dos coches aparcados a la entrada. El dueño del Lorraine cerró estas dos habitaciones tras el asesinato aunque siguió utilizando el resto del establecimiento todavía durante algunos años.

También se puede visitar la casa de enfrente, la antigua pensión, desde donde le tirotearon y comprobar la casi imposibilidad de acertar con un solo disparo sin ser un experto, apuntando de lado, en equilibrio encima de una bañera y con un tupido arbolado dificultando la visión. En ese edifico anexo puede seguirse con todo detalle la detención y juicio del supuesto asesino James Earl Ray. Fue detenido semanas después en el aeropuerto de Londres (cuando intentaba viajar a Rodesia) y condenado a 99 años de prisión. Murió en la cárcel insistiendo en su inocencia mientras la familia de King se encargaba de pagarle un nuevo abogado para reabrir el juicio; ni siquiera ellos creyeron nunca que Ray fuera culpable. El complot que involucraba al gobierno estadounidense nunca pudo ser demostrado aunque siempre se le podrá recriminar, como mínimo, el hecho de dejar sin protección a un líder popular ampliamente amenazado.

El resto es un museo impresionante sobre las luchas por los derechos civiles en los Estados Unidos desde los primeros libertos hasta la actualidad. Se incluyen desde filmaciones de Paul Robeson cantando precisamente "Ol' Man River" hasta una réplica del autobús en el que Rosa Parks se reveló por su derecho a sentarse donde quisiera pasando por escenificaciones con estatuas de la marcha sobre Washington o las prisiones federales especiales para negros, entre otras.

Diorama recordando la huelga de basureros de Memphis de 1968 en el Civil Rigths Museum.

Y por supuesto la movilización afroamericana en Memphis bajo el explícito lema *I'm a man*. Ver esas figuras negras portando ese letrero estremece: ¡a final de los años sesenta todavía era necesario explicar que los negros eran hombres!

Centenares de documentos originales, fotografías, diarios, revistas, pósters, audios, vídeos y unos grandes paneles didácticos muy bien realizados explican con todo detalle la evolución de la lucha por los derechos civiles. En la entrada puedes ver un vídeo magnífico de unos 30 minutos (tuvo una nominación a los Oscar) sobre el asesinato de King y sus consecuencias: *The witness from balcony of room 306* del director Adam Pertofsky. [En mi última visita se había substituido este vídeo por otro más didáctico pensando en el público infantil que visita constantemente el museo. Siempre hay colegios recorriendo sus salas, niños y niñas, blancos y negros, conociendo sin tapujos esa parte de su historia reciente. *The witness from balcony of room 306* puede verse gratuitamente en YouTube.]

Paso por la tienda y compro un libro de discursos del Dr. King, varias pulseras de caucho de distintos colores (paz, esperanza, libertad, amor,...) y camisetas negras con el lema frontal "*Eracism*" y en la parte posterior la explicación del término: "*i-'rA-"si-zm. To nullify the effect or force of prejudice or discrimination" (Para anular el efecto o la fuerza de prejuicio o discriminación)*.

Pertinaz acampada de protesta de Jacqueline Smith ante el motel Lorraine.

Un museo muy interesante y emotivo que todo el mundo debería visitar. Al salir guardo la entrada como recuerdo y veo que, junto a la imagen de King en rojo sobre negro, lleva impresa la frase "*Where do we go from here?*" (*¿A dónde vamos desde aquí?)*. Ya tengo en qué pensar.

En el exterior cerca de la entrada se halla acampada una señora negra, Jacqueline Smith, que protesta por la gran inversión realizada en el museo diciendo que ese dinero debería haberse invertido en causas humanitarias. Smith habla de un carísimo mausoleo en honor a James Earl Ray que contradice los sueños del Dr. King. Jacqueline Smith fue la última inquilina del motel Lorraine, llevaba varios años viviendo allí cuando en marzo de 1988 se cerró definitivamente como hospedaje y Smith, que se negaba a abandonarlo, tuvo que ser desalojada por la policía. En mi última visita, en 2017, llevaba ya 28 años y 287 días (así lo explicaba el cartel que actualiza a diario) proponiendo el boicot, asegura no haber faltado ni un solo día (se toma el martes festivo, igual que el museo, y ese día deja su paradita envuelta en plástico) y ahí sigue. Al pasar, nadie parece hacerle mucho caso.

Un Elvis, por favor

La zona que rodea al motel Lorraine había sido históricamente un barrio de los más pobres de la ciudad pero actualmente se ha saneado, eliminando muchas de las viejas construcciones y dándole un aire un tanto artístico e intelectual. Uno de los edificios que permanece en el barrio con todo su esplendor histórico es el cercano restaurante Arcade, otra recomendación para comer a precio relativamente barato. La calidad no es excepcional pero compensa un ambiente cincuentero total y auténtico.

Arcade es el café más antiguo de Memphis; un emigrante griego, Speros Zepatos, lo fundó en 1919 y permanece abierto desde entonces en la misma ubicación, aunque el edifico actual data de 1925. En cosas de antigüedad en Tennessee se ha de distinguir entre un restaurante (entonces Dyer's sería el más antiguo) y un café (en este apartado lo sería Arcade) aunque en ambos locales se sirva prácticamente las mismas comidas y bebidas.

Un rótulo informativo municipal en la puerta nos recuerda todos esos datos y añade que en el restaurante se han rodado innumerables películas siendo la base sobre la que se ha erigido Memphis como plató cinematográfico. El Arcade aparece en cintas de largo recorrido como *Mystery Train* de Jim Jarmusch, *Gran Bola de Fuego* de Jim McBride, *El cliente* de Joel Schumacher, *La tapadera* de Sidney Pollack, *En la cuerda floja* de James Magnold, *21 gramos* de Alejandro González Iñárritu o *My Blueberry Nights* de Kar-Wai Wong.

Dice la leyenda que era el restaurante preferido de Elvis. La última mesa a la izquierda es la que siempre utilizaba el King, hay una placa conmemorativa y una reproducción del disco de la película *Amor en Hawái* para recordarlo (ignoro la relación de la película con el restaurante, imagino que simplemente pusieron ese disco porque Elvis sale muy guapo en la portada y probablemente no tenían otro).

Normalmente no es difícil sentarse en esa mesa pero en la visita anteriormente comentada, durante la Semana Elvis, se ensartaban auténticas luchas por conseguirla. Al llegar con mi hijo, el café estaba medio vacío pero la mesa de Elvis estaba ocupada por una familia con diferentes camisetas de la *Elvis Week*, la señora hasta llevaba unos pendientes hechos con púas de guitarra con la imagen del King. Nos sentamos en otra con una placa dedicada a Rufus Thomas (al parecer también frecuentaba el local cuando salía a pasear con su perro). En una mesa cercana un Elvis ya talludito, con una pinta indescriptible pero el tupé y las patillas en perfecto estado de revista, no perdía de vista la mesa en cuestión (supusimos que, educado, esperaba pacientemente que quedase libre). De repente con un estruendo llegaron cuatro brasileñas que hasta exhibían orgullosas diferentes tatuajes de Elvis. Primero empezaron a hacer

Restaurante Arcade, el preferido de Elvis.

fotos de la mesa, después pidieron a los que la ocupaban que les dejaran sentarse un momento para hacerse más fotos; al final la familia un poco mosqueada optó por marcharse y dejar a las brasileñas con su trofeo recién conquistado. El Elvis talludito seguía mirando, ahora ya no sé si a la mesa o las brasileñas.

La camarera me explica sonriente, sin denotar la cantidad de veces que lo habrá dicho, que Elvis amaba las hamburguesas pero que su plato preferido era el típico Peanut butter'n'banana sandwich con beicon. Y que por ello es una de las exquisiteces de la casa. Fue Elvis el que, a base de pedirlo, consiguió que lo incluyeran en la carta del Arcade, ahora le llaman un *Elvis*.

Imposible resistirse, eso sí: se ha de tener en cuenta que al salir del restaurante vamos a encontrarnos bastante más pesados que al entrar y con toda seguridad los intestinos se quejarán sonoramente.

Dos rebanadas de pan crujiente bien untadas con mantequilla de cacahuete envuelven nueve rodajas de plátano (al parecer han de ser nueve rodajas para que la cosa funcione) y varias lonchas de beicon (no me especificaron el número pero bastantes) y todo dorado en una sartén con abundante mantequilla (esta normal, no de cacahuete); se puede añadir miel al gusto. A lo dicho: una aventura no apta para todos los paladares y, aún menos, para todos los estómagos.

Tras este empacho olvidé preguntarle a la camarera sobre el disco de *Amor en Hawái*.

La magia de fabricar guitarras

Con el recuerdo de Elvis alborotándome los intestinos regreso con prisa a las cercanías de Beale Street. Se trata de visitar otra leyenda: la fábrica de guitarras Gibson que se anuncia "*See magic in the making*" (*Ver la magia en la fabricación*) y es bastante verdad.

El número de visitantes está restringido, una docena como máximo, y es necesario reservar hora con un poco de antelación. Es lógico que las visitas sean reducidas porque la fábrica está en funcionamiento y no se trata de molestar al personal. Ya de entrada te hacen poner unas gafas de plástico por si salta polvo o alguna esquirla de madera (!), te prohíben hacer fotografías y te ruegan que no te acerques a los trabajadores ni hables con ellos. Todo muy serio y muy formal y muy distinto a como transcurre una visita en la sede de sus más directos competidores: la fábrica de guitarras Fender en Corona, California. Allí no llevas protección, puedes hablar con todo el mundo (además la mayoría de trabajadores son mexicanos y hablan en castellano; hasta los rótulos de aviso están en castellano) y hacer vídeo o fotografías sin problemas. En Fender van de colegas, aquí es todo más serio, las explicaciones más minuciosas y detallistas, hay que mantener la jerarquía.

A la entrada te recibe una imagen gigantesca de la Lucille de B.B. King y poco después un gran póster de Les Paul, los dos emblemas de la casa. El gran Les Paul colaboró en el diseño de la guitarra que lleva su nombre y que se ha fabricado sin interrupción desde 1952. Les Paul y su mujer Mary Ford fueron los abanderados de una de las guitarras más utilizadas y mitificadas de la historia del rock; la otra sería la Stratocaster de Fender aunque siempre quedarán defensores para la Gibson SG, aquella a la que Les Paul no quiso poner su nombre pero ascendió a los altares en manos del Eric Clapton de Cream.

Lucille, en cambio, es más que una guitarra, en realidad es una historia de amor. En 1994 B.B. King, abrazando su decimosexta Lucille, me lo dejó muy claro[18]: "'It's my lady', responde con total convencimiento el Rey del blues y lanza una tierna sonrisa al reluciente instrumento. 'Si soy amable con ella, ella es amable conmigo. Si la trato bien, suena bien, y si la maltrato, me maltrata y suena mal. Se enfada cuando le rompo una cuerda o cuando hay otras mujeres alrededor'". La Gibson modelo Lucille existe desde 1980 y se sigue vendiendo, pero B.B. King ya le puso ese nombre a su primera Gibson ES-335 y, desde entonces, todas sus guitarras, siempre Gibson de un modelo similar a ese, se han llamado Lucille. Y siguieron llamándose así cuando Gibson decidió fabricar una guitarra personalizada a partir de la ES-355 con ese nombre.

---

[18] Entrevista personal publicada en *El País*, 23 de julio de 1994.

Fábrica de guitarras Gibson.

La historia de Lucille es muy conocida, el mismo King la explicó en muchas ocasiones. En 1949, durante una actuación en un juke joint de Twist, en Arkansas, a causa de una pelea entre el público, una estufa de petróleo cayó al suelo provocando un espectacular incendio que obligó a desalojar el local. Ya en el exterior, King se dio cuenta de que había olvidado su guitarra dentro y, sin miedo a las llamas, regresó a buscarla. Al salir sus compañeros le recriminaron la imprudencia y el propio King se dio cuenta de la tontería que acababa de cometer, entre otras cosas porque el instrumento apenas valía unos 30$. La riña había comenzado a causa de una mujer llamada Lucille, así que King decidió poner ese nombre a la guitarra para recordar el suceso y su firme decisión de no volver a cometer nunca una imprudencia semejante. En 1960 King cantaba: "Lucille me sacó de la plantación y me trajo la fama".

Nos adentramos en la fábrica Gibson bajo la mirada expectante de Lucille. La visita dura unos cuarenta minutos recorriendo todas las secciones y viendo todo el proceso de fabricación desde la llegada de las planchas de madera hasta las guitarras acabadas y afinadas. Las prueba de una en una un señor de oído (!). Gran parte del trabajo se hace a mano incluida la pintura y las diminutas tiras blancas que rodean el cuerpo (¡¡¡unas señoras con cúters especiales las van rebanando hasta que quedan perfectas!!!).

Al ver esta precisión recuerdo cuando Ted Nugent afirmaba "I play an American-made Gibson guitar that can blow your head clean off at 100 paces" (Toco una guitarra Gibson hecha en Estados Unidos que te puede volar limpiamente la cabeza a 100 pasos.)

De esta fábrica salen unas sesenta guitarras al día, todas fabricadas bajo pedido, son las mejores guitarras Gibson de cuerpo semisólido después de las custom hechas especialmente a medida. El resto de guitarras se hace en la fábrica de Memphis, incluyendo el modelo Lucille, y, por supuesto, lo barato en China. Viéndoles trabajar entiendes el precio de estas series especiales, aquí todo se hace con un esmero increíble. ¿Cómo las deben hacer en China?

Àlex ante la Lucille gigante de la fábrica Gibson.

Al acabar no compro una guitarra en el shop y regreso otra vez a la calle del blues primero y la orilla del Misisipi después para un atardecer de un color que no sé explicar. La puesta de sol aumenta muchos enteros las sensaciones ante el Misisipi. Los colores son impactantes e imposibles de describir. En Riverside Drive han construido un gran mirador, los sofás de la terraza de la única cafetería son idóneos para asistir a tan magno espectáculo, mientras una chica afroamericana canta viejos blues y algún tema folk en el pequeño escenario al aire libre del local.

Un vigilante del parque patrulla con total naturalidad al volante de un carrito de golf. Después he comprobado que en muchos lugares la vigilancia, incluso policial, se realiza con este tipo de pequeños vehículos. Delante de la cafetería, en la rampa que desciende hasta la orilla, hay señales de tráfico para regular la circulación de carritos de golf.

Una vez más nadie pasea por esta zona aunque el tranvía llega hasta aquí; solo, de tanto en tanto, algún corredor aislado en el interior de sus auriculares.

Dos reyes bajo el mismo techo

Voy de una punta a otra del río para ver de cerca los dos inmensos puentes y comprobar que, en realidad, son cuatro: dos a dos. Justo antes de llegar al Hernando de Soto, en la orilla, está el Tennessee State Welcome Center que, además de dar todo tipo de información sobre las actividades de la ciudad y presentar una pequeña exposición permanente sobre la Guerra Civil estadounidense, tiene dos magníficas estatuas de Elvis Presley y de B.B. King. Los dos Kings bajo el mismo techo.

Obligada visita: la estatua de Elvis me pareció muy superior a la oficial ubicada entre las calles Beale y Main. Me explican que la aquí expuesta era la estatua original realizada en 1980 pero la cambiaron porque al estar al aire libre se estaba deteriorando (más por el vandalismo y los buscadores de recuerdos que por causas climatológicas). La majestuosa estatua de bronce que se trasladó al Welcome Centre en 1994 representa a un Elvis ya maduro mostrando, sobre todo en su mirada, el enorme poderío que atesoraba. Fue esculpida en bronce por Eric Parks. La nueva, obra de Andrea Lugar, se instaló en la llamada Elvis Presley Plaza en 1997 y presenta a un Elvis más joven contorneándose con su primera guitarra en mano (la que llevaba la popular funda de cuero con grabados) en los años en los que andaba inventando el rock and roll en la misma ciudad de Memphis; una figura alejada de la mitología Las Vegas que siempre parece rodear a Elvis.

Acompañando a Elvis en el Welcome Center.

B.B. y Elvis, además de compartir sastre en los años cincuenta, los hermanos Lansky que entonces estaban en Beale Street y ahora en el hotel Peabody[19], compartieron también muchas otras cosas. Como explicaba King: "Na-

[19] La sastrería, ahora anunciándose como *Lansky Bros, Clothier to the King (Sastre del Rey)* y con un ostentoso logotipo en el que una corona dorada se entrelaza con una aguja de coser, ha regresado a Beale Street ¡en el interior del Hard Rock Café!

B.B. King y su inseparable Lucille en el Welcome Center.

cimos pobres en el Misisipi, tuvimos una infancia pobre y aprendimos nuestro camino gracias a la música". Ahora comparten techo.

Delante, como nota curiosa, hay un monorraíl colgado que hace un trayecto muy pequeño bajo una pasarela peatonal. Se hizo en 1982 para conectar el downtown con el centro de recreo de la isla de Mud en el Misisipi. El recorrido es corto y no parece muy utilizado. Simpático.

Inmediatamente detrás, casi bajo el puente, está la famosa pirámide de cristal, The Pyramid. Inmensa y abandonada desde hace años. La construyeron en 1991 con la idea de que fuera la imagen a vender de la ciudad pero nada más acabarla no supieron qué hacer con ella. En un primer momento hasta se colocó a la entrada una copia a tamaño natural de la estatua de Ramsés II originalmente situada en el Menfis egipcio (desde 2012 esta horripilante reproducción en fibra de vidrio se encuentra en el campus de la Universidad de Memphis y no merece la pena el desplazamiento, pero tal vez sí por lo grotesco de la visión). Durante un tiempo The Pyramid se utilizó como polideportivo y se organizaron algunos conciertos pero, al parecer, ni para eso servía y se quedó totalmente abandonada. Recientemente se ha reacondicionado como una espectacular tienda de objetos navales y para la pesca.

Recorro en coche nuevamente el río en sentido inverso hasta el otro puente, me equivoco y me veo obligado a atravesarlo. Son las nueve pero ya es noche cerrada, el puente no tiene ni una sola luz, todo es oscuro. La estructura metálica en esa oscuridad provoca una sensación de miedo que aumenta al ver en el retrovisor a uno de esos enormes camiones típicos de las carreteras estadounidenses acercándose a gran velocidad, avanzando como si yo no estuviera allí con sus dos cuernos (los tubos de escape) a punto de embestir. El puente es bastante largo y hacia la mitad, calculo que en el centro del río, un gran cartel me da la bienvenida a Arkansas. ¡Uf! Consigo salir sin ser embestido y, por unos minutos, estoy en Arkansas, pero la zona parece bastante solitaria y aún más oscura; tomo de nuevo el puente en sentido inverso. Tennessee no me da la bienvenida. La sensación de miedo por la oscuridad y la impresión del entramado metálico se repite aunque nadie me persiga.

Una vez en la otra orilla lo lógico sería volver a Beale Street en busca del blues pero me quedo con el sabor de boca del atardecer en el Misisipi y regreso al motel. Esta vez no recojo cubitos de hielo, ni siquiera he comprado agua en Walgreens.

Tercer día. Martes. La noche que cambió el mundo

El café del motel sigue siendo malo. Por desgracia hay docenas de cafeterías cerca en las que tampoco es mucho mejor. La cultura hipster del café todavía no ha llegado a Downtown Memphis, por supuesto siempre nos queda Starbucks pero al entrar en uno de sus locales no puedo evitar la sensación de seguir estando en Barcelona o en Seattle.

He dejado para el final dos de las gemas de Memphis. En realidad en una visita de estas características el orden verdaderamente no altera el resultado. Otras veces el orden fue distinto y el resultado igual de reconfortante. Probablemente si esta primera vez no hubiera llegado a Memphis en domingo con el deseo de asistir a una ceremonia en la Full Gospel Tabernacle Church, mi primera acción, tras visitar el Misisipi, hubiera sido encaminar mis pasos hasta el estudio discográfico Sun.

Hablar de blues en Memphis es importante, el Congreso estadounidense la llama el *Hogar del Blues* pero, en realidad, el nombre de la ciudad estará siempre ligado al nacimiento oficial del rock and roll y años después de la música soul. El primer alumbramiento se gestó en el estudio Sun y el segundo en el estudio Stax, en este caso compartiendo paternidad con las discográficas Atlantic en Nueva York y Tamla Motown en Detroit.

En el opúsculo que puedes recoger a la entrada del estudio Sun se lee con un cierto énfasis pero no sin razón: *"If music were a religion, then Memphis would be Jerusalem and Sun Studio its most sacred shrine"* (*Si la música fuera una religión, Memphis sería Jerusalén y el estudio Sun su santuario más sagrado*).

El estudio Sun está situado cerca del centro en una zona bastante desangelada (a tiro de piedra de una Beale Street que por aquí ya no parece Beale Street sino una calle olvidada de un barrio olvidado) en la que conviven tiendas de recambios y radiadores de coche con ofertas de vehículos usados y talleres de chapa. El mismo estudio fue un almacén de venta y reparación de radiado-

Puerta y neones originales del estudio Sun.

res de automóvil antes de que Sam Phillips decidiera instalarse allí simplemente porque los precios, al estar alejado del Downtown, eran mucho más asequibles. En 1950 Phillips pagaba 75$ por el alquiler del local.

La reciente instalación, justo en frente, de uno de los campus del Southwest Tennessee Community College no parece haber cambiado en exceso el panorama como mínimo en verano cuando no se ve ni un solo estudiante por allí.

El estudio Sun es un edificio entrañable. Sencillo, de ladrillo rojo, incluso pequeño para toda la historia que alberga. Actualmente se entra por una puerta en la esquina. Antiguamente se entraba por la puerta de la avenida Union, la que todavía conserva los dos neones del original Memphis Recording Service. Esta puerta da directamente a la recepción del estudio con la mesa de Marion Keisker, nombre importante en nuestra historia como veremos inmediatamente, y de aquí al estudio de grabación propiamente dicho.

La puerta actual en el chaflán lógicamente te lleva a la actual cafetería y a la tienda de recuerdos. Paso inevitable para poder acceder al estudio. Toda esa zona originalmente no pertenecía al estudio, se trataba del pequeño restaurante de Dell Taylor. Un local que probablemente habría entrado también en la historia de la música aunque el Sun Studio no lo hubiera comprado y asimilado. Casi podría decirse que el Taylor's era la oficina de Phillips, en sus mesas se tomaban las decisiones, se proyectaban las grabaciones y se firmaban los contratos. La apariencia externa del Taylor's era idéntica a la actual, simplemente sobre la entrada, la misma puerta, una marquesina anunciaba "*Taylor's Good Food*", suficiente.

La actual cafetería tiene un agradable aire vintage y una enorme foto (la única) del Dollar Million Quartet[20]; es un tanto ruidosa. Suele servir, más que para tomar una copa, para esperar tu turno en el acceso a la visita. Ese día estábamos allí varios rockeros tatuados y algunos sesentones con pinta de venir de otro estado en peregrinación.

En la tienda de recuerdos puedes encontrar las típicas camisetas, sudaderas, bolsos, gorras y un sinfín de pequeñas tonterías pero en la parte posterior, algo oculta, se ubica una minúscula oferta discográfica con algunas joyas (nunca las más preciadas, claro, pero bastantes singles de Jerry Lee Lewis) del catálogo Sun a precios no baratos pero asumibles para cualquier coleccionista, no sé si para un comprador normal (aunque no creo que ningún comprador normal vaya a comprar un disco al estudio Sun de Memphis).

Antes, si no tenías dinero para adquirir alguno de esos vinilos históricos, siempre podías comprar (en mi última visita ya no los vendían, agotados fue la explicación) un paquete de pegatinas con las reproducciones a tamaño real de algunas etiquetas originales. Con un poco de maña podías convertir una vieja placa de piedra sin interés en el primer disco de Elvis o de Jerry Lee Lewis. Y colaba, a condición de que nadie se atreviera a girar la manivela de la vieja gramola para escucharlo (la excusa de que no queda ninguna aguja en buen estado, casi siempre funcionaba).

El estudio Sun fue fundado por Sam Phillips en enero de 1950 como Memphis Recording Service y ya desde el primer día contó con Marion Keisker como secretaria, asistente y amiga. El estudio se anunciaba con un rótulo atractivo: "*We record anything, anywhere, anytime*" *(Grabamos cualquier cosa, en cualquier lugar, en cualquier momento).* Un lema que, como mínimo, atrajo al joven Elvis Presley.

En este estudio Phillips grabó a muchos intérpretes afroamericanos de blues sobre todo para el reputado (todavía hoy) sello de Chicago Chess. Por aquí pasaron algunas luminarias como B.B. King (grabó aquí su primer disco), Howlin' Wolf o Little Minton. En 1952 Phillips se decidió a lanzar su propio

---

20 La reunión casual de Elvis Presley, Johnny Cash, Jerry Lee Lewis y Carl Perkins en el estudio Sun el 4 de diciembre de 1956 y que posteriormente se difundió en disco.

sello Sun Records y la lista de nombres se hizo todavía más importante Johnny Cash, Roy Orbison, Carl Perkins, Jerry Lee Lewis,... y Elvis, claro.

Lo curioso es que el Sun Studio no estuvo siempre en este emplazamiento. En 1960 Phillips se mudó a unas nuevas instalaciones en la avenida Madison, a pocas manzanas de allí, y el local se convirtió primero en una tienda dedicada al submarinismo (sí, submarinismo en Memphis), después en una barbería y finalmente permaneció vacío durante muchos años. Phillips regresó a su emplazamiento original en los años ochenta, por suerte la estructura interna no había sufrido en exceso y fue fácil reconstruir el estudio aunque gran parte del material de grabación original había sido ya donado al Memphis Rock'n'Soul Museum.

Sam Phillips había nacido en 1923 en Alabama, en una granja cercana a Florence, la misma población en la que años antes había nacido W.C. Handy. No fue esa casualidad la que acercó al joven Phillips a la música negra sino el hecho de haber trabajado de niño recogiendo algodón junto a trabajadores negros. De ese contacto nació un interés, extremadamente raro en un blanco de su época, que acabó de consolidarse al visitar a los dieciséis años Memphis y enamorarse perdidamente del ambiente de la Beale Street de aquella época. En enero de 1950 cuando fundó el Memphis Recording Service tenía 27 años pero cargaba a sus espaldas con una importante experiencia musical adquirida sobre todo en emisoras de radio.

El propio Sam Phillips explicaba: "Abrí el Memphis Recording Service con la intención de grabar cantantes y músicos de Memphis y cercanías porque sentía que tenían algo que la gente debería poder escuchar. Estoy hablando de blues, tanto el estilo country como el rhythm, y también de góspel o espirituales y country blanco. Creía que a las personas que tocaban este tipo de música no se les había dado la oportunidad de llegar a una audiencia amplia. Creo firmemente que la mayor parte de los blues eran algo real y presentaban la vida tal como era, sin adulterar. Mi objetivo era demostrar si estaba en lo cierto o no con respecto a esta música. Presentía que había una audiencia más grande para el blues y no solo los negros del Sur. Había mercados en las ciudades a los que se podía llegar, y sabía que los blancos escuchaban blues a escondidas"[21]. Y se puso a ello con el éxito que la historia ya le ha reconocido miles de veces.

La visita al estudio debe hacerse en grupo, no puedes circular a tus anchas. Es animada, todos los guías que he conocido son auténticos showmen y no se limitan a lo más obvio. Incluyen música de otros músicos que pasaron por allí y hasta nos ponen un viejo disco Sun de The Prisonaires, un grupo de presidiarios de la penitenciaría del condado a los que la policía traía esposados

---

21 Escott, Colin y Martin Hawkins: *Good Rockin' Tonight*. St. Martin's Press, Nueva York, 1991.

a las sesiones de grabación, que gracias a obtener un gran éxito con la canción "Just walkin' in the rain" fueron indultados por el gobernador.

Expliquen lo que expliquen todo es muy conocido, es casi impensable que alguien que está haciendo la visita no conozca la historia (si no la conoce, lo más probable es que no tenga el mínimo interés en hacer la visita) y podría evitarse porque lo realmente importante es estar allí. Sentir la emoción de pisar aquel estudio perfectamente conservado, tomar entre tus manos uno de los micrófonos antiguos de la época de Elvis (aunque no te aseguran que lo utilizara el King, no hay registros del material empleado, pero estaba allí cuando él grabó) y hasta puedes marcarte unas estrofas micro en mano que nadie te va a decir nada, todo lo contrario, si es el caso te aplauden calurosamente.

Robert Latxague a punto de marcarse un "That's all right" para la posteridad.

Aunque hayas estado más de una vez, si lo tuyo es el rock and roll, siempre resulta emocionante volver a pasar un rato allí dentro, en el mismo espacio en que nació esa música. Dicen que Bono sufrió tal escalofrío al entrar que casi cae al suelo. Suelo que besó Bob Dylan en su primera visita.

Y hablar del estudio Sun no es solo hablar de Elvis, mucho antes, en marzo de 1951, ya se había grabado allí de la mano del mismo Sam Phillips el "Rocket 88", el primer rock and roll de la historia según una gran mayoría de estudiosos.

Elvis no inventó el rock and roll pero el rock and roll no hubiera sido nunca lo que llegó a ser sin Elvis. Lo dijo John Lennon: "Before Elvis there was nothing" (Antes de Elvis no había nada).

La noche del 5 de julio de 1954 Elvis, el guitarrista Scotty Moore y el contrabajista Bill Black (¡sin ningún otro instrumento!) grabaron en el estudio Sun, bajo la batuta de Sam Phillips, el tema "That's all right, Mama".

Dos días después a las 21,30 horas el dj más popular de la ciudad, Dewey Phillips (nada que ver con Sam), pinchaba por primera vez la canción, todavía un acetato, en su programa *Red, White and Blue* de la emisora WHBQ, sita en el hoy abandonado Hotel Chisca. Dewey, desafiando todos los prejuicios existentes, dirigía y presentaba el programa más popular entre la juventud blanca a pesar de pinchar constantemente música negra hasta el punto que su principal competidor en las ondas nocturnas de Memphis, el popular cantante Rufus Thomas, que ejercía de dj en la emisora WDIA, afirmaba que Dewey "era blanco por casualidad". Esa negritud fue también el nexo de unión con su buen amigo Sam Phillips.

Esa noche de julio Dewey pinchó por primera vez "That's all right" y el impacto fue inmediato. La centralita de la emisora se colapsó, se habla de 114 llamadas en los primeros momentos y varias docenas de telegramas. A petición del público Dewey Phillips tuvo que radiarla esa misma noche en catorce ocasiones.

Elvis estaba en el cine y sus padres tuvieron que ir a buscarlo a petición de Dewey Phillips que quería entrevistarlo en directo. Así, un Elvis terriblemente nervioso y tartamudeando realizó su primera entrevista sobre la marcha esa misma noche. Y la hizo sin darse cuenta, ya que el dj abrió los micrófonos mientras aparentemente charlaban despreocupadamente. Al despedirse Elvis sorprendido le preguntó si no le iba a entrevistar y entró en pánico al saber que todo lo que habían estado hablando se había retransmitido en directo.

Durante esa entrevista improvisada el dj le preguntó en antena a Elvis si lo que cantaba era rock and roll, el chaval se quedó mudo, balbuceando y no supo qué responder. Elvis desconocía la palabra que meses atrás había acuñado un dj de Nueva York, Alan Freed, pero el disco sonó catorce veces (el número de veces varía según las fuentes consultadas, la que menos afirma que fueron siete).

El resto es ya historia.

El disco apareció en las tiendas el 19 de julio de 1954 (¡solo dos semanas después de haberse grabado!), en versiones de pizarra (78 rpm) y vinilo (45 rpm), sin funda (por tanto sin ninguna ilustración ni fotografía) y con una anodina etiqueta amarilla (incluyendo un gallo en el logotipo y dejando claro su procedencia: Memphis, Tennessee) que omitía el *Mama* del título. En pocas semanas se vendieron más de un cuarto de millón de ejemplares solo en esa zona de los Estados Unidos ya que Sun no tenía una buena distribución nacional.

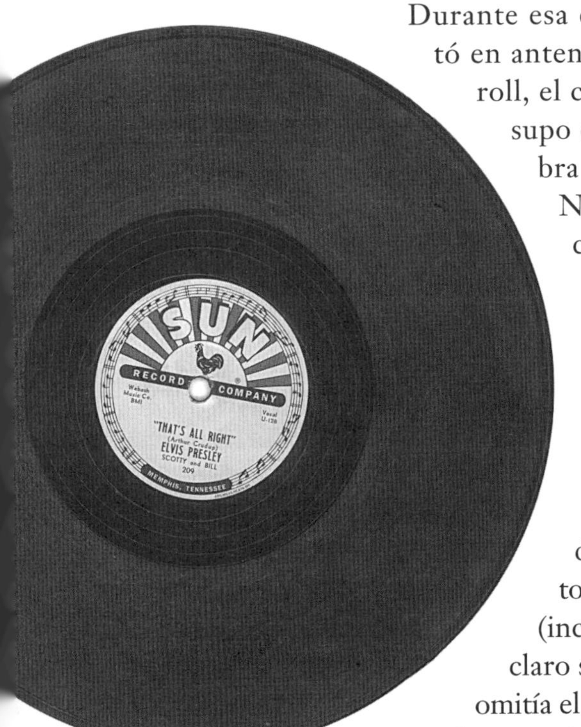

"That's all right", edición en 78 rpm.

La noche de 5 de julio de 1954 cambió el rumbo de la música y de toda la sociedad pero el rock and roll, en realidad, se había inventado un poco antes aunque nadie sabe cuándo ni cómo. Aceptemos que el rock and roll es una mezcla, sin duda espontánea, del rhythm and blues más negro y del country and western más blanco salpimentada con un poco de góspel, algo de boogie woogie y retazos del swing orquestal más bailable (y probablemente alguna cosa más). Esa mezcla aparentemente tan sencilla se fue gestando sola, sin que nadie la dirigiera o controlase.

En plan erudito las primeras trazas de rock and roll las encontramos en un solo incendiario de saxo tenor de Illinois Jacquet en el tema "Flying Home" de la orquesta de Lionel Hampton, corría el mes de mayo del año 1942. El mismo Jacquet legaría otro rock and roll *avant la lettre* en su "Blues part 2" (también conocido como "Philharmonic Blues, Part 2") grabado junto a Nat King Cole y Les Paul en julio de 1944. Por supuesto nadie hablaba de rock and roll ni de nada parecido pero ahí estaba ya la base sobre la que se edificaría la historia. En ese momento Hampton y Jacquet eran dos de las figuras del jazz que querían dejar atrás la música de las aún populares orquestas de swing y navegaban hacia nuevos estilos.

Mientras Illinois Jacquet volaba a casa, algunos pianistas de woogie se habían dado cuenta de que acelerando y sincopando aún más su música, ya de por sí bastante acelerada y sincopada, los bailarines negros se entusiasmaban. Intérpretes como Louis Jordan llegaron a la misma conclusión (recordemos "Caldonia" o "Let the good times roll"). Aún en la década de 1940 tanto Wynonie Harris como Ray Brown grabaron un jump blues desaforado que escuchado hoy suena a puro rock and roll: "Good Rocking Tonight".

El mundo de la música comenzó a hablar de rhythm and blues (r'n'b) de forma generalizada en 1949 cuando la revista *Billboard*, la más prestigiosa en cosas de música popular, decidió sustituir la lista de éxitos de *race music* (¡todavía se utilizaba!) por otra con un apelativo más acorde a los tiempos. El nombre escogido fue rhythm and blues, término utilizado realmente como un paraguas bajo el que cabía buena parte de la música popular de la comunidad negra de aquel momento.

Durante mucho tiempo la diferencia entre jazz y r'n'b no estuvo bien delimitada (en realidad los límites entre estilos musicales nunca están suficientemente claros, ni tienen por qué estarlo) y los músicos interpretaban una u otra cosa sin mayores problemas. Louis Jordan fue el primer intérprete presentado bajo la nueva etiqueta r'n'b.

Los elementos ya flotaban en el aire, solo era necesario juntarlos. Y eso fue obra de un ilustre músico nacido en Clarksdale (volveremos una y otra vez a esta población) pero instalado en Memphis: Ike Turner. El que años después

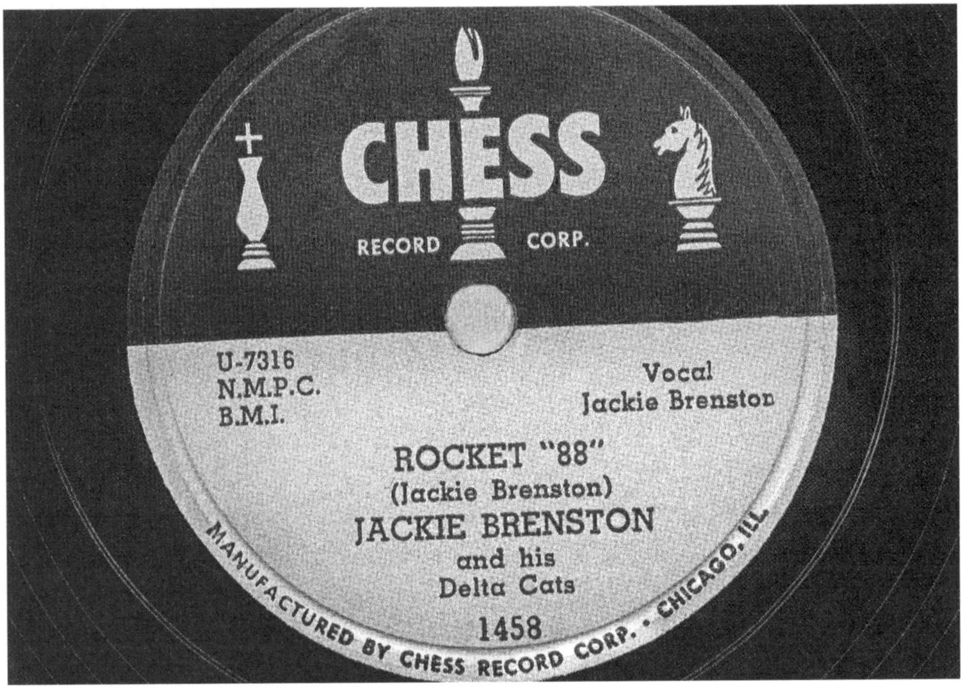

Etiqueta de la edición original del primer rock and roll.

desposaría a la incendiaria Tina, grabó el 5 de marzo de 1951, a los diecinueve años, su composición "Rocket 88" producida por Sam Phillips precisamente aquí, en el estudio Sun (hay quien cree en las casualidades, esta no parece serlo, no para mí). Fue el primer auténtico rock and roll de la historia (casi todos los historiadores parecen estar de acuerdo) y se gestó entre estas cuatro entrañables paredes pero Turner no pudo firmarlo ni como autor ni como intérprete porque tenía un contrato en exclusiva con otra discográfica.

Así "Rocket 88" apareció en el sello de Chicago Chess como obra del saxofonista y vocalista de la banda, Jackie Brenston and his Delta Cats, y alcanzó el número 1 en las listas de r'n'b de la revista *Bilboard* (la biblia, decían). Ike Turner entraría en la historia del rock por otros trabajos posteriores y Jackie Brenston (otro nativo de Clarksdale) acabaría alcoholizado intentando demostrar que había inventado el rock and roll sin que nadie le creyera.

Ese mismo año 1951 un regordete y simpaticón cantante y guitarrista blanco de Detroit, Bill Haley, comenzó a grabar sus primeros discos en una línea similar y poco después Alan Freed bautizó la nueva propuesta como Rock and Roll. Freed fue más allá de inventar un nombre e introdujo, primero a través de la radio y después en conciertos y festivales, esta música eminentemente negra (solo Haley era blanco) entre los jóvenes blancos, inicialmente en Nueva York y después en todo el país.

Alan Freed le puso un nombre a esta música, y seguimos utilizándolo, pero tampoco él lo había inventado, simplemente tomó uno que flotaba en el viento y acertó. La primera vez que se utilizó el nombre, como mínimo en disco o en material impreso, fue en 1934 cuando las entonces muy populares Boswell Sisters grabaron una canción de Sidney Clare titulada justamente así "Rock and Roll". Su ritmo tiene poco que ver con lo que vendría después pero en su letra ya se encuentran frases tan jugosas como "Up and down, round and round we sway" (Arriba y abajo, vueltas y vueltas balanceándonos) o "Whoa-oh-oh, rock and roll like a rockin' chair" (Whoa-oh-oh, rock and roll como una mecedora); el ritmo y el movimiento ya estaban presentes.

Después expresiones similares fueron apareciendo en diversos temas de r'n'b. Entre ellos: "Roll'Em, Pete" de Big Joe Turner en 1938, "Rockin' Boogie" de Joe Lutcher en 1947, "We're Gonna Rock, We're Gonna Roll" de Wild Bill Moore en 1948, "Rock the Joint" de Jimmy Preston en 1949, "Rock Awhile" de Goree Carter en 1949, "I Want to Rock" de LaVern Baker en 1950, "Rockin' the Blues Away" de Tiny Grimes en 1951 o el ya mencionado (y alabado) "Rocket 88" de Ike Turner también en 1951 justo el año en que Freed acuñó el nombre desde la radio neoyorquina.

En esos primeros cincuenta Big Joe Turner (en aquel momento en la orquesta de Count Basie) lanzaba "Shake, Rattle and Roll" y Bill Halley triunfó acelerando ese tema y lanzó después el seminal "Rock around the clock". En 1955 Elvis no estaba todavía en el pelotón de cabeza de la nueva música a nivel nacional (su fama se circunscribía a las cercanías de Memphis) cuando Little Richard grabó "Tutti Frutti", Chuck Berry "Maybellene" y Bo Diddley una canción con su mismo nombre.

La historia de Elvis nos devuelve al estudio Sun. El chaval conducía el camión de reparto de una fábrica de componentes eléctricos y pasaba a menudo por delante (daba grandes rodeos para pasar por allí una vez tras otra) del Memphis Recording Service que, con su vistoso neón, prometía grabar cualquier cosa a buen precio. El 18 de julio de 1953 el camionero decidió detenerse y probar suerte grabando un disco para regalárselo a su madre. Pagó 4 $ por la grabación. Sam Phillips no estaba y le atendió Marion Keisker que quedó impresionada por su voz y, por si acaso, anotó su nombre y dirección.

Meses después cuando Phillips buscaba sin éxito una voz para grabar dos canciones que acababa de comprar (en aquellos días los productores compraban primero las canciones y después buscaban alguien que las cantara), Marion le sugirió al "chico de las patillas" y, como por probar no se perdía nada, Phillips hizo llamar a Elvis y concertó una sesión de grabación como prueba. Para asegurarse el tiro convocó también a un músico de probada solvencia que colaboraba habitualmente con el estudio: el guita-

Scotty, Elvis y Bill en 1954.

rrista Scotty Moore, que para ganarse realmente la vida trabajaba en una tintorería, y este se trajo a un amigo, Bill Black, que tocaba el contrabajo y trabajaba de dependiente en una tienda de electrodomésticos; ninguno de los dos sabía quién era Elvis.

Tras intentar en diversas tomas hacer algo decente con las dos canciones sin ningún éxito, Phillips decidió dar un descanso a sus chicos y les pidió que hicieran lo que quisieran para relajarse. El camionero, que navegaba mentalmente entre las baladas country and western blancas y el blues negro, se puso a entonar de forma nerviosa y acelerada pero con regusto vaquero un blues de Arthur Big Boy Crudup que probablemente había oído en la radio o en alguna escaramuza por el gueto negro de la ciudad, sin duda en la plaza Handy. Elvis aceleró el ritmo probablemente para espantar sus miedos.

Scotty Moore recordaría años después: "Estuvimos allí dos o tres horas. Se nos hacía tarde y estábamos cansados, así que paramos y nos tomamos una Coca Cola. De repente Elvis dejó la Coca Cola, cogió la guitarra y empezó a darle caña arrancándole sonidos muy rítmicos. Entonces Bill cogió el contrabajo y comenzó a tocar con él. Puro ritmo. La guitarra estaba apoyada en el amplificador, la cogí y empecé a improvisar con ellos"[22]. Es decir, sin nada premeditado a Scotty y Bill les hizo gracia y se unieron como un juego.

---

22 Recogido en el documental *The Searcher* de Thom Zimny. HBO 2018.

Un juego que sorprendió a Phillips que cortó la espontánea interpretación para preguntar qué era lo que estaban haciendo. Elvis no supo responder. "Me sorprendió", recordaba Phillips. "No era un blanquito haciendo una imitación, ni nada parecido. Solo echándole sentimiento. Me dejó pasmado"[23]. Y Phillips, clarividente, decidió que tanto daba lo que fuera. "Vamos a grabarlo a pesar de todo" sentenció y puso el magnetófono en marcha. "That's all right, Mama" (sin el *Mama* en su primera edición discográfica) acababa de nacer.

Pero se necesitaba una cara B para poder editar el disco. Phillips convocó nuevas sesiones de grabación en días sucesivos. Como el tema que ya tenían era excesivamente negro Phillips sugirió una balada vaquera para esa cara B y Elvis retomó la muy popular "Blue Moon of Kentucky", del mandolinista de bluegrass Bill Monroe, pero a un ritmo más sincopado. Probablemente esta versión ya no fue tan espontánea y fue Phillips el que instó a los tres músicos a hacer "lo mismo" que habían hecho con la canción de Crudup aunque en este caso a la inversa. "Juntamos todas las cosas por las que había rezado durante tanto tiempo", proseguía Phillips. "Grabamos algo de música negra del tipo 'Gut Bucket Blues' con un giro hacia el clásico bluegrass y salió 'Blue Moon of Kentucky' para la otra cara del disco. No tenía color, no necesitaba colores".

Y tampoco necesitaba batería, un instrumento que después ha sido esencial en el desarrollo del rock. La pulsión del contrabajo se bastaba y sobraba para mantener el ritmo.

Ciertamente Elvis, Scotty y Bill no acababan de inventar nada pero la suerte estaba de su parte. El nuevo ritmo, lo que iba a convertirse en la nueva moda, necesitaba una imagen que pudiera representar a los jóvenes que compraban y bailaban esos discos. Una imagen blanca, por supuesto, porque los potenciales compradores con posibilidades económicas eran eminentemente blancos. En ese punto, por razones obvias, se descolgaban para la propuesta Chuck Berry, Ike Turner, Little Richard o Bo Diddley. Una imagen que, además, pudiera encajar con el modelo *Rebelde sin causa* que se estaba extendiendo entre la juventud y que James Dean iba a inmortalizar (la película se estrenó en 1955 cuando Elvis todavía no había triunfado a nivel nacional). Bill Haley no servía para ese papel porque estaba ya en la treintena, ostentaba un moderado sobrepeso, vestía como un elegante hillbilly (elegante pero hillbilly a fin de cuentas), estaba casado en segundas nupcias, tenía ya dos hijos y, además, se estaba quedando calvo (por no hablar del caracol en la frente que a los seguidores hispanos nos evocaba la viva imagen de alguna de

[23] Id.

Sam Phillips, Elvis Presley y Marion Keisker en la puerta del estudio Sun.

nuestras cupletistas más recalcitrantes); no era un personaje que enamorara adolescentes.

Elvis era joven, guapo, mantenía una pose entre tímida y canalla, se movía de forma provocativa y comunicaba un cierto salvajismo cercano y entrañable; reunía todas las condiciones necesarias.

Conocido es que Sam Phillips había repetido hasta la saciedad que "si encontrase a un cantante blanco que cantara como un negro ganaría un millón de dólares".

Y a Elvis le tocó el número gordo de la rifa. Por suerte, además de estar en el momento preciso en el sitio adecuado, Elvis tenía una voz prodigiosa, un tremendo sentido del ritmo y un gusto exquisito para adaptar cualquier canción a su personal e intuitiva visión de la música.

El mismo Elvis recordaba en 1960: “El rock and roll existe desde hace muchos años. Solía llamarse rhythm and blues. Y hasta donde puedo recordar, siempre ha sido algo muy grande, aunque en los últimos cinco años haya crecido mucho más. Personalmente, no creo que nunca desaparezca completamente, ¡van a tener que conseguir algo muy bueno para ponerlo en su lugar! Si te gusta el rock and roll y lo sientes, no puedes evitar moverte, dejarte atrapar. Eso es lo que me sucede, lo escucho y tengo que moverme, no puedo evitarlo”[24].

Los recelos de la comunidad negra que creía que, una vez más, los intérpretes blancos les “robaban” su música y la convertían en éxito, desaparecieron rápidamente cuando Chuck Berry y, sobre todo, Little Richard ensalzaron a Elvis y le agradecieron haber cantado sus canciones. “Nunca hubiéramos llegado tan lejos sin Elvis”, afirmó Little Richard.

El rock and roll no fue solo un fenómeno musical o, mejor dicho, el fenómeno musical arrastró un cambio social muy importante. La nueva música fue rechazada por los sectores más conservadores (incluso de forma violenta con ataques, prohibiciones, quema de discos) lo que provocó que la juventud se volcara totalmente en ella, creándose así una fractura social entre padres e hijos que, por culpa de Elvis, ya no oían las mismas canciones, ni adoraban a los mismos ídolos, ni vestían igual, ni se comportaban de la misma forma.

Y el despegar de esa historia había comenzado en el interior del estudio Sun.

Un estudio que, si hablase, podría explicar cientos de historias sorprendentes. Por ejemplo, poco después de la primera grabación de Elvis, en el otoño del mismo 1954, Sam Phillips, siempre muy puntual en sus horarios de llegada al trabajo, se encontró sentado en la puerta de la calle a un individuo algo tosco y completamente vestido de negro que le espetó sin dilación. “Hola, soy Johnny Cash y tú quieres escucharme cantar.” Como nadie le decía que no al rudo hombretón y más con la voz de trueno que atesoraba, Sam le hizo pasar y a las pocas semanas “Cry! Cry! Cry!” se convertía en un pequeño éxito (el gran éxito llegó con su segundo single para Sun: el inolvidable “I Walk the Line”). Desde aquel nada casual encuentro inicial, Johnny Cash prácticamente nunca abandonó su vestimenta negra (nunca en el escenario) y empleó esa misma frase (“Hello, I’m Johnny Cash”) para presentarse en todas sus actuaciones.

En la visita al estudio Sun no entras directamente en ese mítico lugar. Primero se ha de acceder por una escalera al primer piso. A pie de escalera un letrero negro con las letras vistosamente impresas en naranja explica con claridad las reglas de la visita al estudio Sun: “No bebidas. No niños menores de cinco años (el número ha sido corregido a mano, nos quedamos sin saber cuál

---

24 Mick Farren and Pearce Marchbank. Obra citada.

Escritorio de Marion Keisker en el estudio Sun.

era la edad de admisión anterior a la chapuza tipográfica). No fotografías con flash o filmaciones en el piso superior. PERO reír, bailar y pasar un buen rato rockero está permitido (el *permitido* está doblemente subrayado)".

La escalera de acenso al primer piso es estrecha, algo oscura y con sus paredes repletas de carteles y fotografías. Una vez allí nos explican toda la historia del rock and roll, podemos ver, entre otros objetos curiosos, la famosa funda de cuero grabado de la primera guitarra de Elvis, alguno de los magnetófonos de una pista originales del estudio, discos, instrumentos y el amplificador KK Seranola original utilizado por la banda de Ike Turner para grabar "Rocket 88", un ampli tuneado con papel de diario para conseguir una distorsión que la técnica aún no había inventado. En ese disco y en este estudio fue la primera vez en la historia que se grabó una guitarra distorsionada.

Otra historia que se ha convertido en leyenda. Camino de Memphis en la Highway 61 el coche de la banda pinchó una rueda, al sacarla del fondo del maletero el amplificador del guitarrista Willie Kizart cayó al suelo rompiéndose la parte baja del altavoz (otras fuentes dicen que cayó del techo o que fue la lluvia la que lo estropeó). Como solución de emergencia Kizart llenó la grieta con papel de diario consiguiendo que funcionara pero emitiendo un sonido bastante raro. Rareza que gustó a Sam Phillips, que decidió grabar el disco con esa sonoridad distinta (¿casualidad? ¿intuición? ¿genialidad?). Y fue "Rocket 88" el primer disco negro que Dewey Phillips, a petición de Sam Phillips, pinchó en su programa radiofónico consiguiendo que muchos jóvenes blancos compraran la grabación sin tener en cuenta el color de los ejecutantes. Se podrá discutir si "Rocket 88" fue o no el primer rock and roll, de lo que no cabe ninguna duda es que abrió el camino a todo lo que estaba a punto de suceder.

Volvemos a bajar y allí está el estudio. No es muy grande, una orquesta no podría grabar allí pero para pequeños grupos es más que suficiente. A un lado la pecera con material en uso (alguna vez se utiliza el estudio para grabar, en los últimos tiempos han pasado por allí U2 o Ringo Starr) y al otro lado la puerta de acceso a la pequeña recepción en la que todavía se conserva la mesa, la silla y la máquina de escribir de Marion Keisker. Una vieja máquina expendedora de Pepsi completan el ambiente cincuentero (es curioso que sea de Pepsi porque tanto Elvis como Scotty, en sus recuerdos, hablan siempre de hacer un *break* para tomarse una Coca Cola).

Ahí parados creemos ver a la secretaria de Phillips recibir al "chico de las patillas". Sin cerrar los ojos todo te lleva a ese pasado tantas veces rememorado.

En el interior del estudio se apilan micrófonos, guitarras viejas (aquí lo de viejas es apropiado) y en un extremo el piano original que utilizaba Jerry Lee Lewis (se reconoce por el orificio quemado producido por el puro del Killer, que siempre lo apoyaba en el mismo lugar, entre las notas más bajas). Las paredes están llenas de fotos mostrando el ilustre pasado del local.

Al salir al exterior, justo en el chaflán una gigantesca guitarra blanca ejerce su papel de señuelo y una placa nos recuerda que aquella plaza ahora se llama Sam Phillips.

Soulsville USA

A un par de millas del estudio Sun, en la zona sur, en uno de esos barrios negros en los que se mezclan chabolas con viviendas de lujo y solares abandonados con casas derruidas, se encuentra el emplazamiento original del estudio Stax ahora convertido en museo de la música soul. Toda la desorbitada extravagancia de la blaxploitation[25] mezclada con las auténticas raíces de esta

[25] A mediados de la década de 1970 se conocía con este nombre toda la cultura que rodeaba la revitalización de la sociedad afroamericana. Movimientos sociales, literatura, cine, moda y música apuntaban nuevos modos con protagonistas siempre negros y dirigidos a un público eminentemente negro. Figuras desmesuradas como Isaac Hayes son el epítome de la blaxploitation.

música, una mezcla genuina de música de alto voltaje con la más disparatada extravagancia colorista. Un museo sumamente interesante por la cantidad de objetos que acumula incluyendo absolutamente toda la colección de discos que Stax editó entre 1957 y 1975 tanto bajo su propio sello como en el subsidiario Volt. Viéndolos todos juntos se aprecia con suma claridad la importancia que este sello tuvo en el desarrollo de la música soul.

El sello Sun tuvo un breve apogeo, pero nunca consiguió en su momento un reconocimiento a nivel nacional, su verdadera fama llegó después, con el paso del tiempo. Incluso sus cabezas de cartel tuvieron que recurrir a otras discográficas para convertirse en auténticos triunfadores internacionales: Elvis se fue a RCA, Jerry Lee Lewis a Mercury y Johnny Cash a Columbia.

Fue a mediados de la década siguiente cuando Memphis se convirtió realmente en un importante centro de grabaciones discográficas gracias a Stax Records, corazón del soul sureño.

Como suele ser habitual en estos casos es muy difícil hablar con exactitud del nacimiento del soul. Inicialmente resulta de la mezcla espontánea del góspel con el rhythm and blues. "I got a woman" de Ray Charles fue probablemente el primer tema que le quitó la pátina espiritual al góspel y lo transformó en música de baile con textos de contenido mundano, por decirlo de alguna manera llevó los cantos y danzas de las iglesias a los cabarets y salas de fiestas. Fue en el año 1954 y le costó a Charles los insultos y amenazas de una parte de la comunidad afroamericana que lo vieron como una blasfemia. Charles se había basado para componer su canción en un góspel titulado "It Must Be Jesus" que dijo haber oído en la radio.

Pero Charles no cejó en su empeño y cuatro años después el mayor éxito de su carrera, "What'd I Say," no fue más que una exaltación tremendamente rítmica y contagiosa del efecto llamada-respuesta africano de los primeros espirituales negros.

Ray Charles había nacido en Georgia y allí grabó casualmente su "I got a woman" pero como músico había recorrido ya todo el país y, desde dos años antes, grababa para el sello neoyorquino Atlantic. No puede hablarse de una procedencia geográfica del soul. Lo que sí es indiscutible es que a partir de ese momento se desarrolló el nuevo género esencialmente alrededor de tres discográficas: la mencionada Atlantic de los hermanos Ertegun en Nueva York, Stax de Memphis y, algo después, Tamla Motown de Berry Gordy en Detroit.

Motown tenía un sonido propio, más cercano a las pistas de baile, pero es difícil distinguir los productos de Stax y Atlantic, entre otras cosas porque muchos de los artistas que después fueron lanzados desde Nueva York por el sello Atlantic eran artistas salidos de Stax e, incluso, algunos discos lanzados por Atlantic se habían grabado en Stax.

Entrada al estudio Stax.

Stax nació de una modesta empresa discográfica, Satellite Records, fundada en 1957 a imagen de Sun Records por un violinista blanco de country and western, Jim Stewart, y su hermana, maestra de instituto, Estelle Axton. Inicialmente la empresa se dedicaba casi exclusivamente al rockabilly pero cuando en 1960 se trasladaron al viejo cine Capitol de la avenida McLemore, en pleno gueto negro de la ciudad, cambiaron el nombre de la empresa (Stax viene de las dos primeras letras de los apellidos de ambos hermanos), montaron a su lado una tienda de discos que mantenía el antiguo nombre Satellite y, lo más importante, comenzaron a grabar con total naturalidad a artistas afroamericanos.

Su primer éxito llegaría ese mismo año de la mano de Rufus y Carla Thomas: "'Cause I love you". Inicialmente la idea de Stewart, a diferencia de la que había movido a Sam Phillips, no era centrarse en grabar y promocionar la música negra pero ese éxito casi inesperado le hizo cambiar de planes. "Nunca había escuchado música negra y no tenía ni idea de su contenido. Fue como un ciego que de repente puede ver. Ya no quieres volver atrás, ni siquiera miras atrás", explicaba Stewart.

Tras ese primer éxito crearían un nuevo sello para diversificar la oferta: Volt Records. A Rufus y Carla Thomas seguirían Otis Redding, The Mar-Keys, Sam and Dave, Eddie Floyd, Booker T. and the MG's, Albert King, The Staples Singers, Soul Children y, por supuesto, Isaac Hayes.

Booker T and the MG's con una modelo desconocida en 1976.

En Sun Records no existía discriminación racial pero pocas veces Sam Phillips grabó músicos blancos y negros en el mismo grupo, en realidad la ley se lo prohibía. En Stax era diferente y la integración era total a pesar de esas leyes y de la moralidad bienpensante de la zona (el Ku Klux Klan se había fundado a doscientas millas de allí y en 1970 se estimaba que tenía unos dos mil afiliados activos en la zona e incontables seguidores).

En Stax los músicos negros y blancos tocaban juntos sin problemas. Realmente el estudio de la avenida McLemore fue uno de los principales centros de integración racial de Tennessee. Así, las bandas de la casa Booker T. and the MG's o los Memphis Horns eran bandas interraciales y muchos de los éxitos cantados por voces negras (en este caso las voces prácticamente siempre eran negras más por el color de la voz que por el de la piel) habían sido escritos por compositores blancos y grabados por orquestas integradas. El gran éxito póstumo de Otis Redding "(Sittin' On) The Dock of the Bay" fue escrito parcialmente por el cantante pero en gran medida por Steve Crooper, guitarrista blanco de los MG's y de prácticamente todos los éxitos de Stax y, desde hace algunos años, al frente de la Original Blues Brothers Band.

La semilla de integración racial que había nacido en el estudio Sun y madurado en el estudio Stax recibió un monumental varapalo con el asesinato del Dr. Martin Luther King Jr. La tensión racial estalló en todo el sur de los Estados Unidos especialmente en los barrios negros como el que rodeaba el estudio Stax. En los sangrientos disturbios uno de los principales objetivos de los manifestantes fueron los negocios propiedad de blancos situados en los barrios negros. El estudio Stax y la tienda de discos Satellite no fueron en ningún momento ni asaltados ni hostigados, una clara demostración de la profunda implantación del trabajo de Stewart y Axton en la comunidad afroamericana.

Con todo ese historial musical y social alrededor del estudio y de la discográfica no extraña que ahora este barrio se conozca como Soulsville retomando el lema *Soulsville USA* que en los años setenta Stax utilizó y colocó ostentosamente en su marquesina de entrada como contrapeso al lema que utilizaba Tamla Motown en Detroit: *Hitsville USA*.

En Soulsville, el barrio, además del museo, se halla también la Stax Music Academy, que incluso cuenta con una orquesta sinfónica: Soulsville Symphony Orchestra, y, aunque pueda parecer que tiene poco que ver con la música, el LeMoyne-Owen College, la primera universidad exclusivamente afroamericana en Memphis. Esta universidad se fundó en 1968 al juntar dos instituciones históricas de la ciudad: la LeMoyne Normal and Commercial School, que desde 1862 funcionaba como escuela privada para libertos y esclavos fugitivos, y el Owen College, fundado en 1947 por la congregación de misioneros baptistas de Tennessee.

Volviendo al museo Stax. Lo primero que sorprende es la marquesina del antiguo cine que parece todavía anunciar inminentes conciertos bajo el clásico logotipo de Stax: una pila de vinilos en equilibrio danzante. Sorprende por la autenticidad de un pasado reciente pero todavía sorprende más cuando te enteras que de auténtico no tiene nada, todo es una réplica edificada a principios de este siglo. El edificio del estudio Stax original fue demolido en 1989 tras más de una década de abandono con el consiguiente deterioro progresivo que acabó aconsejando su derribo. Stax había cerrado sus puertas en 1976 y, durante un tiempo antes del abandono total, el edificio fue utilizado como comedor de beneficencia. Los dos neones originales de la marquesina pueden verse en el Rum Boogie Cafe de Beale Street junto a su colección de guitarras autografiadas.

Isaac Hayes y la modelo Pat Evans en una foto promocional de Stax de 1970.

Todo es de reciente creación pero una vez dentro lo olvidas rápidamente y te dejas llevar por el espíritu danzante de la música que allí nació y se desarrolló. La pieza estrella es el Cadillac Eldorado cromado en oro de 24 quilates que Isaac Hayes se compró en 1972 con las ganancias de su banda sonora para la película *Shaft, las noches rojas de Harlem*. Un vehículo apabullante que, además, llevaba un mini bar y una televisión, cosas totalmente inusuales en aquel momento. Pura exhibición de poderío que casa perfectamente con la imagen algo excéntrica de Hayes cubierto de relucientes joyas y envuelto en su capa dorada.

El Eldorado atrae todas las miradas pero el museo es mucho más que esa anécdota motorizada girando constantemente sobre sí misma para que los visitantes puedan ver todos los detalles (y, al mismo tiempo, dificultar las fotografías).

Como preludio a la visita se proyecta un vídeo tremendamente rítmico aunque excesivamente hagiográfico. La visita comienza en una iglesia del Delta del Misisipi en los primeros días del siglo XX, donde el blues y el góspel se mezclaron por primera vez, y continúa con el nacimiento del rhythm and blues hasta llegar a la erupción soul de los años sesenta y setenta del pasado siglo.

En el centro del actual museo se sitúa el reconstruido estudio A en el que grabaron todos los nombres antes mencionados. Hasta el mismo Elvis Presley en 1973 realizó dos históricas sesiones aquí, aunque las grabaciones del King en este local no fueron editadas por Stax ni puedan considerarse ni música soul ni ninguno de sus derivados (pero escuchadas ahora tienen una magia muy diferente a las que grabó en los estudios RCA de Nashville o Nueva York).

Al conservarse, en el original y en la réplica, la estructura del antiguo cine, el estudio es sumamente amplio con unos techos muy altos lo que confería un sonido y una reverberación muy especial a todas las grabaciones.

En lo que era el estudio de grabación propiamente dicho se pueden contemplar una guitarra y sus amplificadores del gran Steve Crooper y el órgano Hammond B3 de Booker T. junto a material de grabación y escenario de la época.

Más allá hay una pista de baile para que los visitantes puedan desahogarse mientras en la pantalla pasan fragmentos del mítico programa de televisión *Soul Train*. A todo lo largo del recorrido, entre los objetos e instrumentos más diversos, hay innumerables proyecciones musicales y lo atractivo es que no se limitan a los miembros de la escudería Stax sino que, haciendo honor a su nombre, Museum of American Soul Music, se incluyen muchos músicos de otras compañías discográficas.

En el exterior, a un lado del estudio está la casa semiderruida de Memphis Slim con un cartelito de la Blues Association prometiendo que la rehabilitarán. [En mi última visita pude comprobar que ya lo habían hecho aunque el resultado, todo tan nuevo y tan pulcro, le resta encanto. Ahora alberga el Memphis Slim Collaboratory, lugar de reunión, ensayo y estudio para los jóvenes músicos de Soulsville.]

Casa original de Memphis Slim frente al estudio Stax antes de su reconstrucción.

La doble visita ha sido mentalmente extenuante. Podría volver a Beale Street a la búsqueda de blues en directo pero no me siento capaz. Regreso al Misisipi que, en el fondo es el leitmotiv de mi viaje. Mientras pasa un carguero de dimensiones descomunales me planteo la continuación de mi periplo. Tengo dos opciones: seguir Misisipi abajo o, ya que estoy aquí, escaparme hasta Nashville. Son unas tres horas de coche y la posibilidad de pasar, de regreso, por Tupelo. Al iniciar el viaje dejé esta doble posibilidad en el aire para decidir según el *feeling* del momento, en Vilassar no me veía capaz de tomar una decisión.

La opción Nashville, capital del estado y cuna de la música country, me puede. Y, como excusa (si fuera necesaria), no me aparto de la idea central que motiva mi viaje: el río Cumberland, que atraviesa Nashville, desemboca en el río Ohio que, a su vez, desemboca en el río Misisipi. ¡Son las mismas aguas! Después regresaré, siguiendo el fluir de esas aguas, al Misisipi. ¡No todo ha de ser blues en la vida!

Si salgo ahora llegaré a dormir a Nashville.

[Así sucedió aquella primera vez y así he querido narrarlo aquí pero probablemente no sea esta la forma más correcta de plantearse el viaje. Iniciarlo en Nashville parecería lo más indicado, como mínimo menos horas de coche, pero comenzar la aventura en Memphis, la primera aventura y en el mismo cauce del río, era para mí más sugestivo y, cuando la inicié tampoco había decidido ir hasta Nashville.]

Me pongo en marcha.

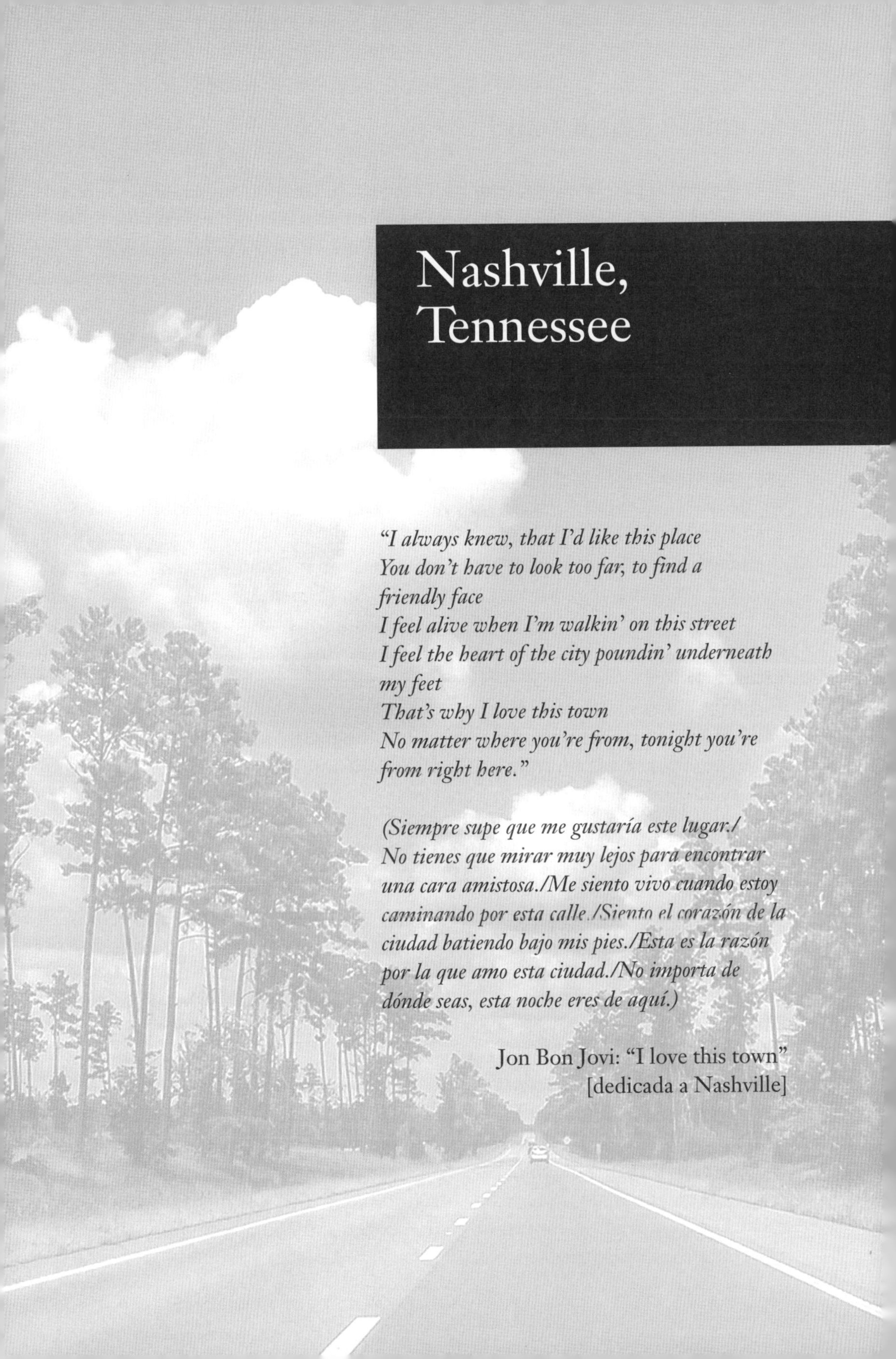

Nashville, Tennessee

"I always knew, that I'd like this place
You don't have to look too far, to find a friendly face
I feel alive when I'm walkin' on this street
I feel the heart of the city poundin' underneath my feet
That's why I love this town
No matter where you're from, tonight you're from right here."

(Siempre supe que me gustaría este lugar./No tienes que mirar muy lejos para encontrar una cara amistosa./Me siento vivo cuando estoy caminando por esta calle./Siento el corazón de la ciudad batiendo bajo mis pies./Esta es la razón por la que amo esta ciudad./No importa de dónde seas, esta noche eres de aquí.)

Jon Bon Jovi: "I love this town"
[dedicada a Nashville]

Rumbo a Music City

Las tres horas previstas se convierten en cuatro. La Interestatal 40 es amplia y rectilínea pero la circulación no es ágil. Me encuentro un tráfico impresionante de camiones inmensos, algunos más grandes de lo habitual con un coche delante y otro detrás avisando. La mayoría van al tope de velocidad permitido o más y es complicado adelantarlos.

Y una cosa increíble: van perdiendo trozos de neumático cuando no toda una cubierta entera. Por la carretera vas encontrando esos trozos de neumático y puede ser peligroso si hay mucho tráfico porque no los ves hasta que estás encima. Me tragué uno que salió literalmente de debajo del coche anterior que hizo un requiebro para evitarlo, yo no pude esquivarlo y pasé por encima, el coche dio un buen salto pero por suerte no se pinchó ninguna rueda. Entre Memphis y Nashville varias camionetas de operarios iban recogiendo esos trozos.

Supongo que los camiones apuran las ruedas al máximo y, como llevan 16, si una se deshace por el calor y el roce no se dan ni cuenta.

Compruebo otra cosa que ya había intuido: los estadounidenses del Sur conducen fatal en autopista. Casi no utilizan los intermitentes, se ponen en el carril de la izquierda y vayan a la velocidad que vayan no hay quien les aparte. Eso hace que se produzcan muchos adelantamientos por la derecha, cosa que aquí parece muy normal y que a mí, con mi mentalidad europea, me cuesta bastante aceptar (más adelante comprobaría que esta reticencia es solo cosa del primer momento, días después ya adelantaba por la derecha como si no hubiera hecho otra cosa en mi vida aunque procuraba no olvidar los intermitentes).

A la I 40 por aquí la llaman la Music Highway porque conecta los dos centros musicales más importantes del sur: Memphis y Nashville. A pesar de ello no creo que la densidad y descontrol del tráfico se deba a causas musicales. Me lo tomo con filosofía.

El viaje se hace largo y la emisora de oldies de Memphis, que me había acompañado estos últimos días ha desaparecido de mi dial. Voy saltando de emisora de country and western clásico a emisora de country and western contemporáneo. Se nota que cada vez estoy más cerca de la meca de ese estilo musical. (Al avanzar en mi viaje me doy cuenta de que no se trata de la atracción de Nashville, en todo el sur de los Estados Unidos la mayoría de emisoras de radio ponen country a todas horas.) Esta primera inmersión estilística me sirve para convencerme de que hay mucho country, sobre todo contemporáneo, malo, muy malo. Imagino que el que nos llega a Europa ya está bastante filtrado y por eso no se nota, pero aquí en la radio ponen constantemente cosas infumables.

Rumbo a Nashville.

Paro a unas sesenta millas de Memphis para tomar un café aunque la verdadera excusa es ver la cabaña en la que vivió y murió Sleepy John Estes, un blusero al que es necesario reivindicar una vez tras otra. El viejo, mísero y destartalado caserón está situado junto al West Tennesse Delta Heritage Center en la pequeña población de Brownsville. El centro tiene varias salas de exposición, una dedicada exclusivamente a Tina Turner que nació en esta población. El centro ha cerrado a las 17 horas así que me olvido de Tina.

Café en mano, ya me he acostumbrado a eso de llevarme el café en un vaso térmico y pasear con él en la mano, entro y salgo del barracón de Sleepy pensando que la pobreza de los negros en el Sur estadounidense puede ser mucho más terrible de lo que imaginamos desde nuestras cómodas casas mirando al Mediterráneo. Y más sabiendo que John Estes falleció aquí en 1977, no antes de la Guerra de Secesión.

Entre los camiones y la pequeña parada llego a Nashville de madrugada, como no conozco absolutamente nada decido no ir hasta el centro y me quedo en un motel Super 8 a las afueras, el primero que encuentro. En el parking grandes motos y muchos camiones.

Realmente un motel Super 8 se diferencia poco de un Motel 6 excepto en que aquí, además del café de rigor a todas horas, por las mañanas ofrecen también desayuno. No es gran cosa pero lo suficiente como para no tener que salir corriendo a la caza de una cafetería con pinta decente en cosas de café o de un IHOP, donde nada es extraordinario y todo es excesivo.

Cuarto día. Miércoles. El Partenón, Batman y los Honky Tonks

Me despierto muy temprano, no sé por qué, y decido aprovechar el día. Las motos ya han desaparecido del parking, los moteros son aún más madrugadores que yo. Varios camioneros comen gofres (te los haces tú mismo con un molde en una freidora especial) con sirope de arce, me uno. El primero me sale un poco crudo, incomible. Aprendo rápido: se da la vuelta a la freidora justo al principio, después no te puedes precipitar, la máquina tiene un minutero y simplemente has de dejar que transcurra el tiempo. El segundo está delicioso y compensa el sabor del brebaje negruzco que me quieren hacer pasar por café.

En coche, buscando el centro de Nashville, me topo, como por casualidad, con el Partenón de Atenas.

Me acerco y no era una alucinación provocada por el café del motel. Se trata de un parque precioso, el Centennial Park, que tiene una pequeña loma con una reproducción exacta del Partenón. Lógicamente se llama The Parthenon. Lo construyeron a finales del XIX para una exposición que en 1896 conmemoraba el centenario de la fundación de Tennessee, de ahí el nombre del parque. La exposición fue un éxito, las crónicas hablan de más de 1.700.000 visitantes, y, como a la gente le gustó, no lo derruyeron. Pero se fue cayendo solo, los materiales eran perecederos, así que en 1931 lo volvieron a construir con materiales duraderos y ahí está y parecen muy orgullosos.

Les debe gustar lo de las columnas porque el auditorio de la ciudad, donde toca la orquesta sinfónica, tiene la misma pinta griega y, lógico, llaman a la ciudad la Atenas del Sur. Si miramos en un planisferio Nashville está ligeramente al sur de Atenas pero no tanto como para que sea un elemento distintivo, más bien me parece que se refieren solo a Estados Unidos y Nashville es una ciudad del Sur, sin más. Visto así ¿cuál es la Atenas del Norte?

Anuncio de botas y sombreros en una pared de Nashville.

El Centennial Park es tranquilo a esas horas de la mañana. Un lugar por el que apetece pasear y encontrar alguna sorpresa inesperada. No muy lejos una techumbre protege una vieja locomotora perfectamente conservada. Para un fanático de los trenes esta locomotora tiene gran interés ya que se trata de una vaporosa J-3 de última generación construida en agosto de 1942 por la American Locomotive Company. Una soberbia 2-4-2 (los estadounidenses hablarían de una 4-8-4) Yellow Jacket que, en su momento, fue el no va más de la tecnología y pertenecía a la compañía Nashville, Chattanooga & St Louis (NC&StL). En 1953 todas las J-3 fueron retiradas de circulación y desmanteladas, solo se salvó esta, llevaba (y lleva) la matrícula 576.

Dejo de lado mis aficiones ferroviarias y, ya más orientado, me dirijo al centro, como mínimo musical, de la ciudad. Es curioso que sin solución de continuidad hay casas bajitas y antiguas, incluso algunas viejas o derruidas, otras de aspecto verdaderamente histórico, codeándose con rascacielos altísimos y modernísimos. Incluido uno de los rascacielos más icónicos de la ciudad: el edificio AT & T, al que todos llaman, no sin razón, Batman. Es un poco el contraste de la ciudad moviéndose entre el pasado y el presente.

Llego hasta la confluencia de Broadway con el río Cumberland, el meollo musical, y contemplo las calles vacías. Hasta las diez de la mañana no parece que comience la actividad y yo he madrugado mucho. Vuelvo a tener la sensación de ciudad fantasma que me sobrecogió al llegar hace unos días a Beale Street también por la mañana.

Aparco con pasmosa facilidad. Es verano y se nota en la cantidad de aparcamientos públicos vacíos a estas horas. Es de suponer que normalmente esto debe ser un caos de tráfico.

Bajo hasta el río Cumberland, me paseo por Broadway viendo los garitos que dentro de unas horas estarán llenos de country, los auténticos honky tonks. Hay muchísimos.

La parte baja de Broadway, la que desciende hasta el río, es el centro de la música en vivo de la ciudad. El ayuntamiento ha contabilizado más de 180 locales destinados a la música en directo. Y se abren nuevos cada día (y también se cierra alguno, por supuesto). Por algo se conoce a Nashville como Music City, un nombre que hasta se utiliza en la promoción municipal.

Al hablar de todos estos locales del Lower Broadway se les suele denominar honky tonks a diferencia de los clubes que encontramos en Memphis, de los juke joints con los que nos toparemos más adelante en el Misisipi o las barrelhouse de Nueva Orleans. Añadamos el concepto de listening room y de saloon para complicarlo aún más y acabar diciendo que prácticamente todos son una misma cosa: locales en los que se ofrece música en directo, en los que se puede bailar delante del escenario, beber alcohol y comer. Históricamente también se podía jugar en ellos, dato importante, y muchos estaban relacionados con la prostitución, aunque no era ese el fin principal de su actividad a pesar de que en los prostíbulos propiamente dichos también solía haber música, como veremos al llegar a Nueva Orleans.

En todo el sur de los Estados Unidos se denomina honky tonks a los bares que siguen más o menos la descripción anterior, pero destinados a un público blanco de clase obrera. Generalizando, la música que actualmente ofrecen suele ser country en todas sus variantes aunque en los inicios del pasado siglo la tendencia dominante era el ragtime, es decir una música eminentemente negra pero pensada para públicos blancos, y posteriormente, al convertirse en verdaderos teatros de variedades, los estilos musicales se difuminaron bastante. En la década de 1940 comenzó a denominarse música honky tonk a una variante de country en la que el blues se mezclaba con el denominado western swing (música swing interpretada por los vaqueros). Cuando más adelante todo esto se mezcle con el rhythm and blues tendremos el rockabilly.

La palabra honky era un término peyorativo que los afroamericanos utilizaban para designar a los emigrantes europeos blancos. Se han buscado muchas etimologías pero, al parecer, el término procede del dialecto wolof de Senegal y Gambia. Tonk, en cambio, se refería a una popular marca de pianos de pared baratos ya que prácticamente todos esos locales disponían de un piano lógicamente barato y generalmente desafinado.

Los juke joint, por su parte, poblaban también el sur de los Estados Unidos, estaban destinados a públicos negros, inicialmente libertos, y se situaban en los cruces de caminos algo alejados de las poblaciones. La música dominante era el blues. Su emplazamiento fuera de los núcleos habitados era consecuencia de su relación con la prostitución y el juego y también por la cercanía con los campos de trabajo de los que procedían la mayoría de sus clientes.

El origen de los juke joints es más incierto y podría encontrarse en las salas de recreo de las plantaciones. Y, después de la abolición de la esclavitud, en los bares y prostíbulos que las grandes compañías abrían al lado de sus campos de trabajo, aserraderos o fábricas para que los operarios pudieran distraerse al final de la dura jornada y, al mismo tiempo, el dinero de sus pagas revertiera a las arcas de la propia compañía. Esos juke joints de empresa eran más lujosos y con una buena oferta de bailarinas y músicos para atraer a los trabajadores que, a menudo, escogían un trabajo (todos eran igual de duros y mal pagados) más por las posibilidades de diversión cercanas que por el trabajo en sí mismo.

El nombre parece provenir de los primeros dialectos afroamericanos y significaría algo así como lugar demoníaco en el que hay mucho bullicio o simplemente bullicio del demonio (bullicio y jaleo en sentido peyorativo pueden confundirse aquí).

De hecho las llamadas barrelhouses no son más que juke joints bautizadas así porque, en los primeros tiempos servían el brandy casero directamente desde el barril. Sobre el papel en los juke joints se escucha blues acompañado de guitarra, pero las barrelhouses, al estilo de los honky tonks, solían tener un piano lo que motivó que los primeros ragtimes fueran evolucionando a su manera en estos locales. Casi nadie sabía afinar un piano por lo que es inimaginable pensar cómo podrían sonar aquellos instrumentos. Con ese detalle por delante era normal que los pianistas, que probablemente tampoco sabían tocar muy bien el piano, potenciasen la parte rítmica de las canciones golpeando fuertemente las teclas para que sonasen como lo que en realidad son, un instrumento de percusión.

Todo lo anterior sirve también para definir lo que es un saloon aunque la palabra se utilizaba solo para hablar de los bares del antiguo Far West. Encontrar ahora esta denominación a lo largo del Misisipi es sinónimo, por regla general, de atracción para turistas.

Una listening room no es más que un club en el que normalmente no se baila ni se juega (por supuesto se come y se bebe) y cuyo escenario está dedicado a que artistas noveles puedan presentar sus trabajos. Algo muy habitual en Nashville a donde peregrinan todos los cantautores o compositores de canciones estadounidenses en busca de una oportunidad. Incluso la ciudad tiene en el mes de abril un festival dedicado a estos compositores cantantes en buscan de la fama: el Tin Pan South Songwriters Festival que durante cinco días reúne cada año a más de trescientos artistas en diez escenarios. El término listening room está prácticamente en desuso a nivel general en Nashville desde que un café de South Broadway (el barrio que se conoce como SoBro) se adueñó de él utilizándolo como nombre de su local. Singer-Songwriters Cafe es ahora más inteligible.

He nombrado ya varios tipos de salas diferentes para las que actualmente en castellano utilizaríamos la palabra club sin mayores problemas. Aun así utilizaré la palabra honky tonk para hablar de los locales del Lower Broadway por aquello de no romper la regla ya que esa zona es conocida por los vecinos como Honky Tonk Highway.

Todos cerrados a primera hora de la mañana. Aquí se come, se merienda y se cena con música en vivo pero se desayuna con la radio.

El estudio de los mil números uno

Como todo está muerto decido, después de un café decente, comenzar por el museo del Hall of Fame de la música country, entre otras cosas porque me pilla cerca de Lower Broadway y ya ha abierto sus puertas.

El museo se inauguró en 1967 pero en un inmueble situado en el Music Row (el barrio de las empresas musicales) y se trasladó hasta su emplazamiento actual en 2001. El edificio es impresionante, totalmente asimétrico y construido en curvatura. En su arquitectura se mezclan referencias a notas musicales, el teclado de un piano, las aletas posteriores de un Cadillac cincuentero, el perfil metálico de los puentes de ferrocarril típicos del Sur, un simulacro de río con su cascada,... Todo es de una dimensión descomunal y a la izquierda se encuentra el verdadero Hall of Fame (el resto es el museo) ubicado en una también inmensa torre redonda, dicen que hecha tomando como modelo la de una antigua emisora de radio local pero más bien parece, desde fuera, la torre de vigilancia de una prisión.

Al entrar, esa espectacularidad se magnifica en una sala de recepción que empequeñece la de cualquier aeropuerto, con una cristalera que prácticamente deslumbra. Hasta la cafetería resulta imponente. Un pianista toca en un extremo, en el otro una gran rampa permite el acceso al museo.

Recomiendan visitar primero el histórico Estudio B de RCA, donde grabaron todos los grandes del country, ya que solo admiten visitas guiadas y las plazas se acaban a lo largo del día. El Estudio B está situado en pleno Music Row, comenzó a operar en 1957, se cerró en 1977 (aunque posteriormente se han realizado esporádicas grabaciones) y pasó a formar parte del Country Hall of Fame and Museum en 1992.

Desde el Hall of Fame un microbús verde y negro te lleva hasta el estudio y te devuelve después al museo. A la entrada se encuentra una de esas enormes guitarras ligeramente inclinada que pueden verse en los lugares clave de Nashville pintadas especialmente para cada ocasión; aquí encontramos lógicamente un Elvis Presley.

Fachada con la guitarra de rigor del Estudio B de RCA en el Music Row.

Le llaman el Estudio de los 1000 hits porque calculan que en esos veinte años de actividad se grabaron esa cantidad, como mínimo, de temas que llegaron al número uno.

La lista de clientes del estudio con números uno es apabullante, comenzando por Elvis, que grabó aquí 47 números uno incluyendo "It's Now or Never," su personal versión de "O Sole Mio" (y otros doscientos temas más que no subieron tan alto). Y siguiendo por Eddy Arnold, Bobby Bare, Floyd Cramer, los Everly Brothers, Waylon Jennings, Willie Nelson, Roy Orbison, Connie Francis, Dolly Parton, Jim Reeves, Porter Wagoner, Ernest Tubb y lógicamente el inventor del sonido Nashville y productor de muchos de estos éxitos el gran guitarrista Chet Atkins. Atkins tiene una calle no muy lejos de allí en el Music Row y todos coinciden en que fue el inventor del Sonido Nashville que, con profusión de coros y cuerdas, revitalizó y popularizó la música country en los años sesenta. Chet Atkins fue también el instigador de la creación de este estudio ya que, como productor estrella de RCA, se quejaba constantemente de la falta de medios técnicos en la ciudad para grabar tanto talento.

Chet Akins trabajando en el estudio.

Atendiendo a las demandas de Atkins el estudio fue equipado con las últimas innovaciones técnicas de aquel momento. Cuando años más tarde RCA inauguró un segundo estudio mucho más grande, el Estudio A, los artistas con Atkins a la cabeza se empeñaron en seguir grabando en el B. Se calcula que se realizaron unas 35.000 grabaciones en este estudio.

Al entrar te saludan las portadas de los 47 singles que Elvis grabó aquí y alcanzaron lo más alto de las listas de éxitos. Al verlas todas juntas te asaltan dos preguntas: ¿de dónde salía tanto talento? y, sobre todo, ¿cómo podían tener tan mal gusto los diseñadores de RCA? ¡Todas parecen iguales y sin ningún gancho! Suerte que el contenido se vendía solo.

La visita es atractiva, todo está mantenido como en los años sesenta desde las consolas de grabación originales al interior de la sala con su suelo en tablero de ajedrez, viejos magnetófonos de bobinas, micrófonos, atriles, algunos instrumentos... Todo te sumerge en el ambiente de aquellas grabaciones míticas mientras desde las paredes enormes fotografías de los músicos nombrados te vigilan: ¡prohibido tocar cualquier cosa!

Al final el amable guía, antes de devolverte al minibús verde, te deja un rato para que hagas el pertinente gasto en la tienda de recuerdos. No vale la pena: muchos singles grabados allí pero tampoco son ediciones originales que valgan el esfuerzo y alguna camiseta tampoco especialmente bonita.

Todo lo que puedas imaginar sobre el country y más, bastante más

El minibús nos devuelve al Museo propiamente dicho. Dicen que en Texas todo es muy grande, inmenso, en este pedazo de Tennessee también o más. El museo es apabullante tanto en dimensiones como en contenido. En el folleto de entrada anuncian dos millones y medio de objetos tanto físicos como sonoros o visuales, incluyendo 500.000 imágenes fotográficas, 20.000 grabaciones, 30.000 películas, algunos vehículos personalizados y centenares de vestidos e

Cientos de discos de oro en el museo del Country Hall of Fame.

instrumentos históricos. En fin, si te interesa la música country no debe haber en el mundo un lugar mejor que este museo para quedarte a vivir.

Tras ese apabulle de bienvenida, con el complejo de que no voy a poder verlo todo ni escucharlo todo por mucho tiempo que le dedique y que seguro que lo que no he podido ver ni oír era lo más interesante, me lanzo a la aventura.

Pasillos a dos alturas unidos por pasarelas, grandes vitrinas a diversos niveles, pantallas,... me pierdo, casi diría que me emborracho, entre tantos estímulos visuales y auditivos. Aparezco ante un Pontiac Bonneville de 1962 descapotable tuneado hasta la exageración en plan vaquero: un parachoques con inmensos cuernos de toro Longhorn tejano (es decir grandiosos), Colts 45 como manecillas de puerta, un salpicadero en cuero, con chapas, una silla de montar, cuero repujado en los asientos, un Winchester apuntando desde la portezuela posterior y, por supuesto, más pistolas,... El propietario, Webb Pierce, el cantante country con más números uno de la década de 1950, seguro que se sentía en el paraíso cuando lo sacaba a pasear. Posó orgulloso con él en la portada de uno de sus elepés más recordados, el titulado *Cross Country* aunque parece bastante improbable circular a campo traviesa con este Bonneville sin que se desmonte y pierda todos sus adornos.

El de Pierce no es el único coche “original” del museo. Un poco más allá se encuentra una de las pocas piezas que deben faltar en Graceland: el Solid Gold Cadillac de 1960 del King. Una limusina con acabados en oro de 24 quilates (añadamos un cambiador de vinilos automático, un televisor dorado y hasta maquinilla de afeitar y cortaúñas dorados) que impresiona pero Elvis lo tendría mal si tuviera que competir con el coche de Isaac Hayes expuesto en Memphis. El de Hayes es pura ostentación de poderío, el de Elvis es lujo en estado puro, se nota pero no te deslumbra.

Al lado de esa limusina, y siguiendo en los tonos áureos que faltan en Graceland, se encuentra el golden piano de Elvis. Se trata de un Kimball de cola de 1927 que en 1968 su mujer, Priscilla, hizo chapar en oro (absolutamente todo excepto las cuerdas y el teclado, claro) para regalárselo al King. Lógicamente no te permiten acercarte pero creo que debe dar mucha grima tocarlo.

Buscando entre los múltiples expositores encuentro el nudie original de Gram Parsons con sus enormes hojas de marihuana y amapolas bordadas delante y la gran cruz roja en la parte posterior, el mismo que lleva puesto en la portada de *The Gilded Palace of Sin* de los Flying Burrito Brothers. Y mirándolo extasiado me reencuentro con algo de mi juventud (pasan los años y *Sweetheart of the Rodeo* de The Byrds sigue siendo uno de mis discos de cabecera, muy cerca quedarían los Burrito y en ambos Parsons con su nudie). Este nudie fue realizado por el conocido sastre Manuel Cuevas, un mexicano que tiene su taller-tienda en Broadway, en el Music Row, y ha realizado diseños fantasiosos para multitud de artistas y no solo de country, Salvador Dalí, Jimi Hendrix o los Grateful Dead figuraban entre sus clientes. Dice la leyenda que fue Manuel el que vistió por primera vez de negro a Johnny Cash pero es dudoso que un campesino sin demasiados posibles pudiera acceder a una sastrería chic.

Los nudies son los vestidos de cowboy ampliamente decorados con dibujos y lentejuelas inicialmente pensados para lucirlos en los rodeos pero que fueron inmediatamente adoptados por los músicos de country para sus conciertos. Se denominan así por su creador Nudie Cohn. No solo se han utilizado en el ámbito del country (Hank Snow, Glenn Campbell, Dolly Parton, Johnny Cash...), muchos rockeros también han sucumbido a su glamur (Keith Richards, Robert Plant, Elton John, David Lee Roth,...).

También está el nudie de Porter Wagoner con viejas caravanas del far west bordadas sobre el tono azul claro que le gustaba, el llamativo esmoquin rojo de Jim Reeves, el aparatoso, en todos los sentidos, vestido dorado de Dolly Parton, uno de los muchos trajes negros de Johnny Cash o el guardarropa completo de Shania Twain. Los originales Blue Suede Shoes de Carl Perkins. Cientos de discos de oro cubriendo espectacularmente una pared a la que puedes acercarte desde una escalera de caracol, docenas de premios Grammy, partituras originales, manuscritos de canciones con sus correspondientes tachaduras, sillas de montar... Pósters, muchos pósters.

La guitarra Gibson L5 de 1928 de Mother Maybelle Carter, la Martin 00-18 de 1927 de Jimmie Rodgers, la Gibson J-200 negra de Emmylou Harris, la Gretch Chet Atkins roja del mismo Atkins, la Martin D-28 de Hank Williams, la Martin D-35S de 1968 de Johnny Cash... El banjo Gibson RB-Granada de Earl Scruggs, la mandolina Gibson F-5 de 1923 de Bill Monroe, el dobro Bread de Jerry Douglas...

Botas de piel de cocodrilo de Patsy Montana diseñadas por la cantante y uno de los primeros *picture discs* comerciales de la historia también de Montana y todavía en 78 rpm.

Entre todo el aluvión encuentras alguna pieza sumamente interesante como el primer prototipo de guitarra Gibson Les Paul, una maravilla: son dos trozos de madera ensartados en un tercero central que lleva las cuerdas y las pastillas. Así, sin más. Se la conocía como The Log (El Leño, El Madero) ya que no era más que eso: un trozo de madera sólida alargada sobre la que se colocaban las cuerdas y las pastillas. Y a partir de ahí nació uno de los iconos más importantes de la música actual.

En el auditorio del museo proyectan un interesante documental centrado en una charla informal entre tres generaciones de countrymen y su aparentemente distinta forma de ver esta música: Merle Haggard, Chris Hillman y Dwight Yoakam. Curioso, la conclusión es sencilla: "todos hacemos lo mismo, llamarle como queráis".

En resumen, mucho material y muy bien presentado con una información exhaustiva pero, al final, ya estás un poco fatigado de ver chaquetas, botas, sombreros, discos de oro, victrolas, motocicletas en forma de caballo,... pero todavía queda el adyacente Hall of Fame y, si el cuerpo aguanta, la imprenta Hatch.

El Country Hall of Fame no deja de ser una habitación totalmente redonda con unas paredes llenas de placas con la imagen y una somera biografía de los músicos que, año tras año, se han ido introduciendo en el salón de la fama. Los primeros fueron Hank Williams y Jimmy Rodgers en 1967. No se trata solo

Reproducción de una antena de radio invertida en la curiosa cúpula del Country Hall of Fame.

de cantantes populares, también incluye a compositores, letristas, productores e instrumentistas. Se hizo redonda para asegurarse de que todos los introducidos en el salón de la fama tuvieran la misma importancia pero da la impresión de que más que expuestos están ahí atrapados. Por supuesto están todos y puede tener su gracia ir buscando a tus preferidos para comprobar las horribles reproducciones doradas de su rostro. Y no es cuestión de gustos estéticos sino de los gestos retorcidos con que han representado a la mayoría. Se lleva la palma la espantosa reproducción de la cara de Elvis, introducida en 1998 y esculpida en bronce claramente por un enemigo.

En la entrada resplandece el lema del lugar: *Honor Thy Music (Honra tu música)*.

En la parte superior de la rotonda, alrededor de una inmensa antena metálica invertida cuyo extremo tremendamente puntiagudo parece dispuesto a caer y clavarse en el suelo (en el suelo si no hay nadie debajo en ese momento), aparece escrita la frase *Will the Circle Be Unbroken* tomada de uno de los primeros himnos religiosos de la música country, grabado por la familia Carter, la simiente de todo el country and western posterior. Resulta chocante la referencia en este lugar a esta canción que, a pesar de ser un título mítico de la especialidad, es prácticamente una canción de funeral. La primera versión conocida data de 1907 pero la más difundida es la que A.P. Carter reescribió como “Can the Circle Be Unbroken (By and By)” hablando del entierro de su madre:

"I went back home, the home was lonesome
Since my mother, she was gone
All my brothers and sisters crying
What a home so sad and alone
Will the circle be unbroken?
By and by Lord, by and by
There's a better home awaiting
In the sky Lord, in the sky".

(Volví al hogar, la casa estaba solitaria/Desde que mi madre se había ido./Todos mis hermanos y hermanas llorando./ Qué hogar tan triste y solo./¿El círculo continuará intacto?/Poco a poco Señor, poco a poco./Hay una casa mejor esperando/En el cielo Señor, en el cielo.)

El Country Hall of Fame se ve rápido. Yo, como mínimo, lo pasé volando después del apabulle del museo colindante. Eso sí, si escuchas toda la audioguía puedes aprender cosas sumamente curiosas como que Kris Kristofferson era el portero del estudio Columbia de Nashville cuando Bob Dylan grababa su *Blonde on Blonde* o que Roy Rogers es el único artista introducido dos veces en el Hall of Fame.

Y aún falta por ver la Hatch Show Print. ¿Qué pinta una imprenta en un museo del country? Yo también hice la pregunta y me la contestaron con todo detalle.

A mediados del siglo XIX William Hart montó una imprenta en Wisconsin que en 1875 trasladó a Nashville. Poco a poco la empresa se especializó en carteles informativos y publicitarios hasta el punto de convertirse en la imprenta de todos los grandes acontecimientos. En los años cincuenta se especializaron en pósters para conciertos country creando *la* imagen de la especialidad siempre jugando sugestivamente con los diferentes tipos y tamaños de letra prácticamente sin ilustraciones. La empresa, luchando contra las nuevas tecnologías de impresión, estaba a punto de cerrar cuando fue donada al Country Hall of Fame en 1992.

Ahora, en un nuevo y amplio emplazamiento, sigue utilizando las técnicas del siglo XIX para crear carteles para el siglo XXI y mantener así esta tradición tan ligada al country. Puede visitarse y hasta se puede participar en alguno de sus trabajos pero, con todo lo que hay que ver, hacer y oír en Nashville, no vale la pena perder el tiempo excepto que se quiera comprar alguno de sus históricos pósters (los precios son moderados pero el engorro de transportarlo en su enorme tubo sigue ahí).

Cuando el Opry era grande

Al salir del museo estoy un poco saturado de información, paseo nuevamente por Broadway. Todo ha cambiado, ahora la zona parece tener vida. Es mediodía y ya están tocando en la mayoría de garitos. Broadway es la arteria principal del centro de Nashville, tanto el antiguo como el moderno. Resulta curioso ver la alternancia de rascacielos modernos con viejas casas del siglo pasado que todavía conservan tiendas o bares con un cierto toque de autenticidad.

Visito un par de tiendas de botas solo por curiosidad, hay varias solo en Broadway y tienen tal cantidad y variedad de botas que sorprende. Solo al entrar el olor de cuero ya casi marea. Después marea la disparidad de la oferta, desde lo más sobrio a las botas más decoradas y chillonas que alguien pueda imaginar. Grandes anuncios dibujados en las medianeras de los edificios anuncian, con un sabor añejo que se agradece, estas tiendas y también otras de ropa vaquera. A estas horas en pleno verano solo hay turistas en estas tiendas, supongo que las botas de verdad las compran los lugareños en otros establecimientos alejados de la marea provocada por los tour operadores.

Los turistas se mezclan con músicos callejeros de baja calidad y bastantes policías rondando en parejas, bastantes y dejándose ver de forma ostentosa (supongo que es mejor asustar que tener que actuar). Como un gran monumento al pasado musical reciente de la ciudad, entre rascacielos se esconde el original Ryman Auditorium que durante varias décadas fue el hogar del Grand Ole Opry. Aún funciona aunque el Opry, entre amigos lo del Grand Ole sobra, se hace ahora casi siempre desde Opryland. Decepción, no hay nada programado en agosto.

El Ryman, al que conocen como The Mother Church of Country Music, forma parte de la mitología no solo del country sino de toda la música estadounidense al haber alojado el Opry desde 1943 hasta 1974, la que podríamos considerar su mejor época, y aún hoy se realizan sesiones especiales de este mítico programa desde su escenario.

A pesar de que el Opry llevó el Ryman a todos los hogares estadounidenses, el auditorio es mucho anterior y comenzó su andadura como iglesia metodista. En 1892 un capitán de barcos fluviales, Thomas G. Ryman (tiene su estatua correspondiente cerca de allí), edificó el que inicialmente se denominaría Union Gospel Tabernacle. Tras su muerte en 1904 el nombre cambió al de Ryman Auditorium aunque su actividad central seguía centrada en la religión (para sufragar gastos la comunidad lo alquilaba para otro tipo de actos sociales). Hacia la mitad de la década siguiente el auditorio dejó de utilizarse para fines religiosos y se centró en las actividades artísticas, políticas (Theodore Roosevelt realizó algún mitin) y deportivas (sobre todo combates de boxeo).

En la fachada del auditorio Ryman aún pervive el recuerdo de su pasado religioso.

El Ryman se caracterizó por su lucha contra la censura y la segregación y, aunque se vio obligado a programar espectáculos solo para blancos y otros solo para negros, lo cierto es que no se ponía ningún veto a la entrada.

En 1943 el popular programa de radio Grand Ole Opry, que se transmitía en directo, se trasladó al Ryman buscando una mayor capacidad para su cada vez más numerosa asistencia. Las más de dos mil trescientas butacas del Ryman parecían un lugar idóneo y lo fue. El Opry y el Ryman crecieron juntos hasta llegar a lo más alto de las audiencias estadounidenses.

El Grand Ole Opry había nacido en 1925 en la emisora local WSM 650 AM como un programa semanal, los sábados, de una hora de duración dedicado a la música de los entonces populares bailes de granero. Se llamaban así porque se trataba de reuniones más o menos espontáneas realizadas por los trabajadores blancos de la zona en los graneros vacíos para bailar al ritmo de lo que hoy denominaríamos hillbilly. WSM eran las siglas de *We Shield Millions (Protegemos a millones)*, el lema de los propietarios de la emisora, la compañía de seguros National Life and Insurance.

En 1932 la WSM instaló la que, en aquel momento, era la antena más alta y potente de Estados Unidos (en realidad de toda América). Emitía una señal de 50.000 vatios que llegaba a los cuatro rincones del país convirtiendo su programa estrella, el Opry, en el más popular de la década.

La WSM, o lo que es lo mismo la National Life and Insurance, y su Grand Ole Opry fueron los responsables directos de que Nashville se convirtiera en el epicentro de la música country en todas sus variedades. El Opry, en especial cuando se trasladó al Ryman, se transformó en el lugar en el que todos los músicos de country querían actuar. Si primero llegaron los músicos, rápidamente se desplazaron hasta la ciudad los compositores de canciones que buscaban quien se las cantara, se abrieron en la ciudad más clubes y se instalaron los primeros estudios de grabación que, unos y otros, querían que todo ese caudal musical no se perdiera. A los estudios siguieron las compañías discográficas y tras ellas todo el entramado del negocio musical que se organizó en el Music Row. Ese fue el secreto de Nashville, otras ciudades congregaron también gran cantidad de talento musical pero los que manejaban el negocio prefirieron el aura que rodeaba al Opry y, como en todas las cosas, aquí también el dinero marcó su ley.

El Grand Ole Opry es el programa de más larga trayectoria en la historia de la radiodifusión estadounidense ya que en la actualidad se sigue realizando dos o tres veces por semana y se difunde también por televisión por cable e Internet.

Ya en sus inicios el programa, siempre con música en directo, alcanzó gran popularidad y, por demanda popular, abrió sus puertas al público. Fue cambiando de emplazamiento a medida que el público aumentaba, hasta llegar al Ryman en junio de 1943. Ya en esa época el Opry se radiaba a nivel nacional (*coast to coast*, como dicen los estadounidenses) gracias a la cadena NBC. A mediados de la década de 1950 se convirtió también, una vez al mes, en uno de los primeros programas de televisión.

La lista de músicos que pasaron por el Ryman en esa época es sencilla de realizar: todos, absolutamente todos los intérpretes de country clásico en cualquiera de sus modalidades, desde la música de los Apalaches o los cowboys baladistas al western swing o el bluegrass, pisaron su escenario. Aunque no todos con igual suerte. Es famosa la anécdota de la primera y única actuación de Elvis en el programa. En octubre de 1954 Elvis acababa de grabar su primer disco y el propio Sam Phillips le acompañó para su debut en el Opry junto a Scotty y Bill. El trío interpretó su versión de "Blue Moon of Kentucky." No hubo entusiasmo entre la audiencia que, antes que nada, se quedó sorprendida y un tanto indignada por lo que consideraron una intromisión. Scotty Moore recordaba aquella noche: "No era un público tan joven como el habitual y sabían qué artistas querían ver. Les trajeron a un chaval que vestía raro, cantando una de las canciones de su ídolo de forma blasfema. No se levantaron a aplaudir y chillaron". Al acabar el gerente del Opry (se llamaba Jim Denny y, gracias a este suceso, ha entrado en la historia) le dijo a Elvis que su música era vulgar: “Vete a casa, olvídate de la música y vuelve a trabajar de camionero”.

Elvis prometió que nunca volvería al Opry y cumplió su promesa. Dos semanas después de este contratiempo, actuó en el entonces máximo competidor radiofónico y escénico del Opry, el Lousiana Hayride, que no solo le aclamó entusiásticamente, ese mismo día le firmó un contrato para actuar durante 52 sábados seguidos en el programa.

En el Ryman nació el bluegrass.

Elvis no fue el único damnificado. A Carl Perkins no le dejaron entrar con su baterista. Hasta los años sesenta no se permitió el uso de batería o instrumentos eléctricos (sí los electrificados), en opinión de los responsables del Opry blasfemias para la música country. Claro que también hacían excepciones cuando les convenía: en 1944 el rey del western swing, Bob Willis, insistió en tocar con su grupo habitual que incluía batería, guitarras electrificadas y trompeta. Los responsables del Opry primero pretendieron que colocara estos instrumentos tras el telón trasero para que no se vieran pero Willis se negó y, ante la mala publicidad que hubiera supuesto anular su actuación, cedieron.

Y otro grande, Jerry Lee Lewis, no actuó en el Opry hasta 1973, cuando los tiempos ya habían cambiado, aun así le impusieron en el contrato que no tocara nada de rock and roll pero el Killer, a modo de venganza, enlazó un set de media hora seguida (lo habitual era una o dos canciones, unos seis minutos) al grito de “I am a rock and rollin’, country-and-western, rhythm and blues-singin’ mother fucker!” (Soy un hijo de puta cantando rock and roll, country and western y rhythm and blues). Incluyó todos sus éxitos más rockeros y algún estándar country hábilmente rockabilizado. Al ser un programa en directo y ante una nutrida audiencia nadie se atrevió a cortar la señal. Jerry Lee Lewis no regresó jamás.

El Ryman en agosto está cerrado pero admite visitas turísticas. El local es bonito, un inmenso edificio de ladrillo rojo con vistosos retoques blancos y techo a dos aguas de pizarra, pero la visita carece de interés si no has vivido aquella época gloriosa. Primero tienes que haber sido un buen fan de Hank Snow para, sintiéndote el mismísimo Snow, subirte al escenario y mirar con cierta prepotencia de gran estrella del country hacia el curioso patio de butacas en semicírculo. Curioso porque ni en platea ni en anfiteatro hay butacas, en realidad son duros bancos de madera para varias personas, como los de las iglesias, supongo que es una herencia directa de su pasado metodista.

De todas formas me quedé con una explicación del amable guía. En los inicios del Opry en el Ryman el local, al haber sido concebido como una iglesia, carecía de vestuarios y camerinos. Se utilizaban los lavabos y los músicos tenían que esperar su turno en el callejón trasero. En invierno, el frío les llevó a trasladar esa espera a alguno de los locales cercanos, especialmente al Mom's, ahora llamado Tootsie's Orchid Lounge, cuya puerta trasera prácticamente coincide con la del Ryman (la puerta principal está en Broadway). Dado el bajo poder adquisitivo de los músicos, por más que fueran estrellas, a menudo cantaban en esos locales para pagarse la bebida. La voz corrió y los bares se llenaron de público esperando a que los artistas del Opry aparecieran. Ese fue el inicio de la popularidad de Lower Broadway como centro de la vida musical de Nashville y su conversión en la Honky Tonk Highway.

Oprydisneyland

Al salir del Ryman me dirijo, mucho más informado, a la Honky Tonk Highway. Y, por cercanía y por curiosidad, mi primera parada es en el Tootsie's Orchid Lounge. En su interior reina ya un animado bullicio, demasiado en mi opinión. Las paredes llenas de portadas de viejos elepés incitan la curiosidad de visitante. En su terraza superior se pueden tomar refrescos sin que suene música (algo difícil de encontrar en Nashville) contemplando el ambiente de Broadway mientras la torre Batman te vigila amenazadora a tus espaldas. Provoca una mal rollo notable la sensación de que Batman no te quita la vista de encima.

Probablemente por culpa del Señor de la Noche, decido no quedarme a comer allí.

Sigo paseando por Broadway. Cerca se encuentra la tienda de ropa del Opry, todo country and western, vistoso pero sin caer en los excesos de un nudie y de buena calidad. La lástima es que son prendas que nunca me pondría en Vilassar de Mar. Al sombrero Stetson ya le he dado mil vueltas y aquí vuelvo a probarme varios. Resisto la tentación porque para tenerlo colgado en el estudio cogiendo polvo no vale la pena. [Posteriormente me he enterado que el Opry cerró esta tienda en Broadway para trasladarla a una mucho mayor en Opryland.]

Atravieso la calle, paso por delante de la histórica tienda de discos de Ernest Tubb, a la que volveré con más tiempo. Me han recomendado un honky tonk justo al lado en el que aparentemente la música no es demasiado estridente (eso es muy importante a la hora de comer). Me comentan que la comida suele ser igual de buena (o de mala) en todos estos locales que, por otra parte, tampoco son caros. Si quieres disfrutar de las delicias culinarias de Nashville debes huir de la Honky Tonk Highway.

El local escogido no podría tener un nombre más adecuado: Honky Tonk Central. Como todos en esta zona abre desde las once de la mañana hasta las tres de la madrugada con música y comida ininterrumpidas; la cocina no cierra y los grupos se van alternando en el escenario. El Honky Tonk Central tiene tres pisos restaurante con una banda tocando en cada piso. Creo que sucede igual que en Beale Street con el blues, estamos en verano y la calidad es ínfima aunque, por los anuncios que cuelgan de las paredes, en otras épocas del año el listón debe subir bastante.

En la planta baja el escenario está junto a la puerta de entrada, de espaldas a la calle. En las paredes grandes pinturas de cervezas y una gran caravana tirada por caballos. En el centro del local una gran pantalla de televisión ofrece deportes (por suerte, en silencio). El grupo que suena mientras me tomo mi hamburguesa con jalapeños, cowboy burguer le llaman, hace versiones sin complicarse mucho la vida, agradable. A la cantante me la he cruzado hace un rato por la calle y he pensado "¡qué chica tan típica! ni que saliera de un anuncio de country and western" y, bueno, casi salía.

Tras visitar el Ryman me ha picado la curiosidad por saber a dónde ha ido a parar el Opry. Ahora, con el estómago lleno, es el momento de averiguarlo.

Atravieso el río en coche y me dirijo hacia Opryland que está bastante lejos, unos 18 kilómetros al norte de la ciudad en un área agraria; en realidad aquí todo está bastante lejos. Al llegar me desoriento un poco porque no esperaba encontrar lo que encuentro. Sales de la ciudad y en un valle muy amplio, le llaman casualmente Music Valley, han montado un imperio que incluye varios hoteles, uno de lujo con sus limusinas, un campo de golf, un circuito de go cars, restaurantes, un centro comercial grandioso y, por supuesto, un outlet del mismo tamaño. En el centro de todo eso, con pinta muy de Disneylandia, se encuentra la anodina edificación del actual Grand Ole Opry.

El Grand Ole Opry es ahora un teatro inmenso, más de cuatro mil plazas, y ultramoderno. Aseguran que se diseñó para recrear el ambiente del viejo Ryman, nada más lejos de la realidad. Tanto el hall como el interior del teatro son fríos y provocan una sensación de distanciamiento a la que es difícil sobreponerse. Claro que aquí no pagan alquiler y han pasado de los algo más de dos

Oprydisneyland.

mil asientos del Ryman a las cuatro mil cuatrocientas butacas actuales (eso sí: bastante más cómodas).

Desde este nuevo teatro se emite el programa tres veces por semana. Lo que fue un programa de radio destinado a hillbillies ahora es un programa de costa a costa con más de 650 emisoras adheridas y la posibilidad de seguirse por Internet y por su propia emisora de TV por cable Great American Country.

A tenor de los aparcamientos gigantes que lo rodean, el teatro se debe llenar cada noche. Y a precios bastante altos. Imagino que vienen de todos los estados en plan paquete: hotel de lujo, limusina, restaurante a la moda, golf, compras en un outlet y, además, asistir al Grand Ole Opry.

Hoy no hay representación pero no sé si me quedo con las ganas o respiro aliviado. Otra vez será.

En los días en que no hay concierto puede realizarse una visita guiada (Backstage Tour); la verdad es que no me apetece, todo es demasiado artificial y artificioso como un parque temático o un Las Vegas en miniatura y sin casinos.

A un lado, en el río, está el *General Jackson Showboat* que hace cruceros por el Cumberland dos veces al día. Los lleva haciendo en los últimos treinta años desde que el barco fue trasladado hasta aquí desde su original emplazamiento en Indiana. Anuncia música country en todos sus paseos.

Alrededor de Opryland se ha creado un pequeño pueblito lleno de locales de música, restaurantes más baratos, un museo de cera con figuras de cantantes country (debe dar miedo) y otro dedicado a Willie Nelson y sus amigos. Es el primero en mi camino de los muchos museos de figuras del country que existen en Nashville. Todo aquel que ha conseguido algo de fama tiene su museo. Una posibilidad sería visitarlos todos, un acierto no visitar ninguno pero me puede la curiosidad.

Con pinta exterior de antigua casona de oeste, alberga gran cantidad de fotografías, instrumentos, vestidos, discos de oro, una mesa de billar y objetos no solo de Nelson, también encontramos muchas piezas de Johnny Cash, Waylon Jennings, Dolly Parton y otros menos conocidos por aquí. En la tienda adyacente se puede comprar de todo con la marca Willie Nelson, desde salsas picantes, café o mermeladas caseras hasta whisky o Bloody Mary embotellado. Por supuesto tampoco faltan las camisetas, tazas, púas de guitarra, gorras,... y una increíble cinta con sus dos trenzas colgando a los lados para ahorrarte el trabajo de dejarte crecer el pelo y hacerte trenzas como tu ídolo. Las guitarras que venden están en perfecto estado, no como la que utiliza el mentor del museo que parece sacada de un vertedero, una destartalada Martin N 20 acústica con la tapa agrietada y llena de dedicatorias a la que llama Trigger.

Un poco más allá, incluso hay una Cowboy Church famosa por sus misas country and western con invitados importantes retransmitidas en directo por radio y televisión. Hoy no hay servicio.

Me parece todo tan disparatado que salgo huyendo. Desde la colina, al contemplar otra vez todo aquello recuerdo la canción "The Grand Ole Opry (Ain't So Grand)" que le dedicó el nieto del gran Hank Williams y que, cuando la escuché por primera vez, pensé que se trataba de una gamberrada para llamar la atención. Ahora creo que Hank Williams III tenía toda la razón:

"Well, the Grand Ole Opry ain't so grand anymore. (...)
To most people listenin to this I might seem like I'm talkin shit
But if you look behind the seens of who's pullin the strings well god damn it will make you sick
Hank Williams still ain't reenstated and I'll tell ya that's fucking bull shit
And the king Jimmy Martin if he were still here he'd tell em all to suck his dick".

(Bueno, el Grand Ole Opry ya no es tan grandioso. (...)/A la mayoría de la gente que escuche esto podría parecerle que estoy mintiendo/Pero si miras detrás del telón verás quién mueve los hilos y, maldita sea, te

Una actuación de Hank Williams en el Grand Ole Opry antes de ser expulsado.

pondrás enfermo/Hank Williams todavía no ha sido rehabilitado[26] *y te diré que eso es una puta mierda/Y si el rey Jimmy Martin*[27] *todavía estuviera allí, les diría a todos que se chuparan la polla.)*

Al huir, aturdido, confundo este con oeste y aparezco en el quinto pino, en medio de un aparatoso embotellamiento. No debe ser cosa habitual porque hay nerviosismo entre los embotellados y muchas bocinas sonando. Descubro sorprendido cómo suenan las gigantescas bocinas que llevan las pick ups, pensaba que eran detalles decorativos pero son auténticas sirenas de barco. Asustan por la intensidad, seguro que todo el mundo se aparta a su paso pero hoy no: esto no se mueve. No sé dónde estoy y no llevo GPS. Me salva un McDonalds (aquí no hay Starbucks, solo en los hoteles de lujo) con wifi, me conecto, me da mi situación actual y me explica cómo llegar a la civilización. Doy la vuelta en redondo y huyo del embotellamiento. ¡Uf!

---

[26] El Grand Ole Opry tiene su propio Hall of Fame formado por una larga lista de músicos que son considerados parte del Opry, algo así como un club privado, actuaban con frecuencia en el programa y formaban parte de las giras de conciertos a diferencia de los músicos invitados. Hank Williams era uno de ellos pero en agosto de 1952, tras no asistir a un programa, fue expulsado de tan selecto club. Murió meses después. Desde entonces han sido muchas las campañas para pedir que Williams fuera reincorporado al Opry pero la dirección del programa se ha negado siempre.

[27] Jimmy Martin fue un legendario guitarrista y cantante de Tennessee conocido como El Rey del Bluegrass. Actuó en diversas ocasiones en el Opry pero nunca fue invitado a unirse al núcleo base del programa.

Genuinos gritos de celebración

Vuelvo a atravesar el río esta vez junto a los restos del histórico Toll Bridge, el primer puente de la ciudad y el primero sobre el Cumberland. El puente actual nada tiene que ver con la dolorosa deportación de los nativos cheroqui que atravesaron por este puente en el tristemente recordado Camino de las Lágrimas. Los ojos de Batman me vigilan a lo lejos.

Nada más dejar el puente, a mi derecha, se halla la oficina del gobierno municipal con una entrada realmente ateniense con sus columnas blancas y su friso correspondiente.

En Nashville lo de las columnas es un tema serio. No solo marcan el Partenón, el Auditorio sinfónico o la Metropolitan Courthouse, llego hasta el Capitolio del estado y encuentro una auténtica imitación de un templo griego, además, al estar emplazado en una colina, se divisa desde lejos con un aire que pretende ser majestuoso. Cerca del Capitolio está el museo estatal, otro alarde desproporcionado de columnas clásicas cuyo contenido nada tiene que ver con el clasicismo mediterráneo y que contrasta enormemente con el gran rascacielos acristalado que se levanta a sus espaldas. El museo está dedicado a mostrar la historia del estado de Tennessee con especial atención a la cultura de los pueblos nativos.

No me pilla de paso pero con el coche tampoco está tan lejos. Así que me acerco hasta la Universidad Fisk, no con la intención de asistir a alguna clase magistral o ver monumentos sorprendentes, simplemente para respirar el aire en el que nació el primer grupo de espirituales negros que se profesionalizó y llevó esta música a muchos rincones del territorio estadounidense y de Europa: los Fisk Jubilee Singers.

La Fisk University fue la primera universidad afroamericana. La American Missionary Association, grupo protestante y abolicionista, la fundó en 1866 para formar a los libertos gracias a donaciones. Actualmente en su escudo figura la imagen de los primeros Fisk Jubilee Singers.

Dado que la economía de la institución no era todo lo boyante que sus fines precisaban, en 1871 se decidió formar un coro mixto de nueve estudiantes para recaudar fondos cantando himnos litúrgicos en las distintas congregaciones a lo largo de la ruta del Underground Railroad.

A mediados del siglo XIX se conocía como Underground Railway o Railroad a una red secreta de caminos utilizados por los esclavos para huir de las plantaciones del Sur y llegar a los estados abolicionistas del norte o, incluso, a Canadá. A pesar del nombre no se trataba de ferrocarriles ni siquiera de aprovechar estructuras ferroviarias, el nombre simplemente nació del uso de la terminología utilizada en las estaciones de tren para organizar los traslados.

La ruta contaba con casas de apoyo escondidas (las "estaciones") y, lógicamente, centros de culto también secretos. No debemos olvidar que la mayoría de los esclavos que huían habían sido previamente cristianizados por los misioneros que en muchos casos les ayudaban en su fuga. Los "conductores", tanto blancos como afroamericanos o nativos indios, eran los encargados de acompañar a los esclavos y, sobre todo, velar por su vida incluso con armas si era necesario. A partir de 1793, cuando se aprobó la primera Fugitive Slave Act, y sobre todo de 1850 cuando se aprobó la segunda, cazar esclavos fugitivos se había convertido en un negocio lucrativo, muchos cazarecompensas capturaban libertos para hacerlos pasar después por esclavos huidos. Estos centros de culto, al igual que las estaciones, eran sufragados con donativos de los grupos abolicionistas, en especial cuáqueros. No existen estadísticas pero se ha calculado que más de 100.000 esclavos, las cifras bailan según las fuentes consultadas, encontraron la libertad gracias al Underground Railroad[28].

Cuando los Fisk comenzaron a cantar espirituales negros en 1871 muchos libertos estuvieron en contra porque asociaban, en ese momento, la tradición espiritual con la esclavitud y no deseaban perpetuar el recuerdo. A pesar de ello los cantantes de la Universidad Fisk decidieron continuar e inmediatamente alcanzaron tal reputación que fueron llamados desde los cuatro rincones del país siendo invitados ya a finales de 1872 por el presidente Ulysses S. Grant para cantar en la Casa Blanca.

Un año después el grupo formado entonces por once cantantes visitó también el Reino Unido. En Londres cantaron para la reina Victoria que posteriormente escribiría escuetamente en su diario: "Cantan juntos extremadamente bien".

Al acabar el concierto la reina saludó al grupo, halagó su gusto musical y pronunció una frase (si realmente la pronunció ya que todo parece más producto de la leyenda) que, sin ella saberlo, iba a hacer historia: "You must come from the music city" (Debéis venir de la ciudad de la música). Cierto, procedían de Nashville que con el paso del tiempo iba a convertirse en la Ciudad de la Música y así se la conoce ahora recordando tan regia frase.

En la que sin duda es la primera crítica europea sobre los espirituales negros y el góspel, en el *Times* londinense del 7 de mayo de 1873 se puede leer:

---

28 En 2016 la magnífica novela de Colson Whitehead, *The Undeground Railroad* (editada en castellano como *El ferrocarril subterráneo*. Random House, Barcelona 2017 y en catalán como *El ferrocarril subterrani*. Edicions del Periscopi, Barcelona 2017), refleja de forma dramática y detallada el camino de los esclavos a través de esa ruta aunque tomándose algunas licencias más cercanas al realismo mágico y hablando de verdaderas locomotoras subterráneas que nunca existieron. La lectura es apasionante. Recibió, entre otros, el premio Pulitzer en 2017.

Los originales Fisk Jubilee Singers, foto tomada hacia 1872.

"Aunque la música es fruto de mentes totalmente no instruidas... posee un encanto peculiar".

La gira por Reino Unido fue tan rentable que la universidad no solo pudo seguir financiándose sino que compró nuevos terrenos para expandirse y construyó el impresionante Jubilee Hall que todavía hoy corona su campus. El edificio está incluido en la lista de Monumentos Históricos Nacionales y guarda en su interior un enorme cuadro (ocupa toda una pared) del grupo original que la reina Victoria mandó pintar durante su visita a Londres y que después el gobierno británico regaló a la universidad.

Al hablar de los Fisk Jubilee Singers vemos que, una vez más, la segregación impuesta chocaba con la realidad ya que fue un músico blanco profesor de esa universidad, George L. White, el que fundó y dirigió los primeros Fisk Jubilee Singers. El hoy entrañable "Sweet Low, Sweet Chariot" fue su primer gran éxito y uno de los primeros discos de espirituales negros que se grabó. En la otra cara cantaban "Golden Slippers". Apareció en el sello Victor en diciembre 1909. En esas mismas sesiones ya grabaron otros temas todavía populares hoy en día como "Roll Jordan Roll" o "Old Black Joe", composición del folclorista blanco Stephen Foster. Jerry Lee Lewis grabó una versión acelerada de ese tema para Sun en 1960 y su hermana Linda Gail Lewis hizo lo propio junto a Van Morrison en 2000 (aunque en ambos casos un escueto Lewis, se supone que Jerry Lee, se apunta la autoría; Foster murió en 1864 y ya no podrá reclamar derechos de autor).

Como ya sucediera con Elvis en Memphis es necesario afirmar que los Fisk Jubilee Singers no inventaron los espirituales negros, ni siquiera esta música se inventó en Nashville, pero sin ellos ni el góspel ni toda la tradición de espirituales negros nunca hubiera llegado a ser lo que hoy es.

Tampoco fueron los primeros en grabarlos. Los primeros espirituales negros fueron publicados en cilindro por la compañía de Thomas Alba Edison aproximadamente en 1893 en Nueva York a cargo del Unique Quartette. Basándonos en los números de los cilindros el primer tema fue "Mama's Black Baby Boy". Probablemente otros cilindros de Edison o de Monarch con material similar incluso anteriores se han perdido. Cuando en 1921 Edison publicó estas grabaciones en discos de piedra de su propia discográfica (como Edison Record o Edison Re-Creation) rebautizó al grupo como The Southern Four.

En 1894 Columbia grabaría en Washington unos cilindros al Standard Negro Quartette entre los que ya se incluía "Sweet Low, Sweet Chariot". Ya en disco Victor publicó en 1902 al Dinwiddie Colored Quartet de Virginia. En sus anuncios Victor los presentaba como "los genuinos gritos de celebración y reunión de campamento cantados como solo los negros pueden cantarlos".

Los primeros esclavos africanos llegaron en agosto de 1619 al puerto estadounidense de Jamestown, en el estado de Virginia, el primer asentamiento británico en tierras americanas. El colono inglés John Rolfe, más conocido por haberse casado con la princesa nativa Pocahontas, anotó escuetamente en su diario: "A finales de agosto llegó a Point Confort una fragata holandesa, su comandante se llamaba Capitán Jope y su piloto era un inglés, Mister Marmaduke. No trajeron nada excepto veinte extraños negros africanos que cambiaron por víveres". Al parecer esta cita ampliamente repetida no es del todo correcta ya que no se trataba de una fragata holandesa sino del buque de guerra inglés *White Lion* comandado por Jope y navegando como corsario por cuenta del príncipe holandés protestante Maurice de Nassau, hijo de Guillermo de Orange. Los veinte extraños negros africanos habían sido robados por Jope a la nave portuguesa *San Juan Bautista*, a la que había saqueado. El documento de embarque del *San Juan Bautista*, depositado en el Archivo Nacional de Indias, habla de unos 350 esclavos destinados al puerto de Veracruz, en México; no ha quedado constancia de lo que pudo suceder con el resto.

Todo parece indicar que Rolfe realmente no se equivocó sino que, con su sucinta cita, quiso inculpar de la llegada y venta de esclavos a los holandeses, exculpando así a sus compatriotas.

Esos primeros veinte africanos procedían de los reinos de Ndongo y Kongo, actuales Angola y Congo, y hablaban Kimbundu y Kikongo, dos lenguas de origen bantú. Al igual que todos los que les seguirían, llegaron con las manos vacías, lo habían perdido todo, pero nadie pudo arrebatarles sus tradicio-

El escritor y antiguo esclavo Frederick Douglass.

nes, su cultura, su religión, su música, sus danzas. Aferrados a ellas, era todo lo que tenían, entraron en contacto con las diferentes culturas que ya poblaban el Nuevo Mundo.

Los esclavos no fueron igualmente tratados en todo el continente americano y ese diferente trato marcó indeleblemente su adaptación, sus relaciones y posterior desarrollo de estilos musicales muy diferenciados.

En el sur de Estados Unidos se prohibieron sin excepción todas sus prácticas religiosas ancestrales y, al mismo tiempo, sus bailes, su música y cualquier instrumento que sirviera para interpretarlas. Se sancionaba incluso con la muerte cualquier canto de origen africano. Los encargados de las plantaciones tenían miedo de que gracias a los tambores pudieran, a sus espaldas, comunicarse entre ellos como sucedía en el continente africano y como sucedió realmente en las primeras revueltas negras de 1739. En cambio fomentaron los cantos de trabajo al darse cuenta de que los esclavos trabajaban más y mejor si cantaban. De esta forma nacen los llamados field hollers. Frederick Law Olmsted, más recordado como arquitecto que como periodista, escribió en 1856 en el *New York Times*: "De repente, alguien emitía un sonido que nunca antes había oído; un grito musical, largo e intenso que ascendía y descendía terminando en un falsete. La voz resonaba a través de los campos como un toque de corneta en la atmósfera clara y helada y se apagaba. Entonces la melodía era recogida por otra voz y después por otra y así sucesivamente hasta que se formaba un coro".

Este *cantando-al-trabajar* fue empleado por los esclavistas como mensaje de la felicidad de los esclavos afroamericanos que hasta cantaban trabajando. Frederick Douglass, antiguo esclavo, explicaba[29]: "[La imposición de los capataces blancos] puede explicar el canto casi constante que se escucha en los estados del Sur. A menudo me he sorprendido al caminar libre hacia el norte y encontrar personas que hablaban del canto de los esclavos como evidencia de su

---

[29] Frederick Douglass: *My Bondage and My Freedom. Part I: Life as a Slave; Part II: Life as a Freeman*. Miller, Orton & Mulligan, New York and Auburn, 1855. Reeditado por Random House en 2003.

alegría y felicidad. Es imposible concebir un error mayor. Los esclavos cantan más cuando son más infelices. Las canciones de los esclavos representan las tristezas de su vida, un dolor de corazón que alivian con sus lágrimas".

Cuando a finales del siglo XVIII se comenzó a pensar que los esclavos eran seres humanos y, por tanto, también tenían alma, comenzó la dura tarea de su evangelización favorecida por la tradición africana en la que el pueblo derrotado acepta siempre los dioses del vencedor. Y aquí los colonos europeos eran claramente los vencedores.

Una canción de esclavos de esa época, citada por numerosos autores pero nunca indicando una procedencia demostrable, lo explica a las claras:

> *"White man use whip*
> *White man use trigger;*
> *But the Bible and Jesus*
> *Made a slave of the nigger".*
>
> *(El hombre blanco usa látigo/El hombre blanco usa el gatillo,/Pero la Biblia y Jesús/Hacen del negro un esclavo.)*

La tarea no fue sencilla y las iglesias, esencialmente las baptistas y las metodistas, tuvieron que africanizar sus ritos, en realidad se vieron obligadas, para que los esclavos los aceptaran. En contra de lo que sucedía en Europa estas primeras iglesias permitían introducir en la estricta liturgia cantos y bailes que llegaban al frenesí emocional de algunas ceremonias africanas.

Los himnos de la liturgia protestante se mezclaron así con ritmos y armonías africanas creándose nuevos cantos edificados sobre patrones africanos, incluyendo los cantos de llamada-respuesta y los llamados ring shouts (gritos en anillo), danzas circulares, generalmente en el sentido contrario a las agujas del reloj, arrastrando los pies mientras se canta y se aplaude, habituales entre los primeros esclavos de las plantaciones.

Lentamente los esclavos fueron aceptando mejor la nueva religión gracias a la fascinación que ejercían sobre ellos las historias bíblicas que contenían claros paralelismos con sus propias vidas en tierras americanas. Así nacen muchos cantos de esclavos que incluyen textos de las escrituras o hablan sobre figuras bíblicas como Daniel y Moisés. A medida que el cristianismo africanizado se extendió entre la población esclava, estos cantos espirituales sirvieron para expresar su nueva identidad, sus tristezas y sus esperanzas.

Son los primeros espirituales negros, una creación total y personal del pueblo afroamericano, la primera y más genuina manifestación cultural auténticamente autóctona de la cultura afroamericana.

Portada de un disco de espirituales negros con diversas imágenes de la época de la esclavitud.

El 30 de mayo de 1867 el semanario progresista neoyorquino, *The Nation*, publicaba un artículo clarificador: "Nada más acabar la ceremonia religiosa propiamente dicha, se arrinconan los bancos contra la pared y niños y ancianos, hombres y mujeres, jóvenes endomingados, trabajadores del campo medio desnudos, mujeres con faldas cortas y pañuelos de colores en la cabeza, chicos con las camisas rotas y chicas descalzas. Todos, absolutamente todos, se reúnen en el centro de la iglesia y, cuando se inicia el canto espiritual, comienzan a caminar arrastrando los pies, poco a poco, uno detrás de otro, en círculo. Casi no alzan los pies del suelo y el avance se produce de forma espasmódica y temblorosa. Entre los gritos del canto, los cuerpos se agitan y sudan copiosamente. A veces danzan en silencio. Otras, mientras arrastran los pies, entonan la parte del coro. Y otras, mientras danzan cantan toda la letra del canto espiritual. A pesar de ello, lo más frecuente es que se forme un grupo integrado por los mejores cantantes que, colocándose a un lado de la iglesia, sirve de base al resto cantando la parte central del canto y batiendo palmas o golpeándose las caderas con las manos para acompañarse. Tanto el canto como la danza son extremadamente enérgicos y, a menudo, cuando la sesión de cantos y gritos se prolonga hasta la media noche, la monótona sonoridad de los pies arrastrándose impide dormir a todos los que viven a menos de un kilómetro de la casa de oración".

Es interesante notar en este texto un par de detalles importantes. En las iglesias europeas el baile no ha sido nunca aceptado como parte del rito, pero para las primeras iglesias afroamericanas fue necesario encontrar un compromiso: bailar significaba cruzar las piernas. Otros movimientos, fuese cual fuese su intensidad, no eran baile. El articulista anónimo de *The Nation* habla de movimientos espasmódicos con las piernas juntas o arrastrando los pies, así pues no de bailes. El mismo articulista apunta ya el efecto llamada-respuesta africano no existente en la liturgia europea y que materializa aquí cuando el predicador entona frases a las que los feligreses responden con exclamaciones o entonando los estribillos. En la literatura de la época abundan las descripciones de largos y dramáticos sermones que comenzaban con voz pausada y se iban acelerando cada vez con más intensidad hasta convertirse en un canto frenético al que se sumaban todos los asistentes (alguno de estos sermones en años posteriores han quedado grabados en disco).

En junio de ese mismo 1867 la expresión negro spiritual se utiliza por primera vez en un medio escrito para describir esos cantos. El militar y escritor abolicionista Thomas Wentworth Higginson, que ya antes había llamado a la ciudadanía a respetar la ley de Dios y desobedecer la Fugitive Slave Act, escribe en el *Atlantic Monthy* de Boston un largo artículo sobre las canciones religiosas que había oído cantar a sus soldados afroamericanos alrededor de la hoguera del campamento. Higginson, que se ve a sí mismo como un nuevo Walter Scott recopilando baladas escocesas, describe 36 canciones con sus textos y explicaciones correspondientes y habla de ellas utilizando un nombre que ya había oído anteriormente, sin especificar ni dónde ni por quién. "Estas pintorescas canciones religiosas eran para los hombres más que una fuente de relajación; fueron un estímulo para el coraje y una conexión con el cielo. (...) Recuerdo que este pathos solía parecerme casi demasiado triste como para pensar en él, ya que la esclavitud parecía destinada a durar por generaciones; pero ahora que su paciencia ha sido recompensada, la historia no puede permitirse perder todo este patrimonio. No existe un ejemplo paralelo de una raza oprimida que se haya sostenido solo por el sentimiento religioso. Estas canciones no son más que la expresión vocal de la naturalidad de su fe y la grandeza de su larga resignación."

Los textos primigenios de los espirituales negros no solo hablan de religión y espiritualidad. Algunos son verdaderas canciones de protesta codificadas incitando a liberarse de la esclavitud o puras contraseñas para identificarse a lo largo del Underground Railway ante los abolicionistas que ilegalmente les ayudaban. El ya nombrado Frederick Douglass apuntaba en el mismo libro: "Un observador entusiasta podría haber detectado en nuestro canto repetido de 'O Canaán, dulce Canaán, estoy destinado a la tierra de Canaán', algo más que una esperanza de alcanzar el cielo. Queríamos llegar al Norte, y el Norte era nuestro Canaán". En la época de las huidas hacia el norte utilizando el ferrocarril subterráneo muchos cantos hacían referencia al *freedom train*, hablando de la *Tierra prometida* para referirse a Canadá y de *atravesar el río Jordán* para hablar del paso del río Ohio que marcaba el primer acceso a tierras más libres.

Higginson en su libro transcribe otra canción con el típico estilo africano de llamada-respuesta:

> *"O, de ole nigger-driver!*
> *O, gwine away!*
> *Fust ting my mammy tell me,*
> *O, gwine away!*
> *Tell me'bout the nigger-driver,*
> *O, gwine away!*
> *Nigger-driver second devil,*
> *O, gwine away!"*
>
> *(¡Viejo negrero!/¡Me voy de aquí!/La primera cosa que me dijo mi madre/Me voy de aquí!/Me habló del negrero/¡Me voy de aquí!/El negrero es el segundo demonio/¡Me voy de aquí!)*

Ese espíritu de lucha por la libertad de los primeros espirituales negros se ha mantenido hasta la actualidad. Por ejemplo, la mayoría de los cantos entonados en las manifestaciones por los Derechos Civiles estadounidenses de los años 1950 y 1960 o eran espirituales negros o estaban basados en ellos. "Oh, Freedom, We shall not be moved" o "We shall overcome" son tres buenos ejemplos que se utilizaron también en luchas reivindicativas en otras partes del mundo. Sin ir más lejos, en las calles catalanas de los años sesenta y setenta se cantaban estas canciones en las manifestaciones antifranquistas: "Vull ser lliure", "No serem moguts" y "Tots junts vencerem", respectivamente.

Los espirituales negros nacieron en las plantaciones a todo lo largo del Misisipi pero fue aquí en Nashville donde un grupo de libertos convirtieron en arte (con mayúsculas) esa explosión popular, frenética e intensamente emotiva de los primeros afroamericanos.

He ido mezclando de forma intencionada las expresiones góspel y espiritual negro porque personalmente no creo que deba compartimentarse tanto una misma expresión musical. Siendo estrictos deberíamos reservar espiritual negro para los primitivos cantos religiosos afroamericanos anónimos nacidos del encuentro entre la tradición africana y los himnos procedentes de la liturgia evangélica europea, de los que habla Higginson. Cantos generalmente entonados a capela o con el mínimo acompañamiento de una guitarra o un piano. En cambio, el término góspel designaría los espirituales más modernos surgidos a partir de la década de 1930, de autores conocidos, cantados con acompañamiento instrumental electrificado y que, poco a poco, han ido utilizando ritmos y estéticas más contemporáneas y cercanas al rhythm and blues o al soul. Y aquí se cierra un círculo ya que el r'n'b nació al secularizar los espirituales negros pero inmediatamente se convirtió en una de las principales influencias del góspel.

Estoy sentado delante del Jubilee Hall de la Universidad Fisk, una imponente construcción en ladrillo rojo de aires victorianos, tal vez no sea la visión más bella de Nashville pero personalmente me produce una tremenda emoción.

Debería volver al centro a la búsqueda de algún garito con música pero se ha hecho tarde, el motel me coge de camino y me quedo. Busco en Internet las primeras grabaciones de los Fisk Jubilee Singers (el coro sigue en activo) y me voy a dormir con ellas.

Quinto día. Jueves. El trovador de Texas se adelantó al Hombre de Negro

Me despierto muy pronto, no sé por qué en este viaje cada día me despierto exageradamente pronto. Desayuno los gofres de rigor, me estimulo con un enorme vaso de algo parecido al café y me pongo en marcha.

Llego otra vez hasta la orilla del Cumberland. Broadway ha recuperado su aspecto matutino de ciudad fantasma.

Por la orilla del río accedo a un fuerte de madera totalmente reconstruido de la época de la colonización cuando, al parecer, aquí mismo, hicieron la paz con los nativos y fundaron lo que después sería la ciudad de Nashville: Fort Nashborough. Un grupo de familias lideradas por James Robertson, su estatua está un poco más arriba junto al río, atravesaron el río Cumberland en invierno aprovechando que estaba helado y se asentaron en esta pequeña colina edificando este fuerte.

La primera sensación es que realmente es muy pequeño, tiene un poco el aire de aquellos fuertes de juguete de cuando yo era un crío. Una fuerte sensación de agobio no me abandona en mi corto paseo entre las diferentes cabinas hasta que leo en un panel (hay una oficina de información pero está cerrada) que se trata de una reproducción hecha a un cuarto de su tamaño real. Se hacía difícil imaginar la vida de un destacamento del ejército luchando contra los nativos apiñado allí dentro. Lo cierto es que domina el río, las vistas son magníficas, el fuerte original debería ser impresionante. Robertson supo escoger bien el emplazamiento.

Cerca, río arriba, se encuentra una estructura metálica que lo atraviesa, el puente peatonal de la calle Shelby, leo en el mapa de la ciudad que ahora se llama John Seigenthaler Pedestrian Bridge pero todo el mundo sigue hablando del Shelby. Se edificó en los primeros años del siglo pasado y a final de

Fort Nashborough a orillas del río Cumberland.

siglo estaba esperando su demolición pero finalmente decidieron restaurarlo y se reabrió al público a primeros del milenio. Lo curioso es que es un puente exclusivamente peatonal (también para bicicletas, patinadores y skaters) pero suficientemente ancho como para que pudiera servir para coches en doble dirección. Los vehículos motorizados han de dar una vuelta impresionante para cruzar el río. Y la verdad es que casi no lo utiliza nadie (en verano) pero queda bonito y puedes pararte a la mitad, contemplando el río y pensando que esas aguas no tardarán en convertirse en el Misisipi.

Desde la desembocadura de Broadway en el Cumberland la imagen es un compendio de historia. A la izquierda Fort Nashborough, a la derecha el puente Shelby y justo delante, anclado en la otra orilla pero sobre el cauce del río, una escultura construida con metales industriales y acero en un rojo llamativo. Dos escaleras en semicircunferencia retorcida que no llegan a encontrarse y, al parecer, hablan del pasado industrial de esa orilla del río llamada East Bank Greenway. Busco después en información: se trata de una obra de la escultora Alice Aycock con un nombre llamativo: *Ghost Ballet for the East Bank Machineworks (Ballet fantasma para la maquinaria de la ribera este)*.

Doy media vuelta y paseo, valga la redundancia, por el Paseo de la Fama esperando que la ciudad cobre vida. El Music City Walk of Fame es lo que su nom-

Contrastes en el SoBro. Al fondo, la escultura del Ballet Fantasma, obra de Alice Aycock.

bre indica un sencillo paseo situado enfrente del Country Hall of Fame, en cuyo suelo van apareciendo las estrellas dedicadas a nombres notables de la música con alguna relación con la ciudad. Aquí las estrellas son rojas o negras, algo torcidas y encajadas en un marco que les queda pequeño, puro diseño para diferenciarse de las famosas estrellas de Hollywood. Se puede jugar a encontrar tu favorito y poco más. Encuentro la estrella de la Nitty Gritty Dirt Band (tal vez sea porque también grabaron “Will the Circle Be Unbroken”), no me lo esperaba.

Regreso a Lower Broadway, lo primero que abre sus puertas son las tiendas de botas vaqueras y ropa aunque a estas horas están totalmente vacías.

Son las diez de la mañana, los honky tonks no comienzan su música hasta las once pero la tienda de discos de Ernest Tubb está ya abierta. La fundó el propio Tubb en 1947 y sigue conservando todo su sabor añejo. Un verdadero templo a la música bluegrass y country en todos los formatos. Parece casi un museo con sus fotografías y pósters por las paredes y un escenario al fondo ocupado por maniquíes con trajes auténticos de Tubb, una de sus guitarras y diferentes objetos históricos.

Ernest Tubb, al que apodaban Texas Troubadour, organizó aquí, hasta su fallecimiento en 1984, todos los sábados los Midnight Jamborees que se emitían inmediatamente después del Grand Ole Opry con invitados de altura.

Ernest Tubb cantaba:

Tienda de discos de Ernest Tubb.

> *"When your friends can't be found I'll be there*
> *When your heart is sad and weary and no longer wants to roam*
> *When you have no place to go please come on home."*
>
> *(Cuando no encuentres a tus amigos, estaré allí/Cuando tu corazón está triste y cansado y ya no quiere pasear/Cuando no tienes adónde ir, por favor, ven a casa.)*

El programa sigue vivo pero ya no se graba en el pequeño escenario de la tienda sino en el teatro del Music Valley The Texas Troubadour, directamente emparentado con la Cowboy Church.

Compro varios discos de white gospel, incluyendo uno del propio Tubb ¡qué menos! Los espirituales blancos o country góspel aparecen más tarde que los negros pero guardan con ellos muchas analogías y simbolismos. Inicialmente se trató de himnos, baladas y canciones de campamento con motivos religiosos pero construidos sobre melodías folclóricas de lo que hoy llamamos old time country, el hillbilly y el bluegrass.

También las comunidades blancas sintieron la necesidad de expresar su religiosidad a través de su música popular. Era lógico que la música que se interpretaba en la calle y en las fiestas entrara de forma natural en las iglesias sustituyendo a los viejos himnos europeos, ya caducos y de difícil interpretación por una población ruda y poco dada a las complejas armonías vocales. Podría decirse que el old time country y el góspel blanco nacen casi al mismo tiempo y no es descabellado afirmar que se trata de dos de las manifestaciones musicales genuinas más antiguas de la sociedad blanca estadounidense (como mínimo que hayan llegado hasta nuestros días).

Foto promocional de Ernest Tubb.

En realidad el country primitivo y los espirituales blancos solo se distinguen por la temática de sus letras. Musicalmente se trata de la misma cosa y, frecuentemente, es interpretada por los mismos músicos que animan por igual bailes y fiestas mundanas y celebraciones religiosas, incluso actuando en vodeviles y tabernas y compaginando ese trabajo con las iglesias.

La primera vez que un medio escrito da carta de naturalidad a la existencia de espirituales blancos es en 1930 cuando George Pullen Jackson, profesor de alemán en la Universidad Vanderbilt de Nashville, publicó el libro *White Spirituals in Southern Uplands*[30].

Con el paso del tiempo los espirituales blancos han ido adaptándose a las sucesivas transformaciones que ha sufrido la música country. En prácticamente todos sus estilos puede encontrarse una variante religiosa. Todas las grandes voces del country (ya fueran cowboys, hillbillies, honky tonks, tradicionalistas, western swingers, intérpretes de bluegrass, outlaws, alternativos, countrypolitans, progresivos,...) han grabado discos de temática espiritual. Hasta los más rudos vaqueros fuera de la ley tienen su corazoncito.

Si te interesa el country la tienda de Ernest Tubb es la panacea, además de ser un lugar histórico de esos que es obligado visitar. Para otros estilos musicales es necesario abandonar esta zona, no nos engañemos, turística y buscar en otros barrios. Probablemente la tienda más interesante de la ciudad sea Grimey's New and Preloved Music Store, no queda cerca de la zona en la que nos movemos pero es la que más y mejor oferta de vinilos tiene. Es uno de esos lugares en los que es preciso ponerse el mono de trabajo y picar piedra durante bastante rato para encontrar alguna gema entre tus manos negras de polvo, pero salen, seguro.

---

30 George Pullen Jackson: *White Spirituals in Southern Uplands; the history of the fasola folk, their songs, singings, and buckwheat nots.* Chapel Hill, The University of North Carolina Press, 1933. Reeditado por Dover Publications, 1966.

Los más modernos pueden decantarse por la tienda que en 2009 abrió Jack White, el líder de los White Stripes, junto a las dependencias de su sello discográfico Third Mean Records. El lugar, algo más cercano, tiene un encanto muy hipster, aunque desde fuera parezca un garaje, y una buena selección de vinilos antiguos y reediciones. Se organizan a diario visitas al estudio de grabación y, esporádicamente, algún concierto.

Me pierdo por calles adyacentes a Lower Broadway y en todas hay locales con música en vivo. Es increíble porque están todos vacíos o casi pero los músicos tocan igual, no sé si con la misma moral con la que lo harían si estuviera la sala llena, pero tocan. Por la noche se ponen a morir, no sé de dónde sale la gente, pero ahora da pena aunque estos músicos no sean ninguna maravilla.

El calor aumenta, así que sería el momento de meterme en un museo esperando que tuvieran aire acondicionado. En mi primer contacto con la ciudad solo existía el de Willie Nelson y sus amigos que ya había visitado. Posteriormente se fueron inaugurando otras buenas tres opciones: el de George Jones y los de Johnny Cash y Patsy Cline que, aunque son independientes, comparten edificio. Sin pensarlo hubiera escogido el de Cash pero no existía.

La opinión general coincide en hablar favorablemente de este museo erigido de forma privada por Bill Miller, viejo amigo y coleccionista de cualquier cosa que tenga relación con el Hombre de Negro. Tras la muerte de Cash su casa se convirtió en punto de peregrinaje para fans pero el edificio se quemó en 2007 con todo lo que había dentro dejando a sus seguidores sin un destino real que visitar. Para solucionar ese problema Bill Miller y su mujer Shannon pusieron en marcha el Johnny Cash Museum. “Elvis tiene Graceland, pero realmente a los seguidores de Cash ya no nos quedaba nada”, explicó Miller durante la inauguración. Según la página web de la ciudad el museo “presenta la colección más completa de objetos y recuerdos de Johnny Cash en el mundo. Los 1.675 metros cuadrados de memorabilia, exhibiciones interactivas y un auditorio de 250 plazas combinados con documentos históricos, cartas, premios, vestidos e instrumentos nunca antes vistos llevan al visitante a un viaje tridimensional a través de la vida de Johnny Cash”.

La que tampoco estaba abierta en aquel momento, y después he recibido opiniones muy favorables, es la Gallery of Iconic Guitars de la Universidad de Belmont que reúne una importante colección de guitarras raras o, como especifica su nombre, icónicas procedentes en su mayoría de la colección particular de Steven Kern Shaw, nieto de Jerome Kern, que, al morir, las donó a la universidad. También habrá que verlo y disfrutarlo, supongo.

Al desconocer en aquel viaje que años después existirían estos lugares no me quedo decepcionado y planeo continuar mi visita por el Music Row.

Si quieres ser una estrella...

No sé qué esperaba encontrar en el Music Row pero, por lo que vi, la zona tiene poco interés para un simple visitante. Dolly Parton cantaba: "Si quieres ser una estrella el Music Row es el lugar al que debes ir", mirando a mi alrededor comprendo que no es mi caso.

El Music Row es el barrio en el que se concentran todas las empresas de Nashville relacionadas con la música, o lo que aquí es lo mismo, con el country and western en todas su expresiones incluyendo la religiosa, el white gospel, que aunque sorprenda mueve muchos millones de dólares. Por aquí están todas las discográficas, editoriales, empresas de gestión de derechos o de representación, promotores de conciertos, empresas de vídeo, la asociación de compositores... y también alguna emisora de radio y algún estudio de grabación como el histórico RCA Studio B que ya visité.

Paseando por el Music Row nadie diría que estamos en el corazón de la industria musical. En realidad nadie diría que estamos en el corazón de nada: un anodino barrio residencial con algún bar o restaurante con ínfulas y poco más. Y es lógico que sea así porque toda esa actividad se realiza de puertas a dentro sin la mínima demostración exterior.

Escultura de un micrófono gigante en el Music Row de Nashville que también sirve para guardar bicicletas.

Estatua de Owen Bradley en el Music Row. Al fondo la escultura Musica.

Callejeando sin rumbo me doy de bruces con la calle Chet Atkins, todo un honor. Claro que el otro productor que contribuyó con Atkins para crear el Nashville Sound, Owen Bradley, tiene allí cerca un parque a su nombre y una escultura en bronce. Es de suponer que Bradley tenía más amigos en la industria (o en el Ayuntamiento de Nashville) que Atkins. Dicho esto sin querer quitarle ningún mérito al señor Bradley que produjo centenares de éxitos de country y de rock and roll (esta sería otra de esas listas interminables).

La estatua a tamaño natural de Owen Bradley sentado ante su piano de cola, gorra calada hasta las cejas y mano izquierda alzada, está situada a ras de tierra en un extremo del parque que lleva su nombre colindando con la famosa rotonda Music Row Circle. No creo que sea la única rotonda de la ciudad pero la verdad es que en todo el sur de los Estados Unidos hay más bien pocas. Los estadounidenses prefieren los cruces con cuatro stops obligatorios en los que se cruza por estricto orden de llegada, mucho menos engorrosos y bastante más dinámicos que una rotonda, siempre, eso sí, que prime el respeto mutuo.

En el centro del Music Row Circle se encuentra la famosa escultura en bronce de las figuras danzantes desnudas (la conocen con el nombre castellano de Musica, sin acento en la u). Una alegoría musical que, en el momento de su colocación, desató agrias polémicas en la ciudad por la desnudez de los bailarines. Una parte de la ciudadanía pidió airadamente su retirada por obscena. Y eso que estábamos en la Atenas del Sur y ¡en 2003! Por suerte se impuso el buen criterio y Musica sigue ahí a las puertas del Music Row.

Cuando llego por primera vez a la rotonda están rodando un tema country con bailarines que se mueven sobre la estatua y a su alrededor y un público que grita como en un concierto de quinceañeros. Se ha montado un caos impresionante de tráfico porque los accesos están cortados por los grandes camiones de producción, cámaras, docenas de focos y mucha gente dando vueltas de un lado a otro. Nadie parece enfadarse, ni suenan las bocinas. La gente lo acepta con resignación y una buena educación que provoca envidia.

Sede de la Asociación estadounidense de barberos cantantes.

Imaginaba que era un videoclip pero me explican que es una serie de tele que pasa en Nashville y que comenzará a emitirse el año que viene. [Años después vi que se trataba de la serie de la ABC *Nashville* centrada en las intrigas y trapos sucios de la música country contemporánea. Toda la ciudad va apareciendo en los diferentes episodios. En el segundo de la primera temporada una de las dos cantantes protagonistas, Hayden Panettiere en el papel de la joven aspirante Juliette Barnes, graba un videoclip con varias bailarinas en esta estatua subiéndose incluso en una de las figuras. En España la serie ha sido emitida por TV3 y el canal de pago Moviestar+.]

Me recomiendan un restaurante de comida thai a medio camino entre el Music Row y Lower Broadway. Yo no lo recomendaría, así que olvidémoslo.

Por el camino me topo con la asociación de barberos cantantes de Nashville donde nacieron los cuartetos de armonía de los barberos. La Barbershop Harmony Society en realidad se denomina Society for The Preservation and Encouragement of Barber Shop Quartet Singing in America (nada más y nada menos que SPEBSQSA en su versión familiar) y tiene una larga historia a sus espaldas. Se fundó en 1938 y desde entonces sigue defendiendo este estilo tan peculiar de música "auténticamente estadounidense" en su propias palabras.

La música de los barberos estadounidenses está cantada por regla general a capela por un cuarteto de hombres que armonizan sobre rítmicas melodías sencillas de cantar y de contenido siempre alegre y optimista. El color de las voces de estos cuartetos amplía el patrón clásico tanto en su parte aguda, llegando a imposibles falsetes de contratenor, como en su parte baja, con bajos auténticamente bajos.

La verdad es que tiemblo solo con imaginar una barbería de hace un siglo con cuatro rudos barberos empuñando sus afiladas navajas a punto de desollar la garganta de algún resignado ciudadano y cantando armoniosamente estas gráciles melodías. Pánico me da.

La historia de esta música se pierde también en la noche de los tiempos. Aunque actualmente es una música exclusivamente blanca al parecer encuentra sus orígenes en los grupos de afroamericanos libertos que cantaban mientras realizaban diversos oficios manuales. Unos cantos alegres muy distintos a los de sus antepasados esclavizados en las plantaciones. No existen datos concretos de cómo pasó esa música informal a las barberías. El hecho de que, a falta de otros centros sociales, estas fueran lugares de reunión en los que se debatía de forma incluso acalorada la actualidad da pie a pensar que la introducción de la música pudo ejercer una función balsámica.

La popularización de estos cantos a primeros del siglo XX se debió a su inclusión en los vodeviles de minstrels ambulantes. Esta popularización coincidió con la irrupción del disco, lo que permitió que muchos cuartetos de la primera época pudieran realizar grabaciones que, a su vez, colaboraron a aumentar la popularidad del género.

[En la actualidad la Barbershop Harmony Society tienen censados unos 25.000 cantantes de barbería (que no barberos cantantes) en todo Estados Unidos y, como demostración de su apertura de miras, desde el verano de 2018 admiten mujeres en la asociación.] A pesar de que su actividad sigue siendo abundante y en distintos frentes (pedagogía, conciertos, actividades familiares, concursos...) en verano el local está cerrado y, además, en obras.

En realidad como turista musical (aquí me siento más un turista que un visitante y no consigo saber la razón) la ciudad se acaba pronto. Quedan, claro, las docenas de clubes del Lower Broadway abiertos hasta las tres de la madrugada todos con música en vivo. Y el mítico Bluebird Cafe.

Dado que el Bluebird está bastante alejado del centro me dirijo hacia allí totalmente confiado de que no voy a encontrar turistas. Craso error, o no pero lo cierto es que está abarrotado de gente. La sesión es a las seis de la tarde y, a las cinco y media, la cola es impresionante. Conociendo el local por películas (por la mente me pasan escenas de *Esa cosa llamada amor* de Peter Bogdanovich) es imposible que toda esta gente quepa dentro. En efecto, ha-

Colas, algunos con sus instrumentos, para entrar en el Bluebird Café.

cia la mitad el portero dice que está lleno y comienza a repartir números para la sesión de las diez, se produce una desbandada de músicos cariacontecidos con guitarra bajo el brazo.

El Bluebird es la listening room por excelencia de Nashville; allí donde nacen los talentos, dicen. Se trata de un pequeño local, menos de cien sillas, abierto en 1982, en el que, a diferencia de los honky tonks cercanos al río, se exige silencio durante las actuaciones, algo insólito y que se agradece. Es un local más dedicado a los compositores que a los cantantes o instrumentistas, los *heroes behind the hits (los héroes que están detrás de los éxitos)*. En diversas ocasiones a lo largo de la semana se celebran las open mic nights y las writers nights en las que todo el mundo, previa inscripción, puede mostrar su trabajo.

Hablando del Bluebird Cafe es imposible no mencionar los nombres de Garth Brooks y Kathy Mattea que comenzaron sus carreras en esas sesiones open mic.

En la zona no hay absolutamente nada que hacer, se trata de un anodino centro comercial a bastantes kilómetros del centro, solo tiendas y centros hospitalarios por lo que veo, así que, a pesar de tener mi número en el bolsillo, prescindo de esperarme hasta las diez para ver cantar a un grupo de aficionados aunque sea en el mítico Bluebird. [Y eso sucedía antes de que la serie *Nashville* comenzara a emitirse. El Bluebird Cafe es uno de los lugares glorificados sobre los que giran sus primeras temporadas consiguiendo que las peregrinaciones turísticas se hayan convertido en una plaga.]

Callejear es mucho más interesante. En realidad es lo más interesante en Nashville en verano.

Y callejear en Nashville te lleva indefectiblemente al SoBro y de ahí a la zona de honky tonks.

En el SoBro el First Center for Visual Arts merece atención y no solo por ser uno de los pocos ejemplos de edificio público de gigantescas dimensiones que no tiene columnas. Se trata de un centro de arte multimedia con un distintivo claro y transparente: *the art is all around you (el arte está a tu alrededo*r). Cerca el Music City Center es un también inmenso (¿qué no es inmenso en estos parajes?) centro de convenciones dedicado a la música. La arquitectura es rompedora, aquí las columnas ya son modernas e integradas en el contexto, pero todavía no está inaugurado; las obras parecen estar en su última fase. [Se inauguró en mayo de 2013. No dispone de un contenido fijo o determinado, se realizan todo tipo de actos o exposiciones.]

Vuelvo a pasar ante el auditorio sinfónico de la ciudad, el Schermerhorn Symphony Center, que alberga a la Nashville Symphony, y me vuelvo a quedar anonadado ante su arquitectura, sus doce columnas gigantescas y su friso con figuras desnudas (al parecer por estas nadie protestó, tal vez porque están muy altas y se ven poco). Y a su lado, no me había dado cuenta, una imagen de un mal gusto exquisito erigida en agradecimiento del auditorio a la ciudad: un ángel dorado que desentona con la mirada siempre vigilante de Batman a sus espaldas.

Paseo por otros lugares ya conocidos y acabo lógicamente en el cúmulo de locales musicales más disparatado que conozco. Todos en funcionamiento a esas horas.

Ninguno destaca sobre los demás por la calidad de su música, incluso creo que los mismos músicos van alternando los locales acumulando actuaciones en un mismo día. Cosa normal si se tiene en cuenta que no suelen cobrar por tocar, viven de las propinas. Los cubos que siempre están sobre el escenario no son papeleras como podría imaginarse cualquier mente no avezada sino el lugar en el que se han de dejar las propinas para la banda. También por esa razón los locales no cobran nunca suplemento por actuación en vivo en sus facturas.

La costumbre de vivir de las propinas no es solo cosa de Nashville, en todo el sur de los Estados Unidos suele ser así y no solo para los músicos principiantes; la mayor parte de bandas, aunque tengan su reputación, pasan el cubo.

A diferencia de Memphis, aquí los locales no tienen en la puerta ningún letrero prohibiendo la entrada con armas de fuego. O en Nashville nadie las utiliza, lo que no resulta nada creíble, o es que se puede entrar con ellas.

Recorro media docena de honky tonks muy parecidos los unos a los otros antes de tirar la toalla. Todos con sus escenarios de espaldas a la calle sin cortinas, para que se pueda ver la actividad musical aunque sea de espaldas, y con las puertas bien abiertas para que la música salga al exterior. En todos y cada uno se jactan de haber sido donde comenzaron Willie Nelson y Kris Kristofferson.

Paso ante la imponente Bridgestone Arena (donde se organizan desde partidos de hockey a rodeos, hoy no hay nada programado) y en esa misma acera voy encontrando Rippy's, el Honky Tonk Central que ya había visitado, Acme,... Atravieso Broadway y no entro en el Hard Rock Cafe. Me desvío por la orilla del río para ver la programación del B.B. King Blues Club pero tampoco conozco al grupo anunciado para esta noche que, además y como mínimo desde fuera, suena con una estridencia provocadora. Vuelvo a Broadway: en The Stage no hay música en vivo pero el jaleo reinante es peor, el Robert's Western World, Layla's, Tootsie's y acabo en Legends Corner.

Un poco desconcertado y sin muchas ganas de volver a entrar en ninguno de esos locales, bajo hasta el Cumberland. Subo al Shelby para contemplar la imagen nocturna del Ballet Fantasma y mirar las aguas del río que pronto llegarán hasta el Misisipi.

Sexto día. Viernes. Por la Natchez Trace

Haciendo cola para conseguir mi gofre, hoy me he levantado a la misma hora que moteros y camioneros, pienso en las alternativas del día. Ir directo a Tupelo por una vía rápida o hacer el bastante más lento camino que toma la Old Natchez Trace. Por lo mucho que he leído de Tupelo creo que la parada no va a tener mucho interés así que me decanto por un trayecto más pausado y con buenas vistas.

La Natchez Trace Parkway es una estrecha carretera secundaria que circula por un antiguo camino de los nativos kaintucks que después utilizaron los primeros colonos y, sobre todo, los traficantes de esclavos que partían del mercado de Natchez para distribuir su "mercancía" por todo el sur de los Estados Unidos. En 1800 el Congreso estadounidense decidió adecuar el antiguo camino y convertirlo en una carretera dedicada al servicio de correos.

Rastreo información sobre la Natchez Trace y lo primero que encuentro es una alarma por mal tiempo recomendando encarecidamente que busques todo tipo de información sobre posibles tempestades y tornados por lo peligrosos que pueden llegar a ser. Añaden una lista de refugios contra tornados en el trayecto. Me tranquilizo mirando por la ventana: hace un sol endiablado y no se mueve ni una hoja. No quiero ni imaginarme cómo será salir del aire acondicionado del motel.

Después me recomiendan circular con el cinturón de seguridad siempre atado y respetar los límites de velocidad debido a que la carretera es más estrecha de lo normal. Parar en lugares seguros para hablar con el móvil, vigilar a los ciclistas "que tienen los mismos derechos y deberes que los automovilistas" y no molestar a la vida salvaje. Y finalmente me advierten que tenga un cuidado especial porque "esa vida salvaje, las flores silvestres y las vistas extraordinarias, que contribuyen a la experiencia de la Natchez Trace, pueden ser fuentes de distracción".

En fin, con todas esas instrucciones parece que vaya a visitar el fin del mundo y, la verdad, la Natchez Trace es una carretera de dos carriles, uno en cada dirección, sin mayores problemas ni aparentes peligros. Bien asfaltada y bien señalizada y con muchos lugares donde detenerse para descansar o hacer las consiguientes fotografías.

El límite de velocidad es de 40 millas por hora (ocasionalmente 50) con lo que puedes disfrutar del panorama mientras conduces tranquilamente sin molestar a esa vida salvaje que no aparece por ningún lado. Con un poco de imaginación puedes hacer tu propio viaje a la época en que los primeros nativos y los esclavistas se cruzaban por estos parajes. Hay pocas construcciones modernas que puedan romper esa ensoñación.

Hacer la Natchez Trace es un viaje por sí solo y requeriría de varios días de paseos a través de una naturaleza perfectamente conservada. Hacia la mitad del camino atravieso el imponente río Tennessee que irá a desembocar al Ohio que, a su vez, desembocará en el Misisipi. Se trata de un puente bastante anodino que contrasta enormemente con toda la tradición de puentes metálicos del sur estadounidense. Nada que reseñar sobre este puente.

El recorrido actual de la Natchez Trace va de Nashville hasta la ciudad de Natchez a orillas del Misisipi. Es decir, podría seguir por aquí hasta volver a encontrar el río pero me dejaría por el camino alguno de los lugares más emblemáticos del viaje. Así que me quedo en Tupelo y de ahí me desviaré retornando casi hasta Memphis.

En algún momento del camino, no me he dado cuenta, he pasado del estado de Tennessee al de Alabama y de ahí al de Misisipi, el estado más pobre de toda la Unión aunque viajando por esta carretera panorámica no se aprecie.

La verdad queda escondida tras los frondosos bosques de la Natchez. El estado de Misisipi tiene la renta per cápita más baja de los Estados Unidos y, al mismo tiempo, la tasa de desempleo más elevada. "Ningún presidente de los Estados Unidos procede del estado de Misisipi. Tampoco ningún vicepresidente. No hay ningún presidente del Tribunal Supremo que haya nacido aquí. Tampoco ningún Secretario de Estado. La aportación de esta región a los campos de la física y la química es prácticamente nula. Lo mismo puede decirse con respecto a la economía, la psicología, la sociología y cualquier otra disciplina académica. Ninguna de las empresas del Dow Jones tiene aquí su sede central. De hecho, ni una sola de las quinientas corporaciones más ricas de los Estados Unidos ha surgido en esta zona."[31]

Sin embargo nada hoy sería igual sin esta zona del planeta. Prácticamente toda la música occidental ha evolucionado de los ancestrales cantos y bailes

---

31 Ted Gioia: *The Delta Blues. The life and times of the Mississippi masters who revolutionized American music.* W.W. Norton & Co. New York, 2008. Traducido al castellano por Turner Publicaciones, Madrid 2010 con el título de *Blues, la música del Delta del Mississippi.*

que aquí germinaron de la pobreza, el miedo, la rabia y la incomprensión. Y la música ha sido el motor de muchos de los cambios más drásticos del siglo XX. En Misisipi nacieron Charley Patton y Robert Johnson y sus blues primigenios. Y tantos nombres anónimos o casi olvidados de aquellos primeros años. Y B.B. King, Muddy Waters, John Lee Hooker, Arthur Big Boy Crudup, Son House, Willie Dixon, Big Joe Williams, Jimmie Rodgers, Albert King, Pinetop Perkins, Big Bill Broonzy, Howlin' Wolf, Bukka White, Thelma Houston, Elmore James, Mississippi John Hurt, Houng Dog Taylor, James Cotton, Otis Span, Lester Young, Rufus Thomas, Pop Staples, Ike Turner, Elvis Presley, Jerry Lee Lewis, Jimmy Reed, Sam Cooke, Bo Diddley, Charlie Musselwhite, Otis Rush,... que fueron convirtiendo su música en algo nuevo pero, al mismo tiempo, fuertemente enraizado en esta tierra. Y la lista completa sería tan larga como apabullantes los logros musicales que han ido revolucionando la sociedad actual.

Tupelo, Misisipi

"You're strong as when you started
Mississippi in your soul
You can still be Marlon Brando
And the King of Rock 'n' Roll
Oh, it's ways to go
Back to Tupelo
It's ways to go
Back to Tupelo."

(Eres fuerte como cuando comenzaste/ Misisipi en tu alma/Todavía puedes ser Marlon Brando/Y el Rey del Rock and Roll/Oh, todavía queda mucho camino por recorrer/De vuelta a Tupelo/ Todavía queda mucho camino por recorrer/De vuelta a Tupelo.)

Mark Knopfler: "Back to Tupelo"

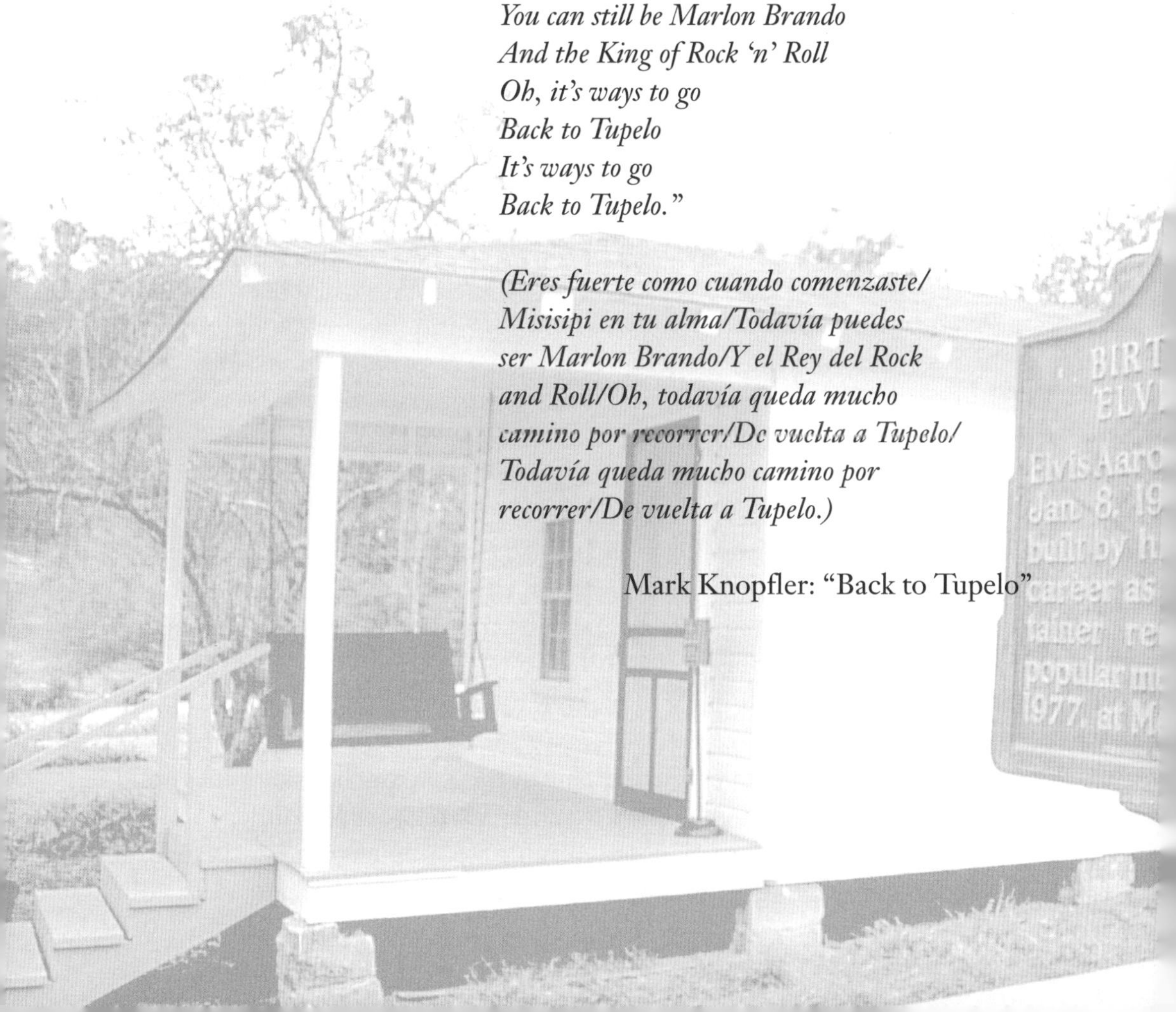

Elvis no nació aquí

Tampoco se aprecia esa pobreza tan cacareada a la entrada de Tupelo. Los campos de algodón quedan lejos, las plantaciones parecen olvidadas y son las habituales franquicias de comida rápida con sus irritantes letreros luminosos de colores las que saludan al viajero.

A la entrada de la ciudad, casi al pie de la carretera por la que vengo, hay un Motel 6. Tomo una habitación para no perder después tiempo buscando. Tiene piscina, la mayoría no tienen o sea que es casi un lujo. No es gran cosa pero tampoco hay nadie bañándose, así que me refresco un poco antes de salir a la búsqueda de las raíces de Elvis, única razón para llegar hasta aquí.

La casa en que nació está a unos cinco kilómetros, lo que por aquí significa que está cerca. Voy directo. Como no esperaba nada, la decepción no es grande.

La casa estaba en uno de los barrios más pobres de la ciudad. No tenía electricidad ni agua corriente; el agua la tomaban de un pozo cercano. Ahora es un parque verde y muy bien conservado. No hay signos de pobreza por ningún lado. El camino que lleva hasta la casa está bordeado de un césped perfectamente cuidado y la casa está impoluta. La primera impresión que me llevo es de que me están falseando la realidad, de estar entrando en un parque temático hábilmente prefabricado. Y así es.

La casa donde nació Elvis es una pequeña construcción de madera con dos habitaciones y una letrina exterior. La construyó en 1934 su padre y sobrevivió a un tornado pero tras la marcha de los Presley a Memphis la casa estuvo durante un tiempo abandonada y después se hicieron muchos cambios, el tejado se ha renovado totalmente como mínimo cuatro veces y el porche ha sido alterado en alguna ocasión. El columpio que preside ese porche no existía en la época de Elvis (tal vez hubiera una mecedora), se colocó ahí cuando los turistas comenzaron a llegar y ya se ha tenido que sustituir en cuatro ocasiones porque de tanto sentarse para hacer la fotografía de rigor se ha ido estropeando.

Actualmente en el interior hay cantidad de muebles de la época, demasiados, pero ninguno es original. A pesar de ello la sensación de ser el hogar de una familia sumamente pobre de los años treinta del pasado siglo está conseguido. La letrina exterior es también una réplica de la que se supone que habría; se ha construido por comparación con otras que han sobrevivido en las cercanías.

Sobre esta casa existe mucha polémica. La guía que la enseña asegura que se trata de la casa original y que está situada en su emplazamiento original pero no parece ser la verdad, como mínimo no todo el mundo está de acuerdo. Todo apunta a que la verdadera casa se encontraba en lo alto de la colina.

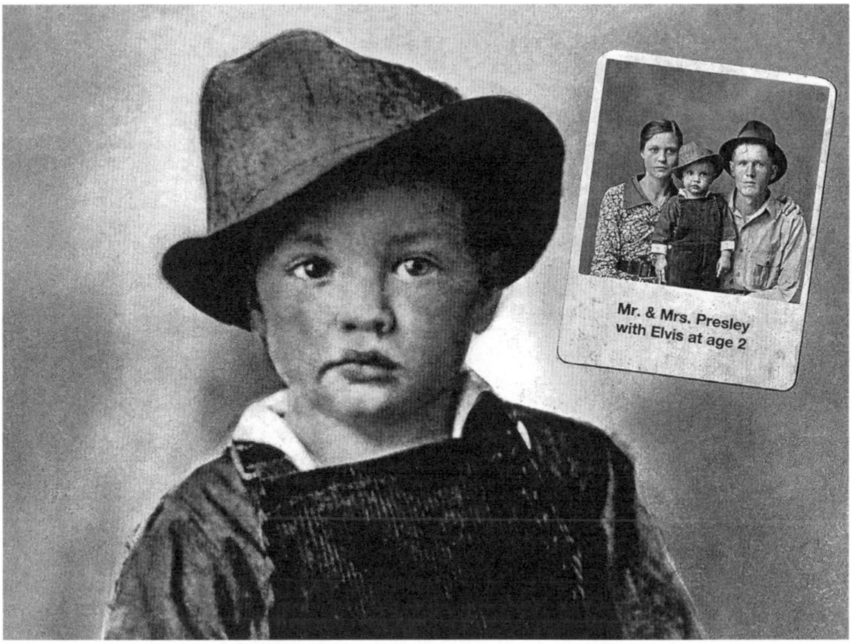

Elvis a los dos años y sus padres en Tupelo. Tomado de la portada del LP *Elvis Country*.

En 1964, Vernon, el padre de Elvis, fue a Tupelo para buscarla (no había regresado desde su marcha a Memphis en 1948) y encontró los restos en un estado penoso. Antes de esa fecha circulaban fotos de otras casas pero Vernon aseguró que ninguna era cierta. Lo que quedaba de la casa se trasladó colina abajo a un lugar más visitable y se reconstruyó por completo con las indicaciones que Vernon dio (se discute, por ejemplo, si originalmente tenía o no ventanas en el lateral o si la chimenea estaba donde ahora está, normalmente se ubicaba en el centro de las habitaciones). Otros testimonios debidamente documentados afirman que la casa original era una ruina que no podía enseñarse y que se buscó otra (o se construyó otra, las dos versiones circulan) para mostrarla a los visitantes. En fin...

Añadamos que el coche que se encuentra en el exterior y con el que se supone que la familia Presley se trasladó a Memphis con todas sus escasas pertenencias tampoco es el de los Presley, se trata de un modelo similar propiedad del Museo de Automóviles de la ciudad.

Entro en la casita, veo la chimenea, los muebles, la cama que, según la guía, está situada exactamente en la misma posición de la noche en que nació Elvis. No me provoca ninguna emoción especial estar aquí, supongo que porque soy consciente de que Elvis no nació aquí y de que todo está montado para que me lo crea y me emocione (previo paso por taquilla: 16 dólares). Este edificio y el complejo que le rodea no está incluido en la lista de Monumentos Históricos

Reconstrucción de la casa natal de Elvis Presley en Tupelo.

Nacionales a diferencia de Graceland, Beale Street, el estudio Sun o el auditorio Ryman que sí lo están.

El parque en que ahora se encuentra está delicadamente urbanizado con su lago, fuentes y tres estatuas del King. En un rincón una de niño con su guitarra y tras ella una imagen típica de Las Vegas invocando al cielo. Más cerca de la casa, otro bronce lo representa a los trece años, edad a la que marchó de Tupelo, también con su guitarra.

Durante el paseo por el parque se nos invita a reflexionar sobre la niñez de Elvis con la idea de que "tal vez la reflexión sobre los primeros trece años de tu propia existencia te traiga a la mente familias, comunidades, individuos especiales y otras influencias tempranas que han moldeado tu vida". En el artificial y artificioso lago de las reflexiones atravieso un pequeño puente al que llaman *Bridge over troubled waters*; aquí pasa algo raro: las aguas bajo el puentecito son especialmente tranquilas y la canción a la que hace referencia es de Paul Simon.

En el parque también está la iglesia pentecostal a la que Elvis asistía de pequeño. Otra casita blanca de madera, sin más. En la entrada el consiguiente letrero anunciador informa de que aquí fue donde Elvis se enamoró de la música góspel. Una vez más el edificio no se encuentra en su emplazamiento original pero esta vez lo explican sin cortapisas. En 2008 se trasladó tirado por un camión hasta aquí y en su localización original se construyó un bloque de pisos. Algunas fotografías en la entrada ilustran tan dificultoso traslado.

Hay un museo pequeño pero lo mejor es pasar de él si vienes de o vas a Graceland.

Y ya está. Se acabó la visita a Tupelo.

Bueno, no del todo. La ciudad tiene un museo del automóvil de los más grandes, dicen de Norteamérica. La colección incluye un Corvette de Liberace, un Rolls Royce de B.B. King y, no podía faltar, un Lincoln del King. Sin duda es interesante pero mi cabeza está por otras cosas.

Placa conmemorativa del nacimiento de Elvis.

Con mucha moral me acerco hasta la ferretería en la que Gladys, la madre de Elvis, fue a comprar un regalo de Navidad para su hijo. Elvis quería una bicicleta (otras versiones dicen que quería una carabina) pero el precio no estaba al alcance del presupuesto familiar y el empleado de la tienda sugirió una guitarra mucho más barata. Es el Tupelo Hardware Co. en la calle Mayor y la sorpresa es muy agradable aunque poco tenga que ver con Elvis y con la música. Se trata de una auténtica ferretería que ha conservado todo el sabor de los años cincuenta del pasado siglo en la que puedes encontrar cualquier cosa (recuerdo aquella frase "de un alfiler a un elefante"), desde herramientas o elementos de jardín hasta detectores de metal, gorras, jabones y lociones, navajas y, por supuesto, alguna guitarra pero no es la mercancía más importante. Hay fotos de Elvis, no dejarían escapar una historia así, pero no es el gancho del bazar.

Fue interesante conocer Tupelo Hardware Co.; en su estado actual nada tiene que ver con Elvis y su guitarra pero si no hubiera sido por Elvis y su guitarra seguro que no la hubiera conocido. Me quedo con las ganas de comprar un quinqué de petróleo pero no quiero ni pensar en cómo transportarlo hasta casa. No puedo salir con las manos vacías como el turista que pretendo no ser, compro pasta dentífrica (es la que utilizo en Vilassar pero aquí es *made in USA*).

En la misma calle Mayor está el lugar al que el jovencito Elvis solía ir a comer hamburguesas con queso (aún no había descubierto el sándwich de mantequilla de cacahuete con plátano y beicon) y una RC Cola, el Johnnie's Bar-B-Q Drive In. Un sitio muy pequeño con muchas fotos del King y recortes de diario colgados por las paredes. El bar conserva un encanto cincuentero algo decrépito que no parece resultado de ninguna decisión de mercadotecnia, más bien nunca lo han restaurado. A pesar de anunciarse como un drive in no parece haber nadie dispuesto a servirte en tu coche pero en el interior hay unas pocas mesas.

Como ya es tarde y mi guía no me ha sabido recomendar un lugar de calidad, me quedo en una de las mesitas interiores (no intento lo del drive in, cuando sea necesario ya comeré en el coche pero como diversión no me parece atractivo) y pido, ¿cómo no?, una cheeseburguer pero sustituyo la cola (ahora sirven Pepsi en vez de RC) por una O'Doul's (¡Tienen!). Poco que decir de la comida, simplemente es barata. Intento sonsacar al barman sobre algún lugar para oír música pero lo más excitante que me recomienda es la bolera y no saco agua clara, así que vuelvo al motel.

Highway 61

"Oh, God said to Abraham, "Kill me a son"
Abe said, "Man, you must be puttin' me on"
God said, "No" Abe say, "What?"
God say, "You can do what you want, Abe, but
The next time you see me comin', you
better run"
Well, Abe said, "Where d'you want this
killin' done?"
God said, "Out on Highway 61""

(Oh, Dios le dijo a Abraham,
"Sacrifícame un hijo"/Abe dijo, "Tío,
debes estar tomándome el pelo"/Dios
dijo: "No", Abe dijo: "¿Qué?"/Dios
dijo: "Puedes hacer lo que quieras, Abe,
pero/La próxima vez que me veas venir,
será mejor que corras"/Bien, Abe dijo,
"¿Dónde quieres que lo asesine?"/Dios
dijo: "Allá en la Autopista 61").

Bob Dylan: "Highway 61 Revisited"

Séptimo día. Sábado. La autopista del blues

El camino de regreso al Misisipi no plantea ni problemas ni grandes atractivos a pesar de atravesar el parque nacional de Holly Springs. La Interestatal 22 me lleva otra vez a las cercanías de Memphis y en la radio del coche se suceden emisoras de country y de noticias locales. Me quedo con el country aunque no siempre tiene una mínima calidad. Ninguna emisora a mi alcance programa blues que sería lo indicado.

Nada más salir del parque me desvío hacia mi izquierda rumbo a un lugar llamado Senatoba, según mi mapa doy un poco de vuelta, no mucha, pero evito entrar en los barrios periféricos de Memphis. Además, estas carreteras secundarias tienen su gracia porque te permiten ver una realidad muy distinta a la de las ciudades o la que rodea las autopistas, incluso paso por un par de poblaciones en las que no hay (o no se ven desde la carretera) franquicias alimentarias. Mi destino es Lake Cormorant, en el estado de Misisipi; una población sin más interés que el estar a unas millas de Memphis, cerca del río y sobre la histórica Highway 61, la autopista del blues.

La autopista 61 cruza de punta a punta una de las zonas más musicales del planeta: el Delta del Misisipi.

Esta expresión o simplemente Delta, por aquí a nadie se le ocurre hablar de otro delta que no sea el del Misisipi, ha aparecido ya y aparecerá muchas veces más a lo largo de la narración. En esta zona del mundo los conceptos culturales y geográficos andan algo reñidos. El auténtico delta del río Misisipi es, lógicamente, la zona eminentemente pantanosa en que sus aguas desembocan en el Golfo de México junto a la ciudad de Nueva Orleans en el estado de Luisiana.

Esto es así pero cuando en el ámbito cultural, y más concretamente en el musical, hablamos del Delta, aquí con mayúscula, del Misisipi nos estamos refiriendo a una zona mucho más amplia y algo alejada de esa desembocadura. Una llanura que nada tiene de delta en sentido geográfico pero que ha conservado ese nombre a través de los años. El Delta es una región alargada de unos 350 kilómetros de longitud que se extiende al este del río Misisipi con su vértice norte en la ciudad de Memphis, en el estado de Tennessee, y su lado sur contorneando el curso del río Yazoo hasta su unión con el mismo Misisipi a la altura de la ciudad de Vicksburg, en el estado de Misisipi. Y la autopista del blues la atraviesa desde Memphis hasta Vicksburg y va dejando a su paso un rastro musical sin parangón en el planeta.

Las razones por las que a esta zona se le llama Delta aunque no lo sea no están claras. Las primeras referencias escritas se encuentran ya en publicaciones de la década de 1870 aunque en ninguna se especifica su etimología exacta. Una posibilidad apunta al desarrollo geológico de la zona a través de los siglos y las sucesivas transformaciones del terreno provocadas por los sedimentos del río, así la actual desembocadura en el Golfo de México sería un delta "reciente", mientras que los terrenos más al norte conformarían un delta "anterior" por no decir el delta "original". La explicación es posible pero resulta difícil pensar que los colonos blancos o los miles de esclavos africanos que poblaban esa tierra a finales del siglo XIX tuvieran los mínimos conocimientos geológicos como para sustentar esta teoría. Sea como fuere para evitar confusiones en los últimos tiempos se utiliza Mississippi River Delta para denominar el delta auténtico y Mississippi Delta, sin referencia al río, para esta región más musical que geográfica.

Por la Interestatal 22 llego finalmente a Lake Cormorant. La población es absolutamente anodina pero si te acercas hasta el Misisipi todo cambia. Desde un amplio parque dedicado precisamente a Hernando de Soto el río luce esplendoroso. Han colocado bancos para poder gozar tranquilamente de la visión y vale la pena.

Repuesto ya del tiempo perdido en Tupelo tomo la Highway 61 dirección sur esperando reencontrarme con los fantasmas de tantos bluesmen que circularon por aquí, en especial en dirección contraria a la mía, hacia el norte, a la búsqueda de trabajo y mejores condiciones de vida. En este punto la US 61 se superpone con la Great River Road, la ruta turística del Misisipi creada por la administración estadounidense.

La original 61, ahora conocida como Old 61, era un camino de grava que iba desde Nueva Orleans hasta la frontera con Canadá. La carretera se construyó hacia 1920, antes esta zona estaba surcada por pequeños caminos; lo que no debe sorprender si se sabe que en el censo de 1900 en el estado de Misisipi solo habían veinte automóviles registrados (después todo cambiaría con la aparición del Ford T, pero tampoco tanto en las comunidades rurales).

La relación de la Highway 61 con la música ha sido siempre muy intensa ya desde los primeros días de su construcción. La 61 y la 66 son las dos carreteras más cantadas de la historia; sin duda gana la 66 por la mayor popularidad de los intérpretes que la han cantado pero triunfa la 61 por la cantidad de canciones que le han dedicado. En 1965 Bob Dylan, un oriundo de Minnesota pero criado a orillas del Misisipi, grababa su célebre *Highway 61 Revisited*; fue la punta de lanza de lo mucho que se ha cantado sobre esta carretera.

"Highway 61 Blues" grabada por Roosevelt Sykes el 22 de septiembre de 1932 fue la primera canción sobre esta carretera:

> *"Lord it breaks my heart:*
> *to sing about Highway 61.*
> *I felt so blue:*
> *while I was out on that lonely highway"*
>
> *(Señor, me rompe el corazón:/cantar sobre la autopista 61./Me sentí tan triste:/mientras estaba en esa autopista solitaria).*

Años después Mississippi Fred McDowell añadiría una petición que por sí sola lo dice todo:

> *"Lord, if I have to die, fo' you think my time have come.*
> *Lord, if I have to die, fo' you think my time have come.*
> *I want you to bury my body, down on Highway 61."*
>
> *(Señor, si tengo que morir, porque crees que ha llegado mi hora./Señor, si tengo que morir, porque crees que ha llegado mi hora./Quiero que entierres mi cuerpo en la autopista 61.)*

Muchos han cantado a esta autopista y no solo bluesmen olvidados, también cantantes de fama narrando las tristezas (generalmente eran tristezas porque tirarse a la 61 implicaba dejar tus cosas y marchar) de esa "autopista solitaria": Jack Kelly y Willie Batts, The Sparks Brothers, Jesse James, Hallelujah Joe McCoy, Sunnyland Slim, Honeyboy Edwards, Big Joe Williams, Mississippi Fred McDowell, Johnny Winter, PJ Harvey, North Mississippi Allstars, The Blasters, Chris Rea, Ben Sidran, Wilko Johnson, Dr. Feelgood, Corey Harris, The Soul Stirrers, Willie Dixon,...

La primera vez que entras en la 61 desde aquí sientes una ligera sensación de decepción porque inmediatamente se aleja del Misisipi para buscar un trazado más rectilíneo y cómodo. De hecho la idea de seguir el río es casi utópica porque dados sus enormes meandros, ninguna carretera importante va exactamente a su lado. A las más pequeñas carreteras sin asfaltar que, a menudo, acaban directamente en algún pequeño embarcadero. Las ciudades se comunican por carreteras en línea recta y prescinden del río.

Tomando la Highway 61 todo es fácil pero a la que sales de ella orientarse es complicado. Las señales de tráfico nunca ponen la ciudad a la que se dirige la carretera en cuestión sino el número y el signo cardinal. O sabes todos los números por los que quieres ir o al llegar a un cruce tienes que elegir por intuición, casi al azar.

A pesar de ello es mucho más interesante abandonar rápidamente la autopista y circular por verdaderas carreteras del Sur. Tras visitar el Misisipi en Lake Cormorant tomo la Old Highway 61 que inicialmente discurre paralela a la autopista moderna pero se va separando de ella para acercarse algo más al río. Por supuesto que de autopista no tiene nada y ese es su principal encanto. Dado que voy siempre hacia el sur no me preocupan mucho los cruces de números y letras que, por regla general, no sé interpretar.

Tras pasar Tunica la Old 61 se convierte en un auténtico camino vecinal discurriendo entre campos de cultivo, enormes graneros y casas siempre de madera. Al llegar a Lula dejo la carretera para acercarme al río. Al llegar a la orilla me sorprende a la derecha una enorme construcción moderna que desentona flagrantemente con el entorno: el casino Isle of Capri. Me pregunto ¿qué hace aquí? La respuesta debe ser evidente: hay ganas de apostar en el barrio.

Atravieso el Misisipi por el Helena Bridge, esta vez sí: un impresionante puente metálico con varias arcadas. Al otro lado está la población de Helena en el estado de Arkansas.

Helena en pleno verano no tiene nada de especial. Muchos bluesmen pasaron por aquí, algunos dejaron huella, pero poco más. Nadie (en el ámbito musical) se acordaría de Helena si no fuera por un programa de radio de la década de 1940 que sirvió de trampolín a músicos como Sonny Boy Williamson: The King Biscuit Time de la emisora local KFFA. Muddy Waters y B.B. King, al otro lado del río, recordaban que la hora de finalizar su trabajo en los campos de algodón era siempre sagrada para poder llegar a tiempo de oír el King Biscuit por la radio.

Tal fue la fama de este programa que desde 1986 uno de los festivales de blues más importantes del Misisipi se realiza aquí manteniendo vivo el nombre, el King Biscuit Blues Festival, aunque ya no tiene nada que ver con la emisora (incluso hubo algún encuentro en los tribunales por el nombre).

El festival se realiza a primeros de octubre. Así que en Helena solo me queda visitar el Delta Cultural Center no solo dedicado al blues sino a toda la historia de Arkansas en esta zona del Misisipi. Una vez visto creo que no valía la pena cruzar el río para llegar hasta aquí si no estamos en octubre.

Vuelvo sobre mis pasos, cruzo el Helena Bridge pero no regreso a la Old 61 porque a estas alturas se ha juntado ya con la moderna autopista 61. En cambio hay pequeños caminos vecinales mucho más agradables.

El camino hasta Clarksdale es totalmente verde con campos y bosques que se pierden a un lado y otro. No hay ni una sola montaña, lo que ayuda a crear esa sensación de grandiosidad. Campos inmensos, muchos de maíz y sobre todo de algodón, con las cosechadoras más grandes que nunca he visto, no están trabajando pero asustan con solo verlas. Los silos son enormes y siempre hay seis o siete juntos, por aquí ya no quedan viejos graneros a la vista. Cada una de estas cosechadoras sustituye el trabajo de varias docenas de esclavos.

Clarksdale, Misisipi

"If I could get lucky
and win my train fare home
Well, you know
if I happen to get lucky
one day
and win my train fare home
Well you know
I believe I'll go back down in Clarksdale,
that's where I belong."

(Si tuviera suerte/y ganase mi billete de tren a casa./Bueno, ya sabes,/si tuviera suerte/un día/y ganase mi billete de tren a casa/creo que volvería a Clarksdale,/el lugar al que pertenezco.)

Muddy Waters: "Train Fare Home"

La encrucijada del diablo

Llego a Clarksdale, una ciudad rara y decrépita en su mayor parte. De no ser por su peso histórico en el campo del blues, el centro seguro que ya no existiría. A principios del siglo pasado era la ciudad más importante del Delta pero ahora nadie lo diría aunque todavía se la conoce como The Birthplace of the Blues.

Otros lugares se disputan ese título probablemente con más autoridad pero si hoy el blues está presente en todos los rincones de la ciudad, la música afroamericana de principios del siglo XX, que sin duda aún no era blues, vivió momentos de gloria popular en sus calles. El gran W.C. Handy lo recuerda en su autobiografía[32]: "Una imagen de Clarksdale durante los años que pasé allí[33] estaría incompleta sin los cantantes ciegos y los bardos vagabundos que iban y venían constantemente. Por lo general eran indigentes. Algunos vinieron caminando por las vías del ferrocarril, otros bajaron de vagones de carga, mientras que otros llegaron por la carretera entrando en la ciudad subidos en balas de algodón. Un lugar de reunión favorito era la estación de ferrocarril. Allí, rodeados de multitud de campesinos, derramaban sus corazones en canciones mientras la audiencia comía pescado y pan, masticaban caña de azúcar o esnifaban tabaco esperando que los trenes los llevaran. Se ganaban la vida vendiendo sus propias canciones, baladas las llamaban, y estoy listo para decir en su nombre que rara vez sus creaciones carecían de imaginación".

En la actualidad el centro de la ciudad está totalmente abandonado, o da esa impresión, con casas que se caen y otras que ya se han caído. No parece que nadie se preocupe por rehabilitarlas. Incluso el cementerio en pleno centro da directamente a la acera sin tapia ni nada, es una sensación rara para un europeo.

En cambio en la periferia, bastante alejados del centro, hay barrios de buenas casas, incluso muy elegantes. Como si la gente quisiera huir del downtown y probablemente de toda su historia blusera y vivir ajenos a ella.

La ciudad es muy amplia, no sé si grande porque las casas están muy separadas por enormes jardines y las calles no se acaban nunca. Da la impresión de que han construido una ciudad moderna alrededor de la antigua y ahí la han dejado para que se vaya descomponiendo ella solita.

Lo primero que todo amante del blues debe hacer al llegar a Clarksdale es buscar el cruce de la Highway 61 con la Highway 49.

---

32 W.C. Handy: *Feather of the blues.* The McMillan Co. New York 1941. Reeditado por Da Capo Press 1969

33 Handy vivió en Clarksdale entre 1903 y 1909 dirigiendo su propia orquesta de baile.

La encrucijada del diablo en Clarksdale.

"Standing at the crossroad, baby,
risin' sun goin' down.
I believe to my soul, now,
poor Bob is sinkin' down."

(De pie en la encrucijada, nena,/el sol naciente está cayendo./Creo en mi alma, ahora,/el pobre Bob se está hundiendo.)

Cantaba Robert Johnson recordándose a sí mismo en este mismo cruce de caminos, la famosa encrucijada en la que, de madrugada, se le apareció el diablo e hicieron un trato: su alma a cambio de un poderoso talento para tocar la guitarra y convertirse en el rey del blues del Delta.

A la media noche un hombre negro alto y fuerte se acercó a Johnson que intentaba sacar algún acorde de su desvencijada guitarra. Le miró a los ojos intensamente y no fue necesario intercambiar ninguna palabra. El hombre tomó la guitarra y la afinó concienzudamente, después tocó un blues lastimero y se la devolvió antes de emprender camino por donde había llegado. El pacto estaba sellado.

Una de las pocas imágenes verídicas que se conservan de Robert Johnson.

De eso hace ya mucho porque con el tráfico que tiene ahora, son dos carreteras importantes y muy transitadas, y lo desarreglado del lugar dudo mucho que el diablo vuelva a aparecer por allí. Sin duda hace cien años y de noche la cosa era diferente.

Lo que había sido un solitario cruce de caminos es ahora una inmensa rotonda que alberga en su ajardinada zona central una escultura simbólica en la que tres enormes guitarras azules se entrecruzan bajo los números 61 y 49. Ya está, nada más. A su alrededor licorerías, tiendas de muebles, repuestos de automóvil y fábricas diversas, todo repartido y edificado sin ningún encanto.

Doy vueltas por allí para ver si encuentro algún sitio adecuado para esperar la llegada de Satanás (a mí también me gustaría tocar bien la guitarra, bueno con tocarla ya me conformaría) pero me desanimo, el entorno no es propicio absolutamente para nada, y decido que los placeres mundanos están por delante de los delirios musicales y más los diabólicos. Me dirijo al cercano Abe's Bar-B-Q desde el que, además, se divisa el que en algunos lugares llaman Devil's crossroads por si pasa algo, no sé el qué, pero...

El Abe's abrió en 1924, es decir más o menos el momento en que Johnson tuvo su cita con Satanás. Mientras tomo asiento imagino al guitarrista, ataviado con su traje oscuro a rayas y su sombrero ladeado, sentado en este porche esperando el crucial encuentro mientras consumía un bocadillo de cerdo a la barbacoa. La camarera me devuelve a la realidad: Robert Johnson nunca estuvo aquí porque el local antaño estaba en otro lugar y se trasladó hasta esta encrucijada en 1960. Además, la encrucijada tampoco estaba aquí ya que las carreteras de entrada a Clarksdale se remodelaron hace mucho y el antiguo cruce de ambas queda a media milla de distancia. A pesar de su amabilidad no me atrevo a preguntar por Eric Clapton y pido un Big Abe de cerdo a la barbacoa con aros de cebolla.

Mientras me lo como pienso en lo que me acaba de explicar la camarera: un granito de arena más en la creación/destrucción del mito de Robert Johnson y el diablo. Por aquí parece que todo el mundo tiene su propia opinión.

Johnson nunca explicó nada concreto sobre ese encuentro y nadie estuvo presente para contarlo por él. Todo se ha de sobrentender en alguna de sus canciones, especialmente las dobles o triples lecturas de las letras bastante confusas de "Cross Road Blues"[34] o "Me and the Devil". En ninguna de las dos habla de ese encuentro pero todo el mundo ha sabido leer entre líneas. En la primera pide perdón a Dios por algo que sucedió probablemente en una encrucijada. En la segunda el contacto con el *viejo espíritu maligno* es evidente pero tampoco se especifican las razones. Sucediese o no (cada cual puede sacar sus propias conclusiones) lo cierto es que Johnson, sin hablar nunca directamente de ella, parecía complacido con la historia y fomentaba que otros la narraran como cierta.

Su maestro y compañero de escenarios, el reputado bluesman Son House, explicó que Little Robert, como le llamaban, se defendía con la armónica y era nulo con la guitarra pero que estaba obsesionado con tocarla. Recordaba que hacia 1930, cuando se empeñaba en hacerlo, más de una vez le habían gritado desde el público "¡Que le quiten la guitarra a ese tío!". Un día todo cambió. En 1932, Son House volvió a coincidir con Johnson en un escenario: "Era tan bueno que al acabar todo el mundo estaba con la boca abierta por la sorpresa".

Esa es la historia o la leyenda (nadie lo sabe) y, por la ventana del Abe's veo la encrucijada "oficial". Existen como mínimo media docena más de encrucijadas que luchan por ser el lugar en el que tuvo lugar la cita nocturna (casi todos coinciden en que aquella noche no había luna).

Acogiéndose a que Robert Johnson habla de ir a Rosedale en una de sus últimas canciones y de que Eric Clapton añadiera la frase con el nombre de esa población a su versión de "Crossroads" grabada por Cream en 1968, muchos reclaman Rosedale como sede de la encrucijada del diablo. La presunción se apoya en que Satán moraba en el río Misisipi y que raramente se habría desplazado tan lejos, hasta Clarksdale, para un pacto así. Incluso defienden el lugar exacto: el cruce de la Highway 1 con la Highway 8, un paraje dominado por una gasolinera sin nada más en las cercanías, tan desolado y poco atractivo como el que estoy viendo ahora aunque, eso sí, con bastante menos tráfico.

---

[34] Robert Johnson la grabó en 1936. En los años cincuenta fue popularizada por Elmore James de quien la aprendió Eric Clapton que, con Cream, la convirtió en un éxito en 1966 con el título de *Crossroads* y algunos versos cambiados. Después ha dado nombre al Crossroads Guitar Festival que organiza periódicamente el propio Clapton reuniendo a los mejores guitarristas del momento.

El blues tuvo un bebé

No me entretengo mucho en el Abe's y salgo directo al museo del Blues del Delta ya que cierra a las 17 horas, cosa habitual por aquí y me queda el tiempo justo.

El Delta Blues Museum es sumamente interesante, fue el primer museo íntegramente dedicado al blues (¡y se fundó en 1979!). No es excesivamente grande, lo que permite visitarlo sin la angustia de que, con las prisas, te vas a perder más de la mitad. Está situado en un viejo depósito de mercancías de la línea de ferrocarril Yazoo & Mississippi River Valley Railroad en un entorno que, como todo el centro de la ciudad, parece desolado. A pesar de contener lo habitual en estos casos: cantidad de viejas guitarras, armónicas y banjos, carteles, fotografías, discos, estatuas y muchos cuadros terriblemente coloristas, la visita vale la pena.

Junto a las guitarras de John Lee Hooker, nacido cerca de la ciudad, y B.B. King (una de sus múltiples Lucilles dispersas por todos los museos del Misisipi) se encuentra el letrero (afirman que) original del club Three Forks de la cercana población de Greenwood donde un marido ofendido envenenó, probablemente con estricnina mezclada con whisky, a Robert Johnson en 1938, el bluesman tenía solo 27 años.

Sello conmemorativo de Muddy Waters.

Lo más interesante del museo es el legado de otro originario de Clarksdale: Muddy Waters, el original *Rollin' Stone* (aunque se diga rápido su canción de 1950 fue la que algunos años después sirvió de inspiración a un británico de rhythm and blues que buscaba un nombre de guerra).

La muestra incluye la reconstrucción de su cabaña natal situada originalmente a las afueras de la ciudad, en la granja Stowall y que había sido casi destruida por un tornado. Contemplar la cabaña te provoca un fuerte estremecimiento que te remonta a la época de la Guerra de Secesión y, sobre todo, a las condiciones de vida de los primeros afroamericanos. Es difícil imaginar cómo vivía esta gente, libertos sí pero imposible pensar en algo más miserable. Percibiendo toda la miseria e intransigencia que les rodeaba no debe extrañar la rabia que marca todo el blues del Delta, un reflejo crudo y amargo, hundido en la desesperación, de una realidad que parecía imposible cambiar. Pero en medio de esa derrota generalizada, justo en ese barracón miserable nació y se crió una personalidad musical tan desbordante como McKinley

Morganfield, conocido después como Muddy Waters.

Al lado de esta cabaña, la de Sleepy John Estes cerca de Memphis es casi un habitáculo para ricos.

Una estatua hiperrealista le muestra cantando con su traje blanco y su sombrero de paja, la Gibson Les Paul dorada que lleva entre las manos es una de sus primeras guitarras eléctricas aunque la imagen, si se la quiere situar cerca de su barracón natal, sería errónea porque Muddy Waters no empezó a utilizar guitarras eléctricas hasta que no se instaló en Chicago y este modelo en concreto lo empezó a tocar a partir de 1952. Su primera guitarra la compró a los diecisiete años en los almacenes Sears por dos dólares y medio, al parecer era de la marca Stella. Una de sus guitarras acústicas está en una vitrina.

Museo del blues del Delta.

Sobre la entrada de la cabaña una sentencia extraída de una de sus canciones es sumamente explícita: "You know the blues had a baby and they named the baby rock and roll" (Sabes, el blues tuvo un bebé y le llamaron rock and roll).

Como anécdota al lado de la cabaña está el Ford Deluxe de 1939 que usó el folclorista Alan Lomax (entonces director del Archive of American Folk Songs) para recorrer el Misisipi en 1941 y grabar a Muddy Waters por primera vez para los fondos sonoros de la Biblioteca del Congreso estadounidense. La grabación se realizó en agosto de ese año ante la puerta de entrada de este barracón entonces situado en la plantación Stowall. A Lomax no le gustó la Stella de Waters y para las grabaciones le prestó su propia Martin 00-42, una Rolls Royce de las guitarras acústicas. Lomax estaba por allí buscando a Robert Johnson sin saber que había fallecido tres años antes y, al preguntar por alguien que cantara en su estilo, dio con McKinley que se le presentó como Muddy Water. Al parecer la s final de su nombre posterior fue un error de transcripción de Lomax al editar el primer disco extraído de esas grabaciones. Y así se quedó.

También se expone la guitarra que Billy Gibbons, de ZZ Top, se hizo construir con un trozo de madera de ciprés original de la cabaña: la Muddywood. En realidad existen dos Muddywoods: un primer proyecto, que sigue en manos del barbudo guitarrista que la ha utilizado en algunas giras, y esta que donó al museo y que lleva dibujado el contorno del río Misisipi en su cuerpo y mástil. Billy Gibbons ha organizado diversas campañas de recaudación de fondos para sufragar este museo.

En la tienda, además de las consabidas señales de carretera de las Highway 61 y 49 en todos los tamaños, encuentro varios libros de fotografías bluseras muy atractivos y a precio asumible pero todos en buenas ediciones de tapa dura, muy pesados para intentar trasladarlos hasta Vilassar.

El museo está regentado por una sociedad sin ánimo de lucro. Dado que planean una inminente ampliación han puesto en marcha una campaña de donaciones basadas en comprar ladrillos que se utilizarán en la futura obra con el nombre del donante inscrito en ellos; los *engraved blues bricks* cuestan 50$.

Al salir del museo todo parece cochambroso. No hay por allí ni siquiera una cafetería para tomar algo. A la izquierda se divisa el junk joint Ground Zero pero prefiero asegurar primero una cama para la noche.

El Shack Up Inn es algo más caro que un Motel 6 pero conserva el sabor de las viejas cabañas de madera (cipreses del Misisipi me explican). Está situado fuera del casco urbano, en la plantación Hopson y fue el primer motel del Delta construido en las mismas cabañas que dejaban los trabajadores al abandonar las plantaciones.

El entorno es muy atractivo y puede visitarse la plantación de algodón. El recepcionista me explica que en otros momentos del año (esta coletilla me persigue) se organizan workshops de guitarra y conciertos de granero. También presume de que Pinetop Perkins, el que enseñó a tocar el piano a Ike Turner, conducía un tractor en la plantación y lanza después una retahíla de famosos que se han hospedado allí, recuerdo a John Lee Hooker, Elvis Costello, Tom Waits, Robert Plant, John Mayall, Charlie Musselwhite,... Incluso me asegura que alguno de ellos se sentó en la mecedora que está en el porche de mi cabaña, seguro aunque no supo decirme quién.

El aspecto exterior de las barracas asusta un poco pero el interior es impecable, incluido un aparato de aire acondicionado que no hace casi ruido (en Motel 6 has de escoger entre no dormir por el calor o no dormir por el ruido del aire acondicionado; al final acabas encontrando el equilibrio: dejar el aire a todo trapo durante el día para que la habitación esté congelada y puedas apagarlo durante la noche; como te despiertas temprano, la cosa funciona). Por ahora dejo mis cosas en el barracón y marcho hacia el centro de Clarksdale a la búsqueda del blues.

Saliendo del motel encuentro un árbol enorme sin hojas y con botellas de vidrio de diferentes colores colocadas en todas sus ramas. Había oído hablar de los árboles botella pero nunca había visto ninguno hasta ahora. Los empezaron a construir los esclavos procedentes del Congo que se instalaron en todo el sur de los Estados Unidos y que trajeron de allí alguna de sus supersticiones. Una de ellas era que los espíritus malignos vagan errantes por la noche. Para protegerse de esos espíritus se colocaban las botellas de colores y de formas atractivas que reflejaran la luz de la luna y los atrajeran. Al entrar en las botellas los espíritus errantes quedaban atrapados (la explicación de por qué un espíritu se dejaba atrapar entrando en una botella y, además, era incapaz de salir de ella, la desconozco) y al salir el sol su luz los quemaba destruyéndolos. Por las noches pueden oírse sus lamentos en los susurros que provoca el viento al soplar por la boca de las botellas.

Al regresar por la noche intenté sonsacar más información del amable y parlanchín recepcionista pero a aquellas horas parecía haber perdido su locuacidad. Todo el entusiasmo puesto antes en la mecedora de mi porche parecía haberse esfumado. Lo único que obtuve fue que los árboles botella los hacía un artista que vivía por allí cerca y que daban buena suerte, sin más. Me fui a dormir con la incógnita de si por aquí se seguían guardando los secretos ancestrales o era pura desidia amodorrada.

Buscando blues en la cuna del blues

Paseo por el centro llamémosle histórico de Clarksdale buscando el Hotel Riverside, donde vivían todos los blueseros y donde murió Bessie Smith tras no ser atendida por su color en el hospital local de las lesiones sufridas en un accidente de tráfico.

Existen dos versiones algo contradictorias sobre la muerte de Bessie, la Emperatriz del Blues, aunque en ambas el racismo es el elemento clave. El accidente de su Packard ocurrió a las afueras de Clarksdale, en la Highway 61. La versión más difundida es que no fue aceptada en el cercano hospital de la ciudad destinado solo a blancos y que el traslado hasta el G.T. Thomas Afro American Hospital, que posteriormente se convertiría en el hotel Riverside, empeoró notablemente su estado y murió allí. Otra versión, que cada vez

Anuncio de un Race Record de Bessie Smith.

El hotel Riverside vivió tiempos mejores.

tiene más adeptos, formula que nunca llegó al cercano hospital blanco porque los conductores de la ambulancia, al ser ella negra, ni siquiera valoraron esa posibilidad y la trasladaron directamente al G.T. Thomas donde murió.

En la época del fallecimiento de Bessie, 1937, el Riverside era todavía un centro médico para afroamericanos, es decir un hospital prácticamente sin recursos. El hotel abrió como tal en 1944 y no mucho después uno de sus huéspedes habituales, Ike Turner, escribió en una de sus habitaciones el tema "Rocket 88" que se iba a convertir en el primer rock and roll de la historia.

El Riverside se encuentra en el 615 de la avenida Sunflower y, sin duda, vivió momentos de gloria pero ahora, siguiendo la norma del entorno, está que se cae aunque sigue en activo. Sobre la puerta de entrada, un enorme letrero de madera maltratado por el tiempo especifica que estamos ante el Riverside Hotel, Home of the Delta Blues. Tal vez lo de *Home* es un poco exagerado pero nadie puede discutir la importancia de este destartalado edificio de ladrillo rojo y ventanas pintadas de blanco en la historia del blues.

Mientras estaba por el exterior mirando extasiado, ha salido un viejo negro y me ha preguntado si quería una habitación. No me lo puedo ni imaginar, tendría que haberlo sabido antes de coger mi barraca en el Shack Up. [En 2017, viajando con Robert Latxague, decidimos probar la aventura del Riverside pero el hotel ya estaba cerrado al público y su estado exterior era aún más decrépito.]

Porche del Red's Juke Joint.

El hotel se encuentra junto al río Sunflower. Siguiendo por su orilla encuentro justo delante del cementerio el Red's Joint, también conocido como Red's Juke Joint, Red's Blues Club o Red's Lounge. En su fachada, en cambio, está todavía escrito en grandes letras LaVeine Music Center, el nombre del antiguo almacén musical que ocupaba el edificio en el que, dice la leyenda, Ike Turner y sus acompañantes compraron sus primeros instrumentos, los que suenan en la grabación de "Rocket 88".

El Red's pasa por ser el club de blues más antiguo y estar conservado como en origen y debe de ser cierto: no da la impresión de que allí nadie haya tocado nada desde hace décadas. Exteriormente tiene la apariencia de una vieja postal de libro de historia pero con un cierto toque cutre. Una enorme y vieja barbacoa metálica aparcada delante te remonta a un pasado que, indudablemente, para la gente de esta zona, y bluseros en concreto, no fue mejor. La barbacoa funciona algún fin de semana. Un cartel escrito a mano en la puerta de madera anuncia sesiones de blues los viernes y los sábados. Esta noche se celebrará la fiesta de cumpleaños de Lucious Spiller, como el horario me lo permite pasaré primero a comer algo en el cercano Ground Zero, que tiene su actuación programada una hora antes, y volveré.

El club Ground Zero.

Una placa del Blues Trail recuerda junto al juke joint al blusero local Big Jack Johnson que hizo del Red's su residencia estable durante varias décadas. Otra, un poco más allá, nos recuerda que el barrio era conocido como el Nuevo Mundo cuando Clarksdale era una próspera ciudad dedicada al algodón. Habla también de los burdeles de la zona sin discriminación racial (¡qué cosas!) y de los muchos negocios regentados por judíos, italianos, chinos, sirios y griegos. W.C. Handy, que vivía en este barrio, recordaba que el dinero fluía por sus calles y las "big nights en las que figuras sociales y políticas importantes cenaban y bailaban con sus bellezas criollas favoritas... Esto nos llevó a organizar y tocar melodías que nunca se habían escrito y rara vez se cantaban fuera del entorno de la profesión más antigua. Las llamábamos música de las Boogie Houses". De todo eso solo queda el recuerdo, en especial del dinero fluyendo por las calles; nada más alejado a la realidad actual.

El Ground Zero Blues Club está en la misma calle pero un poco más adelante justo al lado del Museo del Blues del Delta. Aunque parezca una perfecta antigualla, el club se abrió en 2001 buscando el estilo de los antiguos y maltrechos juke joints y ¡lo han conseguido! Instalado en un antiguo almacén de algodón tiene una apariencia casi tan cochambrosa como la del Red's con sus paredes desconchadas y sus sofás de desguace alineados a la entrada.

Parece una reliquia de un pasado peor y cuando atraviesas sus puertas la sensación se reafirma y te ves transportado a un pasado de película en blanco y negro. Mesas y sillas desiguales entre cuatro paredes cargadas de fotografías, pósters, discos y recortes. Los pocos espacios libres están debidamente grafiteados y varias guitarras Gibson cuelgan del techo entre lucecitas de colores. A la entrada te barre el paso una inmensa mesa de billar que tiene pinta de hacer décadas que está en desuso, al fondo un gran escenario con un moderno equipo de sonido.

Diez dólares de recargo sobre el precio de platos y copas por la actuación. Te colocan una pulsera de papel para distinguir que has pagado.

Uno de los tres propietarios del club es Morgan Freeman, que vive a pocas millas de Clarksdale. Avisan que el actor no suele estar prácticamente nunca en el club ya que debido a su trabajo y sus frecuentes viajes tampoco está mucho en Misisipi.

[En mi última visita, en octubre de 2017 en compañía de Robert Latxague, vivimos con sorpresa y sin ningún boato una de esas pocas ocasiones. Robert escribía en su crónica para *Jazz Magazine*: "Clarksdale, Mississippi. Cuatro jóvenes músicos blancos electrifican el "Hoochie Coochie Man" de Willie Dixon. Una puerta se abre a un lado del escenario del Ground Zero. Sorpresa: sonriente, cabello blanco y alta estatura, Morgan Freeman sonríe entre las mesas. Movimiento. Un centenar de flashes de teléfonos móviles disparan al mismo tiempo"[35]. Sí, Morgan Freeman apareció rodeado de un grupo de amigos. Los empleados de seguridad de la sala estaban nerviosos pero en ningún momento intervinieron. En el primer momento hubo algún selfie, apretones de manos, besos y después todo el mundo a su mesa y Freeman, cerveza en mano, a departir con sus colegas.

En la distancia corta Freeman, constantemente risueño y desbordando vitalidad, no representa ni de lejos los 80 años que atesora su pasaporte. Un periodista nunca debe desaprovechar una ocasión pero yo creo que la intimidad está por encima de otras reglas. Apretón de manos y frase de cortesía: "Magnífico local, felicidades". Respuesta igualmente de cortesía pero dicha de forma convincente: "Pues espere a oír la música, es mucho mejor". Esa noche la música no era nada especial (alguien me recuerda que estamos en verano) pero el cuarteto blanco del que he olvidado el nombre (esperaba que Robert lo nombrara en su artículo pero tampoco lo hizo) se lo curró con destreza. Entretenido.

La actuación no da para mucho. Acabo los nachos con queso, un plato que saciaría a toda una familia, y salgo directo hacia el cercano Red's. El camino

---

[35] Robert Latxague: *Sur la route du blues 2*. Jazz Magazine, París. 20 septiembre 2017.

ante el cementerio está en plena oscuridad con la luna como única farola. La palabra no es miedo pero noto una cierta sensación de zozobra.

Si el exterior del Red's es decrépito, el interior lo es todavía más. Un amplio establo (un granero sería mucho más alto y aquí el techo cubierto de plástico está solo un poco más arriba que nuestras cabezas) con luces en colores rojos y forma de notas musicales, todo tiene una tonalidad rojiza, y poco más de tres docenas de sillas y sillones, todos diferentes y procedentes por su apariencia de algún vertedero, repartidos ante un escenario a ras de suelo. Para pasar de un lado a otro has de saltar sobre el cubo de las propinas y sonreírle al músico al que casi rozas.

Si alguien me pregunta ¿qué es un juke joint? Le enviaría directamente al Red's y nunca podría acabar de describirlo con palabras, es puro sentimiento.

Aquí también son diez dólares de recargo por la música. Aunque la señora que controla la desvencijada puerta de madera se empeña en añadir un cedé del músico por otros diez dólares. Por ahora solo la entrada.

Con una vieja y maltrecha Strat barata Lucious Spiller va de Albert Collins a Jimi Hendrix con total naturalidad. Blues duro y potente, con algo de locura, que engancha inmediatamente al personal que acaba cantando, ¡cómo no!, una versión interminable del "Purple Rain" de Prince debidamente bluseada. La relación del músico y el público es intensa y, al mismo tiempo, relajada, incluso en pleno solo se acerca hasta mí para preguntarme, sin dejar de tocar, el nombre del músico que aparece en mi camiseta negra: Son Seals. El "*¡Guau!*" de respuesta resuena en todo el local sobre un quejido penetrante de la Strat. Al final, como realmente era su aniversario, aparece un pastel con sus correspondientes velitas que Lucious sopla con sonrisa malévola. Y todos acabamos comiendo pastel.

Lucious Spiller es un vívido ejemplo del bluesman del Delta y de toda la música que se esconde en esta región. Técnica suficiente, voz penetrante, fuerza escénica y un puñado de temas versionados con acierto. En un escenario europeo (si tuviera nombre para llenarlo) podría arrasar pero aquí hay muchos Lucious. Unas treinta personas se lo pasan en grande y después se olvidan de su nombre. La leyenda del blues en todo su esplendor.

Ignoro si hay más música en Clarksdale, pero por hoy es más que suficiente. Para llegar hasta mi motel debo pasar nuevamente por el Devil's Crossroads. La iluminación es débil pero los neones de los garajes de reparación de coches cercanos le dan al lugar un aire poco propicio para encuentros satánicos. Además hoy hay luna así que olvido mi pretensión de ser un buen guitarrista y regreso a mi barracón en la plantación de algodón.

Octavo día. Domingo. Desayuno con blues

La mañana es soleada. He tomado mi sucedáneo de café balanceándome en la mecedora (esa que algún famoso utilizó pero no sabré nunca quién fue) y contemplo los antiguos campos de algodón a mi alrededor. Pasear a solas por la plantación Hopson es relajante, un pequeño placer dominical pero la primera visita guiada no se inicia hasta las 11, así que retorno al centro a la caza de un desayuno blusero.

Buscando el Bluesberry Cafe me topo con una de esas placas informativas que tanto abundan por aquí. Me recuerda que Sam Cooke también nació en Clarksdale en 1931, aunque solo dos años después se trasladó con su familia río arriba, como mandaban los cánones, hasta Chicago. Es curioso que siempre que se habla de los músicos de blues o de jazz que emigraron a Chicago se suele utilizar la expresión *río arriba* pero el Misisipi no pasa por Chicago. Los músicos que emigraron no lo hicieron en románticas barcazas de vapor sino en tren.

El Bluesberry Cafe es un pequeño local encantador. A las diez de la mañana Watermelon Slim ya está tocando la armónica para animar el desayuno de la clientela; habla con todo el mundo, se interesa por cada uno y sigue tocando sin prisas. Del techo cuelgan múltiples banderas, una me deja descolocado al anunciar con un solemne toro rojo de ostentosa cornamenta: "San Fermín in New Orleans". Pues eso...

El menú del Bluesberry es el típico: huevos revueltos, tortillas de queso, lonchas de beicon, patatas fritas, gofres,... y blues. Por 9,99$ puedes confeccionar tu propio plato mientras Watermelon sigue invocando los fantasmas de todos los bluesmen del Delta. Watermelon Slim es un tipo simpático, la palabra Europa le estimula y, al saber que mi amigo viene de Francia, se pone a hablar en francés recordando lo mucho que ama Canadá; no consigo establecer la relación pero le sigo la veta y la charla es de lo más entretenida. Se despide con un guiño y vuelve a su armónica.

Desayuno con blues en el Bluesberry Café.

Sobre un piano viejo, probablemente ni suene, recojo el folleto de publicidad del Sunflower River Blues & Gospel Festival que, este sí, se realiza en agosto pero justo cuando yo estaré en Nueva Orleans. El festival se celebra desde 1988 y durante tres días llena cinco escenarios con todo tipo de músicos de blues y góspel, desde viejas glorias a principiantes y nombres conocidos. Este año [2018] anuncian, por ejemplo, a Charlie Musselwithe y Robert Plant, sí Robert Plant actuando en un escenario callejero de un pueblecito del Misisipi. Me recomiendan planear un futuro viaje coincidiendo con esas fechas.

Dockery Farms, Misisipi

"Blues ain't nothing but a good man feeling bad."

(El blues no es más que un buen hombre sintiéndose mal.)

Muchos dicen haber pronunciado esta frase pero Kenny Neal la cantó.

Tàj Majal la completó:

"It's not just about bad times. It's about the healing spirit."

(No se trata solo de malos momentos. Se trata del espíritu sanador.)

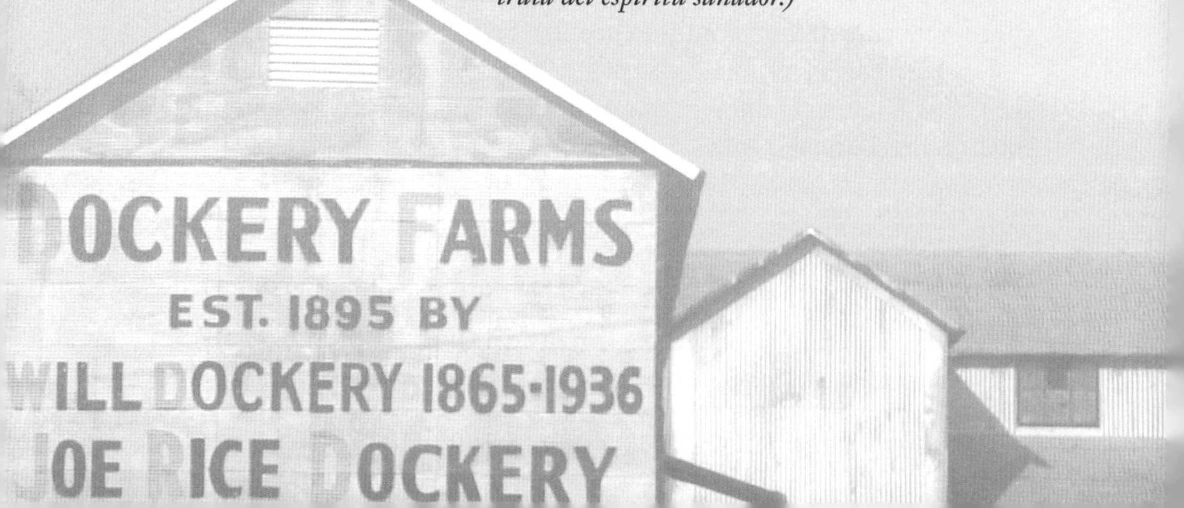

Aquí nació el blues, o tal vez no

Otra vez en la carretera. El paisaje no varía, todo campos verdes inabarcables. No vale la pena hacer fotografías porque no pueden captar la inmensidad. La Old 61 ya no existe en esta zona, la moderna 61 parece seguir su trazado pero lejos del Misisipi.

Como suele suceder casi siempre los límites de velocidad son un tanto estrictos. En una carretera totalmente recta (cuando viene una curva, aunque sea pequeña, la señalizan de forma muy visible) y bien asfaltada, 35 millas por hora es casi ridículo; los lugareños no lo respetan y al final me acaba adelantando hasta el camión de la basura (no es una imagen poética, me adelantó).

A la altura de Cleveland (no la famosa, otra) me detengo un momento para una visita rápida a su museo del ferrocarril en miniatura, uno tiene sus debilidades[36]. A la salida de la ciudad dejo la 61, aquí numerada 278, y tomo un desvío a la izquierda hacia Ruleville y Grenada. Mejor olvidar esos nombres porque lo único que está señalizado es la MS 8 East y tampoco pretendo llegar a ninguna de esas ciudades.

Circulo unos diez minutos por esa carretera sin cruzar ninguna población, solo campos de cultivo y granjas muy atildadas que contrastan, una vez más, con la supuesta enorme pobreza del estado. Mi destino es la plantación Dockery. A pesar de tratarse de un sitio histórico incluido en el Registro Nacional, no encuentro ninguna indicación. El cálculo de millas y una señal de madera que interpreto mal me hacen torcer nuevamente a la izquierda y adentrarme entre campos de cultivo; dado que se trata de una plantación lo encuentro normal y disfruto de la inmensidad un tanto agobiante que me rodea pero al llegar a un camino impracticable para un vehículo no todoterreno decido dar media vuelta y volver a la MS 8 East.

Un par de millas adelante me doy de bruces con Dockery Farms a pie de carretera. No he perdido mucho tiempo y después me consuelo al saber que los GPS tampoco lo tienen muy claro al llegar a ese punto y a menudo se equivocan, será cosa de algún antiguo hechizo vudú.

Dockery Farms fue una de las plantaciones de algodón más importantes del sur de los Estados Unidos y todo apunta a que los primeros auténticos blues sonaron precisamente aquí.

---

[36] Desde 2016 Cleveland, MS tiene también un museo de los premios Grammy asociado al original de Los Ángeles. Es mucho más pequeño y con gran despliegue tecnológico. Se puede ver rápido y, sin ser una maravilla, justifica una pequeña parada en esta ciudad por otra parte sumamente agradable.

Pabellón de trabajadores libertos en Dockery Farms.

La Dockery fue una plantación moderna, comenzó a funcionar en 1895 y, por tanto, nunca tuvo esclavos aunque la mayoría de sus trabajadores eran afroamericanos recientemente liberados de la esclavitud en plantaciones situadas más al sur. Llegó a tener más de 2.000 aparceros que vivían en la misma plantación, en un extremo, en barracones reconvertidos en pensiones. Era como una pequeña población totalmente autosuficiente; disponían de cantina, economato, escuela, iglesia, oficina de correos, una cercana estación de ferrocarril y hasta servicio médico, lo que para la época era un auténtico lujo.

Charley Patton y su familia se trasladaron a vivir en la plantación hacia 1897. Y fue aquí donde el mestizo Patton, mezcla de afroamericano y cheroqui, comenzó a elaborar sus primeros blues tomando como base lo que aprendió en la misma Dockery de otro trabajador, Henry Sloan.

Se sabe poco de Sloan pero posiblemente fue el guitarrista que en 1903 estaba tocando en la estación de tren de Tutwiler, cercana a la plantación, cuando W.C. Handy, que se encontraba descansando allí a la espera de un tren que llegaba con varias horas de retraso, le oyó y se quedó impresionado por los nuevos sonidos que, a partir de aquel momento, iban a marcar todo su trabajo. Handy, el padre del blues según sus propias palabras, escribió en su autobiografía: "Una noche en Tutwiler estando sentado en la estación de ferrocarril esperando un tren que se había retrasado nueve horas, la vida de repente me golpeó en el hombro y me despertó con un sobresalto. Un negro delgado, desgarbado, había comenzado a tocar una guitarra a mi lado mientras yo dormía. Sus ropas eran harapos, sus pies asomaban por sus zapatos. Su rostro tenía la tristeza de la edad. Al tocar presionaba con un cuchillo[37] las cuerdas de la guitarra a la manera popularizada por los guitarristas hawaianos que utilizaban barras de acero. El efecto fue inolvidable. Su canción me golpeó al instante. "Goin' where the Southern cross the Dog". El cantante repitió tres veces la frase, acompañándose a la guitarra, con la música más extraña que jamás había escuchado. La melodía se quedó clavada en mi mente" ([38]).

Al hablar de "Where the Southern cross the Dog." Handy se refiere al lugar en que el ferrocarril de la línea Southern Railway se cruzaba con el ferrocarril de la línea Yazoo Delta Railway (que en esa misma época pasó a denominarse Yazoo & Mississippi Valley Railroad), apodada Yellow Dog por sus iniciales YD. Geográficamente ese cruce estaría en la población de Moorhead, algo más al sur y cerca de Indianola, mi siguiente parada. Prosigue Handy en sus recuerdos: "Los negros del Sur cantan sobre cualquier cosa. Trenes, barcos de vapor, silbatos de vapor, martillos, mujeres fáciles, jefes malvados, mulas testarudas,... todo se convierte en tema para sus canciones. Se acompañan con cualquier cosa de la que puedan extraer un sonido musical o un efecto rítmico, cualquier cosa desde una armónica a una tabla de lavar. De esta manera, y a partir de estos materiales, crean el ambiente para lo que ahora llamamos blues".

Indudablemente en la estación de Tutwiler el gusanillo del blues, que probablemente aún no lo era, infectó a W.C. Handy que lo llevaría consigo primero a Clarksdale y más tarde a Nueva York. En 1912 el compositor y trompetista, recordando aquel encuentro, escribió "Yellow Dog Blues" y dos años después el inmortal "St. Louis Blues". No fueron los primeros blues pero indudablemente la popularidad alcanzada por "St. Louis Blues" (que todavía

[37] Los primeros intérpretes afroamericanos en las plantaciones solían utilizar cuchillos para imitar lastimeros quejidos humanos. Después se popularizarían a ese efecto los *bottlenecks* (cuellos de botella) de cristal procedentes de botellas rotas o los tubos metálicos todavía hoy profusamente utilizados.

[38] W.C. Handy: obra citada.

Disco de 78 rpm de Charley Patton etiquetado como Race Record.

perdura) marcó el despegue y aceptación en los ambientes más distinguidos cultural y socialmente de un género nacido en el lumpen.

La estación de tren de Tutwiler está entronizada en la historia del blues pero, aunque no está lejos de Dockery, no merece la pena llegar hasta allí. La vieja estación fue demolida, en su antiguo emplazamiento un mural descolorido rememora la efeméride y el consiguiente cartel del Mississippi Blues Trail recuerda que allí "W.C. Handy encontró el blues (...) y comenzó a ser conocido como 'Father of the Blues' tras basar muchas de sus populares orquestaciones en los sonidos que escuchó en el Delta".

Dado que no sabemos nada más de Henry Sloan, a Charley Patton se le concede el honor de ser la primera voz del blues del Delta. Un honor discutido por algunos pero, dado que ninguno de ellos estuvo allí para certificar la veracidad o no de la propuesta, aquí la daremos por buena. Al mismo tiempo la actitud personal de Patton sentó las bases de este estilo de vida clásico de los bluesmen del Delta: vagabundo, pobre, sin ataduras personales y, sobre todas las cosas, aficionado al alcohol, al juego, los locales de medio pelo y las mujeres de dudosa catadura.

Patton era todas esas cosas o tal vez no, porque como sucede con todos los músicos del Delta de esa época lo que desconocemos y suponemos es mucho mayor que los datos fidedignos que poseemos.

Sabemos que Charley Patton nació a finales de la década de 1880 probablemente en Bolton o en algún otro poblado cercano del Misisipi y que, como ya se ha comentado, se trasladó con su familia a Dockery antes del cambio de siglo. Allí conoció a Sloan y coincidió también con gran profusión de guitarristas esparcidos por los alrededores. Poco a poco su habilidad guitarrística, incluyendo poses y actitudes que firmaría cualquier *guitar hero* actual, su desenvoltura algo desvergonzada sobre la tarima, y unos textos políticamente incorrectos (incluyendo acusaciones hacia los blancos que, aunque muchos negros pensaran igual, nadie se atrevía a decir en voz alta) le granjearon una enorme popularidad en la zona. Su música, los primeros blues, tenía todavía un cierto toque campesino y danzante y aún no se había sumergido en la profunda tristeza, cuando no pura desolación, que marcaría toda la música posterior del Delta.

Patton viajó bastante para ser un músico del Misisipi y grabó sus discos en Indiana, Wisconsin y finalmente, las últimas sesiones, en Nueva York a casi 2.000 kilómetros de su casa, un viaje de varios días. En aquel momento no existía ningún estudio de grabación, por rudimentario que fuera, en todo el Delta. Las ventas fueron lo suficientemente buenas para que la discográfica Paramount permitiera a Patton un juego inusual para la época: editar un disco bajo el seudónimo de The Masked Marvel y realizar una campaña de promoción con pasquines en los que aparecía un dibujo del cantante con antifaz y la oferta de regalar un ejemplar del disco en cuestión a quien acertara la verdadera identidad de la Maravilla Enmascarada. Desgraciadamente no han quedado datos que nos indiquen cuántos acertantes tuvo el concurso. Años después, en 1967, Snoopy, el fascinante e inolvidable perro dibujado por Charles M. Schulz para su mítica tira *Peanuts*, asaltaba a sus compañeros de aventuras, especialmente a Lucy, luciendo un antifaz similar y presentándose como The Masked Marvel.

Sea Charley Patton o no el Padre del Blues, lo cierto es que el blues nació a su alrededor y la de Patton fue la primera voz con presencia y popularidad.

Es complejo encontrar una definición exacta de lo que es el blues. En inglés la palabra significa tanto *azul* como *triste* dependiendo del contexto y es de suponer que el estilo musical se acerca más al concepto de tristeza que al de una declaración colorista. De todas formas no vale la pena darle muchas vueltas cuando una eminencia como Paul Oliver lo dejó perfectamente matizado en su biblia *Historia del Blues*[39]: “Para algunas personas, el blues posee un hechizo in-

[39] Paul Oliver: *The Story of the Blues*. Barrie & Jenkins, Londres 1969. Traducido al castellano como *Historia del blues*. Alfaguara Nostromo, Madrid 1976.

finito, para otras simboliza la opresión de una minoría racial. Algunos negros lo consideran como parte integrante de una tradición llena de orgullo y otros como el último rescoldo de las plantaciones cargado de humillación. El blues puede interpretarse como música de protesta o como música de autocompasión. Hay quien le concede importancia por su influencia en el jazz, y quien lo utiliza como fuente de inspiración al componer su propia música. En todos y cada uno de estos casos, el significado del blues es diferente. Y, por supuesto, también existen personas que no le prestan ninguna atención. Enfocado desde cualquier punto de vista, el blues es, a la vez, un estado de ánimo y una música que se hace eco de este estado de ánimo. El blues es el lamento de los desamparados, el grito de independencia, la pasión desencadenada, la ira de los frustrados y la carcajada de los fatalistas. Es la agonía de la indecisión, la desesperación de los que buscan trabajo, el dolor por la muerte de un ser querido y el agudo ingenio de los cínicos. En sí mismo, el blues es la emoción personal del individuo que busca en la música un vehículo para expresarse. Pero también es una música social; el blues puede ser diversión, puede ser música para bailar y beber. El blues puede ser la creación de unos artistas en el seno de una comunidad tradicional, ya sea en un lugar recóndito de las zonas rurales del Sur o en algún gueto congestionado de una ciudad industrial. El blues es la canción improvisada a la guitarra en un patio trasero, la música de un pianista en una barrelhouse, el éxito de una máquina de discos. Es la verborrea escabrosa del charlatán de un medicine show, el espectáculo de un cabaret de barrio, la función de una compañía ambulante, el último número grabado por una estrella a la moda. El blues engloba todas estas cosas y a todas esas personas".

Hace unos años hablando con el gran guitarrista Buddy Guy, nacido en Luisiana, añadía un par de detalles interesantes[40]: "Necesito ver caras divertidas. Si no veo gente que se lo pase bien, mejor no salgo a tocar. No toco para descargar mis problemas y hacer llorar al público. El blues habla de la vida, de las partes tristes y de las partes alegres, aunque mucha gente parece solo interesada por las tristes. El blues es lo cotidiano, es la vida... Si no tienes el blues al despertar, mejor te vuelves a dormir, porque te falta todo".

Pensando en todas esas cosas (sobre todo en que debo volver a leer el libro de Oliver) entro en Dockery Farms con la sensación de que esta mañana al levantarme tenía el blues en mi interior. Aquí no hay taquilla ni vallas, el paso es libre, y me rodea una sensación de paz y sosiego que no había notado en todo el viaje. No hay absolutamente nadie. El silencio es total. La campiña es de un verde tórrido y provocador, se intuye la presencia del cercano río aunque no llega a verse. Los barracones, las zonas de trabajo y un gran granero conte-

---

[40] Entrevista personal publicada en *El País* del 29 de noviembre de 1985.

niendo vieja y gigantesca maquinaria están cuidadosamente rehabilitados en tonos gris claro que los hacen aún más luminosos.

Al fondo un gran pabellón abierto con techo y laterales de chapa es lo que queda del comedor original que también se usaba como sala de reuniones y fiestas. Sin duda aquí sonaron esos primeros blues de Charley Patton, nunca sabremos con certeza si fueron o no los primeros de la historia, la respuesta quedará flotando en el viento.

A su lado una placa informativa se pregunta precisamente: "*Birthplace of the Blues?*" Los amigos del Mississippi Blues Trail no se mojan: "Los orígenes precisos del blues se han perdido en el tiempo, pero uno de los primitivos centros de la música en Misisipi fue Dockery Farms", reza el letrero para glosar después la figura de Patton.

Y justo detrás de ella otro rótulo más pequeño me invita a apretar un pulsador rojo. Lo hago y el hechizo cobra dimensiones conmovedoras: suena la voz de Charley Patton entre los edificios cantando uno de sus primeros y más famosos blues "Some Summer Day". A renglón seguido van sonando otros temas de Patton: "A Spoonful Blues", "Jersey Bull Blues"...

Emoción es la única palabra que puede acercarse a la sensación de escuchar aquella música saliendo de ningún sitio precisamente en aquel recóndito paraje.

Según narra la historia Will Dockery, el fundador de la plantación, pagaba sueldos bastante altos y ejercía un trato paternalista sobre sus obreros; no solo permitía bailes y conciertos sino que él mismo organizaba para ellos picnics musicales que podían durar toda la noche. Algo inusual en los dueños de plantaciones que arrastraban el estigma de la esclavitud y sus atrocidades.

Como ya suele suceder no todo el mundo está de acuerdo con esa visión casi idílica del viejo Dockery pero lo cierto es que los buenos sueldos (por comparación con los pagados en las cercanías) y esa actividad musical (promovida o no por Dockery) atrajeron intérpretes de otros lugares que se instalaron en la plantación. La leyenda afirma que el mismo Robert Johnson vivió aquí durante un tiempo hacia 1920 pero no existen datos sobre si coincidió con Patton, todo hace pensar que no aunque la influencia de aquel en Johnson fue decisiva hasta el punto de llegar a utilizar la melodía de "34 Blues" (un tema en que Patton habla precisamente de Dockery) para su "If I Had Possession Over Judgement Day" aunque con un guitarreo bottleneck mucho más agresivo.

Sin duda fue durante esa época cuando Johnson se encontró con el diablo ya que otro gran bluesman que también vivía en la plantación, Son House, recordaba, como ya hemos visto, que el adolescente que llegó a Dockery era un buen intérprete de armónica pero apenas podía tocar la guitarra. Lo cierto es que Johnson aprendió a tocar con los músicos de Dockery y en poco tiempo pasó a ser considerado como uno de los guitarristas más perfectos técnicamente del siglo XX. O el diablo del vecino Clarksdale (o de aquí cerca donde hay quien dice que estaba la verdadera encrucijada) o la magia de Dockery Farms...

Howlin' Wolf y Roebuck Pops Staples también trabajaron en Dockery y fueron alumnos de guitarra de Patton antes de emigrar a Chicago e influir poderosamente en muchos músicos europeos (de Eric Clapton a los Rolling Stones) el primero y fundar los míticos Staples Singers el segundo.

Detrás de los edificios rehabilitados está el río Sunflower y más allá los antiguos campos de algodón. En las dependencias de la plantación los bluesmen tocaban gratuitamente (todo tipo de negocios y juego estaban prohibidos) pero completaban su sueldo al otro lado del río en casa de un tal Big Lou. Un solo puente atravesaba el río justo delante de ese edificio, así que los fines de semana Big Lou vaciaba su casa y guardaba los muebles y enseres en el granero dejando que los bluesmen presentaran su música en ella. Aparentemente tampoco cobraban nada por tocar allí pero para poder pasar por el único puente era necesario pagar un peaje.

Mientras recorro los pabellones y cabañas, Charley Patton sigue sonando en el ambiente. Un par de veces tengo que volver al pulsador para que la magia no se desvanezca, los temas están programados de dos en dos, y vuelvo a pensar en el nacimiento del blues. Si no fue aquí tuvo que ser en un lugar muy parecido y no lejano ya que el blues no es más que la versión profana de los espirituales negros.

No era muy habitual que a los esclavos africanos se les permitiera reunirse fuera de las iglesias, así que sus primeras músicas se limitaban a los cantos de trabajo de las plantaciones y a los espirituales de los oficios religiosos. Probablemente también cantaban a escondidas pero, por razones obvias, nada sabemos de esas canciones. Cuando los primeros afroamericanos se liberaron de la esclavitud y pudieron reunirse a sus anchas, los temas más mundanos, antes prohibidos, comenzaron a inundar sus cantos: el amor, el desamor, el sexo, el desarraigo, el juego, el dinero y otros aspectos de su miserable existencia. Los antiguos esclavos ya no tenían que esconderse para cantar sus penas o las cosas más íntimas de su vida. Al hablar del blues siempre se presenta como la expresión de un sentimiento de tristeza o depresión y no hay duda de que esclavos y libertos tenían razones para sentirse tristes y deprimidos pero el blues es mucho más, es precisamente el arma para superar esos obstáculos y disfrutar de la vida. Incluso se intuye en los primeros blues un punto de rebeldía, contra el estado de las cosas en el que siempre eran los perdedores, en difícil equilibrio con la aceptación un tanto fatalista de la aceptación de su tragedia tanto personal como social.

Simplificando mucho, el blues nace del encontronazo entre la realidad del día a día y la espiritualidad vendida por las iglesias.

Gasolinera en desuso de la plantación Dockery.

En los primeros escritos históricos sobre la música de los esclavos se habla mucho de las canciones de trabajo y de los cantos espirituales pero nunca se menciona la palabra blues. Durante toda la época de la esclavitud los blues eran algo sobre lo que primero esclavos y después libertos no querían hablar por miedo. Sin duda existían estos cantos u otros parecidos pero siempre ocultos y solo salieron a la luz a partir de 1920 cuando las cosas habían mejorado algo (en ese aspecto, no en todos). Y coincide esa aparición con las primeras grabaciones discográficas.

Y lo lógico es que todo saliera a la luz en una de estas plantaciones de libertos en las que los negros ya podían expresarse con una cierta libertad. Y la elección de la guitarra no es un acto pensado, era el único instrumento barato que tenían a mano y mucho más efectivo que contrabajos de balde, tablas de lavar y otros instrumentos de fabricación casera. A falta de datos fidedignos podríamos decir que la guitarra ya estaba allí cuando nació el blues. Y más aún desde que en la década de 1920 la gran cadena de venta por correspondencia Sears, Roebuck and Company comenzase a comercializar sus guitarras baratas Silvertone.

En otros contextos, algo más al sur del mismo Misisipi, esclavos y libertos tuvieron acceso a pianos, instrumento habitual en las casas señoriales de las plantaciones y en los prostíbulos, o a los instrumentos de viento abandonados por las bandas militares con los que crearían una música muy similar que ahora llamamos jazz.

La última canción de Charley Patton ha dejado de sonar, respiro hondo y doy media vuelta.

Tocando a la carretera, es decir lo primero que me encontré al llegar pero en ese momento no le di importancia ante lo que se veía más allá, se encuentra la vieja iglesia baptista de los trabajadores de la plantación, está cerrada, y la gasolinera fuera de uso que se mantiene impecable con aires de la época de la Gran Depresión.

Cuaderno fotográfico

Primera visión del Misisipi
desde Riverside Drive en Memphis.

Valla con símbolos rockeros en la entrada a Graceland en Memphis.

Àlex ante la puerta principal de Graceland.

Tumba de Elvis Presley en el jardín de la meditación de Graceland.

Salón amarillo con los tres televisores de Graceland.

La relajante sala de billar de la mansión de Elvis en Memphis.

El Cadillac rosa que Elvis regaló a su madre.

Beale Street, la calle del blues en el centro de Memphis.

Policía patrullando en Beale Street.

Bailando en el parque W.C. Handy en Memphis.

Estatua original de Elvis en su ubicación actual en el Welcome Center de Memphis.

Steamboat amarrada en Riverside Drive, Memphis.

Museo de los Derechos Civiles en el antiguo motel Lorraine en Memphis.

Balcón del motel Lorraine en el que fue asesinado Martin Luther King Jr..

Neón del club de B.B. King en Beale Street.

Robert Latxague dispuesto a tomarse un ligero tentempié a la salida del Museo de los Derechos Civiles.

Interior del restaurante Arcade de Memphis desde la mesa preferida de Elvis.

El Misisipi al caer la noche desde el Riverside Drive de Memphis, al fondo el puente de De Soto.

Estudio Sun en Memphis.

La habitación en que la música cambió el mundo: sala de grabación del estudio Sun.

Àlex frente al estudio Sun.

Micrófono original del estudio Sun en la época en que se grabó *That's all right*, podría haberlo utilizado Elvis.

Marquesina actual del estudio Stax de Memphis convertido en museo de la música soul.

Reconstrucción del interior del estudio Stax con instrumentos y material de grabación originales.

El estudio de la avenida McLemore fue uno de los principales centros de integración racial de Tennessee.

El Partenón de Nashville y los patos cívicos de la ciudad cruzando por el paso cebra.

El edificio Batman controlando el Downtown de Nashville.

Una esquina de la avenida Broadway de Nashville.

Cruce de calles en el Music Row de Nashville.

Entrada al museo del Country Hall of Fame en Nashville.

Placa conmemorando la introducción de Elvis en el Country Hall of Fame.

The Log, el primer prototipo de la Gibson Les Paul en el museo del Country Hall of Fame.

El histórico Ryman Auditorium de Nashville donde se gestó la fama del Grand Ole Opry.

Actuación de mediodía en el Honky Tonk Center de Nashville.

Museo de Willie Nelson y sus amigos cerca de Opryland.

Esperando (sin suerte) en la encrucijada del diablo de Clarksdale.

El maléfico Crossroads de Clarksdale desde el porche del Abe's Bar-B-Q.

El hotel Riverside de Clarksdale donde falleció Bessie Smith e Ike Turner compuso el primer rock and roll.

Club Red's Juke Joint de Clarksdale, todavía puede verse el rótulo original de cuando era una tienda de instrumentos musicales en los años 40.

Interior del Red's Juke Joint, el cubo de las propinas en el centro.

Porche del club Ground Zero de Clarksdale.

Morgan Freeman,
el propietario
del Ground Zero.

Animación en el interior del
Ground Zero.

Dockery Farms cerca de Cleveland, Misisipi.

Con Robert Latxague ante el comedor de trabajadores de la plantación Dockery donde posiblemente se oyó el primer blues.

El Misisipi a su paso por Natchez.

El Bayou desde Main Street en Indianola.

Lugar en el que estuvo el mercado de esclavos Forks of the Road en Natchez.

Puente ferroviario cerca de Natchez por la Highway 65.

Locomotoras abandonadas junto a la Highway 65 en Talla Bena.

Paseo por el Bayou en hidrodeslizador.

El Bayou siempre inquietante.

Una presencia acecha.

Buscando su marshmallow sobre la plataforma del hidrodeslizador.

Robles centenarios de Virginia vigilan la entrada de la plantación Oak Alley cerca de Vacherie.

Jardines de Oak Alley ante la big house.

El Misisipi en Nueva Orleans.

Calíope del steamboat Natchez.

El Lafitte's Blacksmith Shop en el French Quarter de Nueva Orleans.

Anochecer sobre el Misisipi.

Congo Square en Nueva Orleans, el
lugar en el que empezó todo.

Inauguración del Satchmo Summerfest en el Armstrong Park de Nueva Orleans.

Un descanso.

Detalle de la escultura de Louis Armstrong en el parque que lleva su nombre.

Recuerdo de Buddy Bolden en el Armstrong Park. Al fondo el auditorio Mahalia Jackson.

Los Wild Magnolias en el escenario del Satchmo Summerfest de Nueva Orleans.

Vestidos de Mardi Grass de los Black Indians en el Backstreet Cultural Museum de Nueva Orleans.

El color verde domina en las calles del French Quarter de Nueva Orleans.

Miembros de la Tremé Brass Band abriendo la second line en el barrio de Tremé.

Desfilando.

Los jóvenes de la brass band Baby Boys.

Animación en la second line.

Las Tremé Baby Dolls.

La second line en North Rampart Street de Nueva Orleans.

Collares de colores de Mardi Gras y medallón del Rey Zulú de 2012.

Bailando al paso de la second line en la avenida Esplanade.

Big Chief del Social Aid and Pleasure Club de Tremé.

STEAMER
NATCHEZ
PORT OF NEW ORLEANS

Bordeando el Misisipi

"These people are praying to God or Jesus Christ. The bluesmen would be singing to somebody on Earth."

(Estas personas rezan a Dios o a Jesucristo. Los bluseros quieren cantarle a alguien en la Tierra.)

B.B. King

A B.B. le gustaba Django

Al salir sigo por donde venía, por la MS 8 hacia el este y, a unos cinco minutos, a la altura de Ruleville me desvío a la derecha por la US 49 South, aquí se llama South Oak Avenue, rumbo a Indianola.

Recorro unos 30 kilómetros entre inmensos campos de cultivo sin vallar, pequeños embalses a un lado y al otro, enormes casas que claman por una rehabilitación urgente, silos metálicos en grupos de cuatro o cinco y siempre marcándome el camino una hilera de postes de electricidad de madera casi todos torcidos en la misma dirección por culpa del viento. Pocos árboles y ninguna montaña a la vista. Prácticamente no circulan coches.

Se trata de una carretera moderna, bien asfaltada; no me he atrevido a coger ninguno de los caminos que salían frente a Dockery porque, según mi mapa, todos, antes o después, acaban desapareciendo. Sé que es una falacia pensar que puedo sentirme como uno de aquellos viejos bluseros trasladándose para llegar a algún bolo. Lo es pero yo me siento así, y lo disfruto. En la radio del coche suena música clásica para evitar el country de rigor (además los cedés que compré en Nashville también eran de country, religioso pero country a fin de cuentas). Es increíble que en plena región del Delta del Misisipi no se sintonice ninguna emisora de blues (como mínimo yo no lo consigo).

Entro en Indianola, grandes zonas verdes y casas muy aisladas las unas de las otras. Supongo que estoy en las afueras pero he conducido ya varios kilómetros sin que cambie el panorama. Mi idea era llegar al centro y allí orientarme pero una señal me anuncia el desvío al B.B. King Museum y la tomo. Voy por la calle Mayor, las casas están más cercanas las unas a las otras pero son bastante más lujosas.

De repente, la sorpresa: como salido de ningún lugar aparece a mi derecha un lago pantanoso y estamos en el centro de la ciudad, de hecho la calle que lo bordea sigue siendo Main Street. Totalmente cubierto de una capa gruesa de musgo verde es casi de película de fantasía. Los cipreses emergen rompiendo el musgo con aire misterioso. De vez en cuando el musgo se agita o se agrieta por el ascenso de algún pez, son enormes. Los pájaros se posan en esa capa y caminan por encima mientras que los patos la van rompiendo al pasar como si fueran rompehielos en el polo. Los árboles que lo rodean, en realidad todos los árboles de la zona, son inmensos y están abarrotados de pájaros, no se ven pero el sonido que emiten es brutal. Y por todas partes las libélulas gigantes más grandes que nunca he visto. Mi primer contacto con el Bayou.

Indianola es todo lo contrario a Clarksdale. El centro es mucho más pequeño y todo está delicadamente conservado, con aspecto algo anticuado pero real. No hay franquicias en el centro y las tiendas tienen un aire pueblerino de

El Bayou a la altura de Main Street en Indianola.

película antigua. Ni siquiera un pequeño Starbucks. Alguna franquicia puedes encontrarla a la salida hacia el sur junto a las innumerables tiendas de coches tanto nuevos como usados. Todas las ciudades por las que he ido pasando tienen infinidad de tiendas de coches, lógico.

Aquí, excepto McDonalds y Kentucky, no están las grandes cadenas y todos los establecimientos son como más de pueblo, en el supermercado Sunflowers incluso un señor te lleva el carrito hasta el coche y te carga la compra en el maletero.

Lo más impactante de Indianola es el río pantanoso que la atraviesa, el Bayou. Antes de llamarse Indianola se conocía a la ciudad como Indian Bayou por los asentamientos choctaw que estaban al lado de este pantano.

Después de ensimismarme un buen rato con el pantano, decido comenzar mi ruta blusera pero necesito comer alguna cosa. En todo el trayecto, salvo algún bar de gasolinera de peor aspecto que los desastrados que aparecen en las películas, no he encontrado nada.

Mis notas de viaje me envían al Club Ebony que está muy cerca de Main Street. Se trata de un viejo caserón de color verde y aspecto demacrado que alberga uno de los juke joints más populares de la zona desde 1946. Los rótulos omnipresentes del Blues Trail explican que aquí actuaron James Brown, Ray Charles, Count Basie y lógicamente B.B. King; la verdad es que nadie lo diría.

Me explican que desde 2008 el club pertenece a B.B. King que lo compró cuando su anterior propietaria se retiró y el local iba a cerrarse. Toda una serie de leyendas rodean al Club Ebony: desde historias de contrabandistas hasta encuentros románticos como el que llevó a B.B. King al altar desposando a la hija del propietario.

Tengo mucho interés en este local porque formaba parte del Chitlin' Circuit que agrupaba locales dirigidos por afroamericanos que presentaban solo artistas afroamericanos para intentar hacerlos visibles en una escena dominada por la segregación. Este circuito funcionó desde principios de siglo XX hasta bien entrada la década de 1960. El nombre de Chitlin' Circuit venía de un caldo ancestral de los primeros esclavos hecho a base de intestino delgado de cerdo.

Todo muy apetecible pero tras rodear el local compruebo que no hay signos de vida a su alrededor, está cerrado. Lo de servir comidas es cosa del pasado, solo abren cuando se programa una actuación. Tendré que revisar mis notas.

Como la cosa comienza a ser urgente me quedo en un garito justo delante del museo de B.B.King que, siguiendo la moda imperante, también tiene sus sofás de vertedero en el porche de entrada: The Blue Biscuit. Y no ha sido una mala elección; la carta no es muy amplia pero apetecible. Todo comida sureña y tienen cerveza sin alcohol.

La casa de al lado, un pequeño barracón de madera antiguo pero conservado con mucho gusto, tiene un precioso árbol de botellas en el jardín.

Ya con mi estómago tranquilizado, cruzo la calle hasta el B.B. King Museum and Delta Interpretive Center.

Indianola es la ciudad de B.B. King (aunque nació en Ita Bena, se crió aquí) y se nota por todas partes. Murales, inscripciones, nombres de las calles, rincones para el recuerdo... y especialmente el museo que le han dedicado. Una delicia ubicada en la antigua estación de trenes. Por el estado de las vías cercanas y de algún vagón olvidado y oxidado parece que el tren ya no pasa por aquí pero, curiosamente, se conservan gran cantidad de pasos a nivel.

El museo es de lo mejorcito y la gente súper amable. En mi guía turística de Lonely Planet ponía que cerraba a las 18 horas, con lo que tenía más de dos horas para verlo y creía que era tiempo suficiente (me equivocaba, se necesita más para disfrutarlo, pero eso lo supe después), pero me llevo el chasco de ver que cierra a las 17. El encargado de la entrada pone cara de circunstancias ante mi desesperación, sobre todo tras la pregunta de rigor de dónde vengo y al enterarse que venía de Europa (Europa es una palabra mágica por estos pagos, lo de *spanish from Europe* hace cambiar cualquier cara). Con suma amabilidad me pregunta si podría volver al día siguiente, me hace dudar porque mi idea era llegar hasta el Misisipi y dormir en algún motel por allí. Mirándole a los

Antiguos almacenes ferroviarios de Indianola convertidos en el Museo de B.B. King.

ojos me dio la impresión de que si le digo que no puedo quedarme, no cierra el museo para que pueda acabar de verlo. Cambio de plan, dormiré por aquí y mañana regresaré al museo. Aliviado, el simpático afroamericano me dice que mañana no tendré que volver a pagar, como vengo de Europa me servirá el mismo tíquet.

En Indianola toda la preparación se ha ido a pique, me han fallado mis notas y me ha fallado la Lonely Planet; bueno en realidad no ha fallado, simplemente estaba anticuada, no tenía la última edición.

Me pierdo por el museo de B.B. King. Está estructurado alrededor de cuatro estados de ánimo: *Hope: Saturday Night/Sunday Morning; the Early years. Creativity: Rhythms of Beale Street. Greatness: Artist to Icon. Inspire: B.B.'s Home Recording Studio (Esperanza: Sábado noche/domingo mañana; los primeros años. Creatividad: Ritmos de Beale Street. Grandeza: De artista a icono. Inspiración: estudio de grabación casero de B.B.)*. Y, la verdad, es que cada separación, muy distintas las cuatro, expresan magníficamente esos cambios.

Voy encontrando cantidad de instalaciones interactivas en las que te podrías pasar horas. A la típica acumulación de objetos se han aplicado criterios museísticos y didácticos muy modernos y el resultado es sorprendente. Por ejemplo, me he enterado de que ¡¡¡B.B. King era un fan de Django Reinhardt!!!

Al hablar de las primeras influencias del joven Riley (B.B. King se llamaba en realidad Riley Ben King) una vitrina muestra los dos primeros discos de piedra que tuvo: "Tomorrow Night" del bluesman de Nueva Orleans Lonnie Johnson y "St. Louis Blues" de Django Reinhardt, una placa que le había traído de Europa un amigo militar.

Muchas guitarras auténticas de King, trofeos de todo tipo incluyendo todos sus Grammy, partituras, vestidos, fotos, cuadros, carteles, un taburete del Club Ebony, la reproducción detallada de su estudio de grabación privado... y, sobre todo, paneles explicativos bien montados con profusión de audios y vídeos.

La información no solo incluye la vida y obra de B.B. King sino que alcanza a toda la música del Delta, la escena que el guitarrista se encontró en la calle Beale de Memphis, la lucha por los derechos civiles y vitrinas dedicadas a otros compañeros de viaje. Es un museo en el que vale la pena invertir tiempo.

Lógicamente en el exterior hay una estatua en homenaje a Lucille, una resplandeciente Gibson negra.

B.B. King había fallecido ya cuando realicé mi última visita, murió el 14 de mayo de 2015. En el jardín lateral se encuentra ahora su tumba con una sencilla lápida de mármol oscuro a la que se puede acceder sin necesidad de entrar en el museo. Un gran plafón anuncia la futura construcción de un mausoleo y la ampliación del museo.

En la lápida puede leerse un fragmento de su canción" Take it Home":

> *"Don't know why I was made to wander.*
> *I've seen the light, Lord, I've felt the thunder.*
> *Someday I'll go home again and I know they'll take me in.*
> *And take it home."*
>
> *(No sé por qué fui hecho para vagar./He visto la luz, Señor, he sentido el trueno./Algún día volveré a casa y sé que me aceptarán./Y llevaré [mi espíritu] a casa.)*

Cerca, al otro lado del río hay un garito en el que anuncian blues en directo cada noche pero da la impresión de ser más un antro de borrachos, a media tarde ya lo están. Paso, prefiero callejear.

Albert King, el padre espiritual de músicos de tanto calado como Eric Clapton o Stevie Ray Vaughan, nació en Indianola, un cartel lo recuerda pero poco más. El resto de la ciudad está dedicado al otro King, B.B. Como a B.B. le llamaban The King of the Blues, a Albert le llamaban The King of the Blues Guitar, así todos contentos. B.B. King se mudó a Indianola a los dieciséis años

La esquina de B.B. King.

para trabajar como conductor de tractor y, en sus ratos libres, tocar la guitarra allí donde le dejaran.

En la esquina de la calle Church con la Segunda me encuentro con el B.B King Corner, le llaman así porque allí el joven tractorista de 17 años tocaba la guitarra los sábados y algún otro día al finalizar el trabajo. King hablaba del lugar como "mi esquina" y así ha quedado para la historia, ahora el edificio es un bufete de abogados. Un enorme plafón recuerda la efemérides con la foto de un joven B.B. King: "En mi esquina podían verme tanto los negros como los blancos. No fue algo planeado; era simplemente un buen lugar para tocar, un buen lugar para estar. Podías encontrarme en la esquina los sábados y, a veces, después del trabajo. Nunca pasé el sombrero, pero la gente sabía que apreciaría un centavo si tocaba la canción que habían pedido...". En el suelo el propio guitarrista dejó en 1980 las marcas de sus manos y de sus pies. Comparo sus manos con las mías y no hay mucha diferencia, tal vez debería volver a Clarksdale a esperar una noche sin luna.

En el centro de Indianola, cerca de "su esquina", las casas y, sobre todo, los comercios tienen un aire entrañable, como si el tiempo no hubiera corrido demasiado desde la época en que King tocaba por allí la guitarra.

Busco dónde dormir. Aquí no hay Motel 6, mi habitual salvación. Paro en otra cadena, Economy Inn. En su momento debió de ser de más categoría: la habitación es más grande (pero la cama más pequeña), tiene microondas, nevera y secador de pelo. Sin duda fue elegante pero el tiempo le ha pasado por encima como una apisonadora.

Noveno día. Lunes.
No es fácil ser verde

Inicio el día volviendo al museo de B.B. King para acabar de verlo, en realidad de disfrutarlo. Tal como me dijo el encargado accedo con la misma entrada.

Al salir me paro otra vez en Main Street para ver el Bayou ahora con un sol potente, demasiado. Es un lugar que invita a pensar. Tiro la consabida piedra para ver cómo se agujerea el musgo y las ondas se alejan por debajo del manto verdoso.

Enfilo rumbo al río Misisipi. El camino es muy similar al de ayer: grandes campos de algodón o maíz, enormes tractores y silos como rascacielos. A la altura de Leland vuelvo a encontrar la Highway 61.

Leland es una pequeña población actualmente popular por ser el lugar en que nació, junto a sus 2.353 hermanos, la rana Gustavo; totalmente cierto hasta puede visitarse el lugar del nacimiento. El gran Jim Henson nació en Greenville a pocos kilómetros de aquí; allí, lógicamente, tiene también su museo. Muchos de sus teleñecos nacieron a imitación de tipos, animales o personas, que vivían por aquí. Al parecer Gustavo (Kermit en su versión original) era la rana de una charca cercana. Gustavo tiene su propia estrella en el paseo de la fama de Hollywood y alcanzó un importante éxito discográfico en 1970 con la canción "Bein' Green" que después versionarían Frank Sinatra, Ray Charles, Diana Ross y Van Morrison, entre otros. En su primera versión televisiva fue el propio Jim Henson el que cantó la canción, Henson fue la voz original de Gustavo desde 1955 hasta su defunción en 1990.

"Bein' Green" es una canción en la que puede leerse fácilmente entre líneas y su moraleja resulta idónea para mi viaje:

Teleñeco original de Kermit the Frog (La rana Gustavo).

"It's not that easy bein' green
When I think it could be nice
Bein' red or yellow or gold
Or something much more colorful
like that
(...)
When green is all there is to be
It could make you wonder why
But, why wonder?
I'm green and it'll do fine
It's beautiful. And I think it's
what I want to be."

(No es tan fácil ser verde/Cuando pienso que podría estar bien/Ser rojo o amarillo o dorado/O algo mucho más colorido/(...)/Cuando verde es todo lo que puedo ser/Podría preguntar por qué/Pero, ¿por qué preguntarse?/Soy verde y está bien/Es bonito. Y creo que es lo que quiero ser.)

Antes de que Gustavo fuese popular, Leland era conocida en el ámbito del blues como The Hellhole of the Delta (El Agujero del Infierno del Delta o simplemente El Infierno del Delta) por la cantidad de cantinas, burdeles y salas de apuestas lo que, todo junto, en las primeras décadas del pasado siglo, significaba blues. Y cuando los locales cerraron fueron las esquinas de la ciudad las que acogieron a esos músicos. Es famosa la esquina de las 61 y 49 donde los sábados por la tarde pugnaban por colocarse los bluseros más populares atendiendo peticiones a cambio de una propina. Hoy la 61 ha quedado fuera de la población y una placa nos recuerda esta esquina situándola en la confluencia de Main con la 3, un lugar totalmente desangelado (un cofee shop despersonalizado, un hidrante blanco y verde, una papelera municipal y un torcido poste de electricidad de madera son sus únicos moradores) sin mayor interés que estar muy cerca del Museo de la Autopista 61.

Desde la supuestamente famosa esquina, en la que no hay absolutamente nadie, llego en un par de minutos al Highway 61 Blues Museum. Es pequeño, cargado de memorabilia, como todos, y sin ningún interés especial a pesar de lo muy recomendado que está en toda la información del Mississippi Blues Trial. Lo único atractivo era un viejo bluesman negro que iba tocando sin prestar mucha atención a los tres o cuatro visitantes que vagábamos por allí.

Salgo de Leland con la sensación de que por suerte me cogía de paso, de haber tenido que desviarme para llegar hasta aquí ahora estaría de muy mal humor.

Hago mi siguiente parada en Greenville que tiene el honor de haber sido el epicentro de todos los negocios musicales afroamericanos del Delta. Su histórica calle Nelson albergó hasta bien entrada la década de 1950 diversos clubes míticos junto a todo tipo de actividades lúdicas o comerciales dedicadas al pueblo negro, hasta cien establecimientos más o menos relacionados con la música afroamericana se llegaron a contabilizar en la calle. En la que ya había un Playboy Club mucho antes de que Hugh Hefner montase su emporio.

La calle Nelson está justo en el centro, muy cerca de uno de los muchos lagos que crecen junto al Misisipi. Las fotos de la antigua Nelson Street nada tienen que ver con la actual, no queda ni rastro de aquel pasado excepto la correspondiente placa conmemorativa. Cuando intento preguntar en un bar cercano a la placa, lo primero que me dicen es que no me quede mucho por allí porque al caer el sol la zona se convierte en un supermercado de crack y otras cosas peores. Me consuela saber que no tengo cara de consumidor de crack, apuro mi café y me olvido de Nelson Street.

Al llegar al Misisipi encuentro un nuevo puente metálico tan impresionante como los anteriores. Esta vez un puente de tirantes con dos grandes torres de hormigón en forma de H de las que salen los cables. Al cruzarlo vuelvo a entrar en Arkansas y lo que era casi una autopista (con cruces y semáforos pero casi una autopista) de cuatro carriles con mediana se convierte en una carretera de dos direcciones. Pero lo más curioso no es eso, cuando dejas esa arteria principal las carreteras no están ni asfaltadas, son de piedrecitas y tierra, de esas que al pasar o simplemente al soplar el viento se levanta una polvareda enorme. Cuando vas por la carretera principal ves a lo lejos nubes de polvo que avanzan en línea recta, son las carreteras secundarias.

He podido comprobarlo ya que nada más pasar el puente me he desviado para acercarme al río y el coche se ha puesto perdido de polvo, pero ha valido la pena, tocar el agua del Misisipi insufla energía.

Sigo hacia el sur por la orilla de Arkansas ya que la carretera va mucho más pegada al río que en Misisipi y la 61 hasta Vicksburg no parece esconder más secretos. De tanto en tanto aparecen pequeños lagos nacidos del río, todos repletos de embarcaderos de madera pero no se ven las embarcaciones. No tengo explicación, tal vez antes se podían navegar y ahora no.

Locomotoras oxidadas, vampiros y Harleys

Entro en Luisiana sin darme cuenta, parece ser que por aquí la división entre estados hace algunas curvas caprichosas porque, en línea recta, Tallulah es Luisiana pero Natchez es Misisipi y Baton Rouge vuelve a ser Luisiana.

Bajando por la US 65, cuando la carretera se ha alejado ya definitivamente del río, puede verse a un lado una antigua línea férrea de una sola vía en un estado lamentable. Encuentro algunos puentes de madera que merecerían estar en algún museo del ferrocarril. Y me pregunto cada vez ¿cómo podía pasar un tren por encima sin hundirlo?

Y, de repente, antes de llegar a Tallulah y en medio de campos de algodón, aparecen cuatro locomotoras abandonadas, son modelos diésel CF 7 de la General Motors Electro-Motive en funcionamiento a mediados de los ochenta del pasado siglo y que todavía operan con normalidad en algunas zonas. Tres son de la compañía Delta Southern y una de la Santa Fe. No hay cerca ni siquiera una antigua estación ni un pueblo. Un letrero desvencijado a la entrada del camino marca Talla Bena, no sé a qué se refiere porque población no hay ninguna a la vista. Dos de las locomotoras (la Santa Fe y una Southern) están totalmente comidas por el óxido, otra un poco menos pero la cuarta da la impresión de que, a pesar del mal estado, podría ponerse a caminar, aunque no por aquella vía, claro. No entiendo cómo se pueden dejar tiradas cuatro locomotoras que, además, si llegaron hasta aquí es que funcionaban en aquel momento. ¿Se estropearon las cuatro a la vez y ninguna puede arreglarse? Misterios insondables. ¡Cuántos museos europeos sueñan con tener algún modelo parecido!

Claro que ese no es el único misterio de esta carreta. Millas adelante, en un campo de cultivo, hay una avioneta amarilla abandonada con la punta clavada en el suelo y la cola ondeando al viento, como si hubiera hecho un aterrizaje de emergencia y allí se hubiera quedado. Supongo que lleva tiempo porque cultivan a su alrededor como si fuera un monumento.

A lo largo de este camino tan impresionante, y repetitivo a la vez, he solventado una duda: las Harley custom que vemos en libros y películas no corren por las carreteras, como suponía, las llevan en enormes remolques tirados casi siempre por un no menos grande todoterreno o una camioneta (los muy populares pick ups). He adelantado a varias en estos dos días. O sea que solo sirven para fardar, no para viajar.

Con lo que sí me he topado es con muchas Harley "normales", abundan mucho. En Tennessee y Misisipi abundaban los moteros negros, en Arkansas son todos blancos. La estética es prácticamente la misma: motos impolutas, relucientes, con todos los extras posibles, chupas de cuero abultadas con muchos remaches metálicos y cascos súper relucientes y no tienen nada que ver con la estética (imagino que tampoco con la ideología) de los Hell Angels californianos. Por aquí la gente utiliza casco, en otros lugares del Sur la ley permite no llevarlo o simplemente no se lleva como una muestra más de insumisión ("mi cabeza es mía" y como aquí no hay seguridad social y todo el mundo se paga sus gastos médicos, no sirve aquello de "tú te pegas la torta y todos los demás te pagamos el hospital").

Ya que estamos en el campo del motor he de regresar a los camiones súper grandes y de colores espectaculares con sus tubos de escape a modo de chimeneas y todos, absolutamente todos, brillantes y pulidos como si acabaran de salir de la fábrica. Además en estas carreteras hacia el sur cargan remolques aún más grandes y te adelantan a toda pastilla sin tener en cuenta los límites de velocidad. Dan miedo porque cuando los ves acercarse por el retrovisor, parece te vayan a embestir sin contemplaciones.

También me he cruzado con un par de esas bestias transportando casas completas de madera. Mudanza con casa incluida. Una era más ancha de lo habitual, prácticamente ocupaba todo su carril e iba señalizada como si fuera un convoy militar. Mudanzas se ven muchas por las carreteras estadounidenses, es muy frecuente ver un camión de alguna empresa de alquiler (se supone que lleno de enseres y muebles) remolcando un coche.

He ido pasando por poblaciones con nombres de lo más dispar pero la que se lleva la palma (por ahora) es un pequeño pueblecito llamado Transylvania. Lógicamente el escudo de la población colocado en el inevitable depósito de agua elevado es un murciélago con pinta de vampiro. El siguiente pueblo era Melbourne y después anunciaban Angola.

Paso del estado de Luisiana al de Misisipi atravesando el río por un nuevo y enorme puente metálico, esta vez cuadrado, para llegar a Vicksburg. En realidad son dos puentes muy similares, intuyo que uno era para la antigua red ferroviaria.

Vicksburg es una pequeña ciudad que, además de haber sido el primer lugar en el que se embotelló Coca Cola y haber servido de plató para rodar *O Brother, Where Art Thou?* (dos cosas al parecer muy importantes en la historia de los Estados Unidos y de las que por aquí parecen sentirse muy orgullosos alardeando de ambas), fue el lugar de una victoria clave de Abraham Lincoln para acabar con los ejércitos del Sur.

En Vicksburg nació Willie Dixon, uno de los grandes nombres del blues, pero no veo que sea razón suficiente para parar, total voy a encontrar un cartel del Mississippi Blues Trail y poco (o nada) más. Retomo mi vieja amiga: la autopista 61 que atraviesa el centro de una población que realmente no parece tener muchos lugares para visitar.

Puente metálico sobre el Misisipi cerca de Vicksburg.

Sigo por la 61 hacia el sur. Aquí es una auténtica autopista de cuatro carriles con mediana, terriblemente recta y monótona en sus paisajes, inexistentes por culpa de la tupida masa de árboles plantados junto al asfalto que no dejan ver más allá. Ocasionalmente aparece alguna edificación, igual a tantas otras que te provoca una cierta sensación de *déjà vu* y, a menudo, caminos que no se sabe a dónde conducen pero la presencia de buzones de correos confirma que hay vida tras los árboles.

Al llegar a Port Gibson la 61 se convierte en una carretera de dos direcciones pero el paisaje cambia poco. Y un poco más allá de la población me cruzo con la Natchez Trace. Tras una corta dilación, y la consulta de mis notas que me confirman que de aquí a Natchez, unas cuarenta millas, no hay nada musicalmente interesante, tomo otra vez la ruta panorámica. Por aquí la Natchez Trace circula entre bosques espesos, dan ganas de dejar el coche a un lado y pasear sin prisas. Hay muchos aparcamientos preparados precisamente para desarrollar esa actividad.

Cuando los bosques desaparecen me cruzo con la 61 y un poco más allá la carretera toma el simbólico nombre de Liberty Road. Entro en Natchez y, tras desorientarme entre zonas antiguas y modernas, aparezco en el Misisipi.

¿Alguna vez oíste hablar del incendio de Natchez?

Natchez fue la primera capital del estado de Misisipi, desde la retirada de las tropas españolas en 1795 hasta 1822 cuando la ciudad de Jackson tomó el relevo como capital. Ubicada en una colina sobre el río es una ciudad plagada de recuerdos de las ocupaciones francesas y españolas. En muchos puntos la arquitectura ya empieza a parecerse más a la del French Quarter de Nueva Orleans. Las casas son enormes, separadas por grandes jardines y de un lujo que sorprende ya que no son unas pocas sino la mayoría. Da la impresión de que el nivel de vida de la ciudad es bastante alto.

El mirador sobre el Misisipi, con un kiosco de música que podría estar en cualquier población española, es magnífico. El río impresiona desde esta colina y, en esa zona, no tiene apenas navegación. Probablemente la relación de Natchez con la música no sea relevante pero para disfrutar del Misisipi es un emplazamiento formidable.

Natchez es más conocida, tristemente conocida, por su pasado esclavista. Musicalmente la actividad de la ciudad fue muy intensa en las primeras décadas del siglo XX pero lo más recordado, musicalmente hablando, no es un solista o un grupo sino el incendio en 1940 del Rhythm Club que estaba situado en el centro de la ciudad. Al hecho se le conoce como el Natchez Burning. Murieron unos doscientos afroamericanos incluidos todos los miembros de la Sophisticated Swing Orchestra que tocaba en el local. Al parecer un cigarrillo prendió en unas plantas decorativas de papel y el fuego se extendió rápidamente. En la única puerta de salida se provocó tal embudo que dos centenares de personas quedaron atrapadas mientras el líder de la Sophisticated Swing, el clarinetista Walter Barnes, ahora considerado como un héroe local, intentaba aplacar el pánico tocando la canción "Marie" hasta que el incendio se cobró su vida y la de sus músicos.

Años después Howlin' Wolf grabaría para Chess el tema "Natchez Burning":

"Did you ever hear about the burning
That happened way down in Natchez, Mississippi town?
Those buildings got to burning,
There's my baby laying on the ground
Charlotte Jones was there, Luiza was there
Rosie Mae was there, Louise was there
I stood back, was looking
And the old building come tumble down".

> *(¿Alguna vez oíste hablar del incendio/que sucedió allá abajo en Natchez, Misisipi./Los edificios se incendiaron,/allí estaba mi chica tendida en el suelo./Charlotte Jones estaba allí, Luiza estaba allí,/ Rosie Mae estaba allí, Louise estaba allí./Yo me quedé atrás, estaba mirando,/y el viejo edificio se derrumbó.)*

Captain Beefheart la versionó en los setenta pero convirtiéndola en un larguísimo solo de guitarra psicodélico.

El Rhythm Club de Natchez estaba situado en la calle St. Catherine. Por supuesto no queda ni rastro del local pero alejándome del Misisipi por esa misma calle llego hasta Forks of the Road.

Se trata del segundo mercado de esclavos más importante de Estados Unidos, el primero fue el de Nueva Orleans. Nada más entrar en la ciudad ya está indicado junto al cementerio nacional. En un primer momento me quedo sorprendido al llegar, no sé qué esperaba pero se trata de un parterre no demasiado grande cubierto de hierba sin absolutamente nada (ni árboles, ni edificaciones) y una serie de letreros que explican de forma muy didáctica y sin falsos dramatismos el espeluznante pasado de Forks of the Road.

Una frase publicitaria de la época en uno de los paneles me hiela el corazón: "*Buy More Negroes to Raise More Cotton to Buy More Negroes*" *(Compre más negros para recoger más algodón para comprar más negros)*. En otros anuncios he visto después cómo la frase podía continuar: "Compre más negros para recoger más algodón para comprar más negros para recoger más algodón".

El mercado Forks of the Road estaba situado originalmente a un par de kilómetros del centro de Natchez ocupando una amplia loma en la intersección de los caminos Washington Road (la actual St. Catherine Street) y Liberty Road a la que entonces conocían popularmente como Old Courthouse Road (camino del viejo Palacio de Justicia). Resulta insólito que la venta de esclavos se realizara precisamente en un lugar cuyo nombre invocaba directamente a la libertad y a la justicia. Visto ahora me parece de un cinismo tan malévolo que solo puedo compararlo con la inscripción que colocaban los nazis a la entrada de sus campos de concentración: "*Arbeit macht frei*" *(El trabajo te hace libre)*. Sensación que se agrava al pensar que el nombre de este mercado, anterior a la instalación del mismo (el topónimo ya figura en planos de 1808), es muy similar a la expresión coloquial *forks in the road* que metafóricamente significa estar en el lugar y momento adecuados para tomar la decisión adecuada.

Los esclavos llegaban por el río y eran trasladados hasta aquí en procesión y debidamente encadenados. Tanto la 61 como la Natchez Trace pasan muy cerca de Forks of the Road lo que facilitaba que, a partir de este mercado, los esclavos pudieran ser distribuidos tanto hacia el norte como hacia el sur. El

Un enorme carguero surca el Misisipi a su paso por Natchez.

precio de un esclavo osciló entre los 500 dólares en los primeros años hasta los 1.600 justo antes de la Guerra de Secesión.

No fue el único mercado del estado de Misisipi pero debido a la potencia económica de la ciudad fue el más importante. Localidades como Jackson, Vicksburg o Aberdeen también tuvieron sus mercados. Lo habitual en estos lugares eran las subastas previamente publicitadas mediante anuncios en periódicos o pasquines pero en Forks of the Road los esclavos se vendían en transacciones individuales. Los anuncios colocados por los vendedores en la prensa local siempre hablan de disponibilidad de esclavos para su venta en vez de los habituales anuncios de subastas con su hora y fecha. Estas ventas sin el espectáculo de la competencia entre compradores alejaron a los simples visitantes y curiosos atraídos por el puro morbo que llenaban otros mercados de esclavos.

El novelista y clérigo Joseph Holt Ingraham visitó Forks of the Road en 1834: "A una milla de Natchez llegamos hasta un grupo de toscos edificios de madera, en el ángulo de cruce de dos caminos. Frente a los edificios había varios caballos ensillados, atados o guardados por criados, lo que indicaba que el lugar era un destino popular. Una hilera de negros se extendía en semicírculo en el lado derecho del patio, comenzando en la entrada por el más alto, que

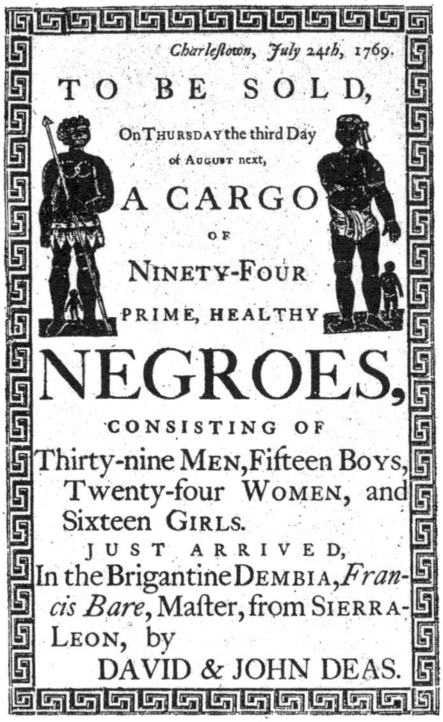

Anuncio aparecido en prensa de 1769.

no medía más de un metro setenta -los negros son una raza de talla más bien baja que alta-, hasta el más pequeño de unos diez años de edad. Eran unos cuarenta. Cada uno iba vestido con el habitual uniforme de los esclavos cuando están en el mercado, consistía en un sombrero negro de piel, una camisa y unos pantalones de pana gruesa como los que usan los trabajadores irlandeses. Esta indumentaria la dejan a un lado cuando son comprados porque al negro no le gusta mostrar que ha estado recientemente en el mercado. Con sus sombreros en la mano, colgando a un lado, permanecían perfectamente quietos y en estricto orden, mientras algunos caballeros pasaban de uno a otro examinando con el propósito de comprar. Con la excepción de mostrar sus dientes cuando se les pedía y girar sus grandes ojos blancos sobre el patio, eran como estatuas del ébano más brillante. Cuando entramos en el mercado, uno de los mercaderes de esclavos se nos acercó, diciendo: '¡Buenos días, caballeros! ¿Les gustaría examinar mi lote de chicos? Tengo el mejor lote que nunca ha habido en el mercado'. Nos acercamos a ellos, uno como espectador curioso, el otro como comprador. Y mi amigo pasó a lo largo de la línea, con ojo escrutador, con esa mirada peculiar del comprador de esclavos, mientras miraba de pies a cabeza a cada uno de los individuos, inmóviles en sus posiciones, que no mostraban otro signo de curiosidad que alguna mirada ocasional. La entrada de un extraño en un mercado no es de ninguna manera un evento sin importancia para el esclavo, ya que todo extraño puede convertirse en su dueño y decidir su futuro".[41]

En la época en que funcionó, los historiadores calculan que el número total de esclavos en tierras estadounidenses, prácticamente todos en el Sur, oscilaba entre los 600.000 y el millón y medio. La cifra total de esclavos resulta obviamente imposible de calcular aunque algunos estudios llegan a hablar de más de cuatro millones basándose en la cifra documentada de doce millones y me-

41 Joseph Holt Ingraham: *The South-West, by a Yankee.* Harper & Bros. Nueva York 1835.

dio de africanos capturados en su tierra natal y trasladados a todo el continente americano y de los censos estadounidenses de 1790 y 1860. En ambos se excluye la población amerindia. En el primero el número total de habitantes empadronados fue de 3.921.329 de los que, utilizando su propia denominación, 3.164.148 eran blancos, 59.481 personas libres y 697.700 atenidos al trabajo o al servicio doméstico, una forma sutil de denominar a los esclavos[42]. En el del 1 de junio de 1860 se censan 31.183.582 personas, cifra que pone en entredicho la del censo anterior a pesar de que el número de estados había aumentado, de las que 476.748 eran libertos (denominados en el documento free colored persons) y 3.950.528 eran esclavos. En ese mismo censo se calcula que 393.975 familias poseían esclavos y que la media era de unos diez esclavos por familia. En estados como Misisipi el número de esclavos ascendía al 55% de la población, el 47% en Luisiana, el 45% en Alabama y el 44% en Florida y en Georgia. En el condado de Adams, cuya capital es Natchez, el 71% de la población eran esclavos[43]. En 1861, aproximadamente 350 hacendados de Natchez poseían más de 200 esclavos cada uno.

Anuncio de 1780.

La venta de esclavos era el mayor negocio y el más lucrativo del sur de los Estados Unidos, mayor y más importante que el de las plantaciones de algodón, azúcar o maíz ¡todas juntas!

El comercio de seres humanos en Forks of the Road duró desde 1830 hasta julio de 1863 cuando las tropas del Norte conquistaron la ciudad y liberaron a los esclavos. Muchos de estos libertos, no sabiendo a dónde ir, se refugiaron en los mismos barracones en que habían estado esclavizados quedándose a vivir allí, en las mismas o peores condiciones, como hombres libres; pensarlo provoca una sensación de intranquilidad que se acrecienta al saber que estás pisando aquel mismo terreno.

42 Jean Baptiste Gaspard Roux de Rochelle: *Historia de los Estados-Unidos de América*. Imprenta del Guardia Nacional. Barcelona 1841.

43 United States. Bureau of the Census: *Historical statistics of the United States, colonial times to 1970*. Washington, 1976.

En muchos casos la liberación por los ejércitos yanquis de Natchez no fue una bicoca para los esclavos que pasaron a vivir en condiciones aún más deplorables. El ejército de la Unión no había previsto la avalancha de esclavos huidos que se les vino encima tras la toma de la ciudad. Una legislación desarrollada precipitadamente instaba a que toda plantación incautada pasara a manos del nuevo gobierno que contrataba por un salario a una parte de los ex esclavos. El resto, los físicamente más capacitados, eran reclutados por el ejército. A pesar de esa ley muchos esclavos prefirieron huir a la búsqueda de la libertad en otros lugares, pero su destino no fue mucho mejor y acabaron en campos de refugiados, uno de ellos los mismos barracones de Forks of the Road en condiciones infrahumanas, o encontraron la muerte en el empeño por culpa del hambre y de las enfermedades, en especial el sarampión y la viruela.

En 1864 James Yeatman y otros miembros de la Western Sanitary Comission del Gobierno estadounidense presentaron por carta sus conclusiones sobre los campos de refugiados al presidente Abraham Lincoln: "Cientos de negros regresarían con gusto a la esclavitud, para evitar las dificultades de la libertad. (...) La condición de los negros liberados en el valle del Misisipi empeora día a día. La mayoría no tienen refugio sino lo que ellos llaman 'tiendas de campaña', que no sirven más que para protegerlos de los rocíos nocturnos. Están pobremente vestidos -muchos de ellos medio desnudos- y casi desprovistos de camas y ropa de cama, miles de ellos duermen en el suelo desnudo. El Gobierno les proporciona raciones, pero se producen muchas demoras inevitables en la distribución, provocando a menudo desabastecimiento. Las raciones del ejército (carne de vaca y galletas saladas) son un tipo de dieta a la que no están acostumbrados; no tienen instalaciones de cocina y casi no saben usar la harina de trigo. Incluso cuando se suministran provisiones en abundancia, están tan mal cocinadas que no son ni comestibles ni sanas. Añádanse a estas dificultades, la impotencia y la imprevisión de aquellos que siempre han sido esclavos, junto a un estado de desánimo y hastío cuando llegan a nuestras líneas. La enfermedad y la muerte prevalecen en un grado terrible. Ningún lenguaje puede describir el sufrimiento, la indigencia y el abandono que abundan en algunos de los 'campos'. En muchos casos, los enfermos y moribundos quedan desamparados y los muertos quedan sin enterrar. Da la impresión que la mitad están condenados a morir en el proceso de liberación".[44]

Mientras paseo sin rumbo por Forks of the Road ensimismado en mis pensamientos, un autobús frena a mis espaldas y baja un pequeño ejército de tu-

---

[44] *Appeal from the Western Sanitary Commission to President Abraham Lincoln regarding the condition of free slaves*, November 6, 1863. Original guardado en The Gilder Lehrman Collection, GLC01545.11.

Portada de un LP de canciones de los esclavos afroamericanos.

ristas comandados por una guía afroamericana. Primero me incomodo, están rompiendo mi meditación solitaria, pero inmediatamente me alegro de que lugares como este estén incluidos en las visitas turísticas; no todo ha de ser bonito, es importante conocer el pasado por turbio y desagradable que ahora nos parezca.

Natchez, al contrario, no es en absoluto turbia o desagradable, es una ciudad para pasearla tranquilamente e ir disfrutando de su arquitectura. Regreso por la misma calle St. Catherine hasta la orilla del Misisipi y tomo una decisión rápida. Si en el Grand Hotel que está justo en la esquina, en primera línea sobre el parque, tienen alguna habitación con vistas al río me quedo a dormir aquí. Hoy ya he hecho bastantes kilómetros. No es una elección a ciegas, en mis notas, esas que me fallan a menudo, está altamente recomendado por situación, calidad y precio. Como es martes tienen una habitación en el extremo de la tercera planta. En fin de semana, me explica el recepcionista, tendría que buscar fuera de la ciudad; aquí es todo o nada. También me explica que la habitación es pequeña pero yo voy solo y el precio es solo algo superior al de un motel medio.

Subo corriendo ilusionado para ver el río. El Grand no es un motel pero pocas cosas cambian: al fondo del pasillo diviso un enorme dispensador de cubitos de hielo.

Las suites del centro del hotel tienen balconcito, la mía solo un ventanal pero es casi tan inmenso como la habitación. A mi izquierda se ve el kiosco de música y más allá el doble puente metálico que conecta Natchez con la población de Vidalia, es decir el estado de Misisipi con el de Luisiana y es el único paso cercano.

Los colores del atardecer en el Misisipi vuelven a ser asombrosos.

No hay mucha música en vivo en las noches de Natchez en agosto. Así que aprovecho para pasear y comprobar que entre las mansiones señoriales de estilo español o francés hay también profusión de casas con columnas junto a viejos barracones de madera no siempre bien conservados.

Décimo día. Martes. ¡Jesús!

Es el primer desayuno de hotel que vale la pena en este viaje. Un bufet pequeño pero consistente y un café que se deja beber. A saco: huevos, beicon, salchichas, patata cocida, bagels con queso, melón y sandía. ¡Uf!

Sin pretenderlo el camino de salida me lleva hasta el otro monumento histórico de la ciudad, el cementerio. Los folletos turísticos de la ciudad explican con grandes letras: "Una visita a Natchez no está completa sin una visita al Cementerio de la Ciudad". Y es justamente eso, un cementerio sin

Cementerio de Natchez.

Cerca de Natchez por la Highway 65.

nada de particular a pesar de que el folleto prosigue con su locuacidad publicitaria: "...las historias de sus ocupantes revelan la historia, la grandeza, el misterio y la tragedia que narran la historia de Natchez". En realidad no he entrado, mi rutina de viajero no incluye visitar cementerios, pero apoyado en la verja lo único que me ha llamado la atención es la intensidad del color verde de la explanada y algunos robles probablemente centenarios; no tiene a la vista ni una mala construcción o estatua reseñables. Entre las tumbas un corredor perfectamente equipado hace jogging con total naturalidad. Con lo bonita que es la ciudad y la cantidad de parques frondosos que tiene, está corriendo allí. En fin.

Al salir de Natchez recupero la Highway 61. Nuevamente bosques enormes y grandes extensiones verdes con vacas y, de tanto en tanto, entradas a ranchos que no se ven desde la carretera. Es la Autopista del Blues, indiscutible pero es una lástima que no hayan guardado la Old 61 como más al norte; circular por aquí es excesivamente impersonal y hasta un poco aburrido. Y más cuando la radio del coche sigue vomitando country barato.

Atravieso el río Homochitto, palabra que en choctaw significa "gran rojo"; uno más que incorporar a la larga lista de ríos estadounidenses que se llaman red, rojo o colorado. A partir de aquí los bosques se hacen menos tupidos. En la zona de St. Francisville se anuncian las visitas a diversas plantaciones, a pesar de que la información es positiva esperaré hasta llegar a la zona de Nueva Orleans, tampoco se trata de visitar quince plantaciones.

Si hoy fuese jueves y estuviera a punto de anochecer me podría desviar hasta Zachary, al norte de Baton Rouge cerca del aeropuerto, donde se encuentra uno de los juke joints más antiguos del Misisipi: el Teddy's. Se explican muchas historias sobre este barracón a las afueras de Zachary y sobre su exuberante dueño... pero solo abre los jueves por la noche.

Así que antes de entrar en Baton Rouge me desvío en dirección al Misisipi. Voy a olvidar el blues por unas horas e intentar sumergirme en otras maravillas de la zona: la música cajún y zydeco.

Tanto en la gasolinera cercana a Baton Rouge como en el supermercado adyacente me ha sorprendido por dos veces que parejas de afroamericanos, que hablaban en inglés, se despedían con un *au revoir*.

Dudo sobre la decisión ya tomada antes de iniciar el viaje de saltarme Baton Rouge. No deja de ser la capital del estado y una ciudad importante con su puerto, universidades, edificios art decó y museos de arte pero no brilla especialmente por su vida musical. Al parecer el poco brillo lo están aportando desde hace algunos años los antiguos residentes en Nueva Orleans que fueron desplazados por el paso del Katrina.

Atravieso el Misisipi por otro inmenso puente metálico aunque aquí, en las afueras de Baton Rouge, las orillas son totalmente industriales y la vista tiene poco interés. Solo prevalece la inmensidad del cauce.

A pocos kilómetros la Interestatal 10 se convierte en un gran puente que, a lo largo de más de treinta kilómetros, cruza un inmenso pantano de aguas verdosas (no tan densas como en Indianola pero casi igual de sobrecogedoras) y cipreses y sauces emergiendo desde su fondo sin duda poco profundo con lianas de musgo colgando de sus ramas. Es el puente Breaux que cruza el río y el humedal del Atchafalaya, el pantano más grande de los Estados Unidos producido por el cauce y desbordamiento de esas aguas que finalmente también desembocan en el Misisipi y que cuando intentas pronunciar su nombre (conseguirlo ya es otra historia) los lugareños te responden "*Bless you!*" (*¡Jesús!*). Se mofan diciendo que Atchafalaya suena como un estornudo y algo de razón tienen. El nombre es también de origen choctaw y significa "río largo". La carretera está tan cerca del agua y sin ninguna estructura

El Atchafalaya (¡Jesús!).

aérea que parece que te estás deslizando directamente sobre el humedal. La lástima es que la circulación es muy densa y no hay zonas de descanso desde las que poder gozar del paisaje. Hoy es un día especialmente soleado pero imagino este panorama rodeado de bruma al caer la noche, debe de intimidar bastante. ¡Y supongo que hay caimanes!

Conduzco por la Interestatal 10 y todos los nombres a mi paso tienen acento francés: Grosse Tete, Butte la Rose, Pont des Moutons,... y Lafayette. Acabo de adentrarme en la zona francófona de los Estados Unidos: L'Acadiane en criollo, Acadiana en castellano. En los balcones ondean banderas con flores de lis.

Lafayette, Luisiana

"Find a two-step partner and a cajun beat,
When it lifts me up, I'm gonna find my feet
Out in the middle of a big dance floor
When I hear that fiddle, wanna beg for more
Wanna dance to a band from a Lousian' tonight
Hey
They gotta alligator stew and a crawfish pie,
A gulf storm blowin' into town tonight
Livin' on the delta it's quite a show."

(Encuentra un compañero para un two-step y un ritmo cajún,/Cuando me levante, voy a encontrar mis pies/En medio de una gran pista de baile/Cuando escucho ese violín, quiero suplicar por más/Esta noche quiero bailar con una banda de Luisiana/Oye/Tienen guiso de cocodrilo y tarta de cangrejo,/Una tormenta del golfo estallando en la ciudad esta noche/Vivir en el delta es todo un espectáculo.)

Mary Chapin Carpenter:
"Down at the Twist and Shout"

Las judías no están saladas

Estoy en los Estados Unidos pero en nada se parece al resto de la nación ni por su paisaje, sus habitantes, su lengua, sus costumbres, su comida o su música. Aquí apenas hay blues, country, soul, rock o cosas parecidas. Esto es el reino del acordeón, del violín y de alguna de las músicas bailables más contagiosas del planeta: el cajún y el zydeco que en el fondo, no nos engañemos, son casi la misma cosa.

Acadiana es una parte de esa Luisiana que después de ser española fue francesa y Napoleón, en un claro ejemplo de que su capacidad estratégica militar no se correspondía con su visión para los negocios, se la vendió en 1803 a los Estados Unidos por doce millones de dólares. Es una zona esencialmente poblada por los descendientes de los colonos franceses expulsados de Nueva Francia, la Acadia canadiense, por el ejército británico hacia 1775 y que llegaron hasta aquí utilizando la Natchez Trace. En todo este tiempo muchas de las costumbres ancestrales de procedencia francesa se han conservado aunque lógicamente mezcladas con las de las tribus nativas que anteriormente vivían aquí y que nunca fueron expulsadas por los acadianos también llamados cajunes.

Se calcula que hay más de 800.000 cajunes en Luisiana que hablan francés criollo, comen cangrejos, bagres y salchichas picantes con arroz aromatizado con apio y especias, beben cerveza (en eso nos parecemos todos) y tocan con el acordeón y el violín, añadiendo un ritmo infeccioso, valses y baladas francesas alegres y desenfadadas. Bueno, hacen muchas más cosas, es el peligro de resumir.

La música cajún es el resultado de múltiples influencias basadas en la tradición francesa y, a su vez, ha sido una de las influencias más notables del country and western clásico. Las baladas folclóricas y los valses, mazurcas y contradanzas llegados de Francia vía Acadia a los que se añadirían toques amerindios, mexicanos, alemanes, caribeños y de los colonos instalados en los Apalaches son la base del cajún. En su aspecto más clásico se solía interpretar por un trío de acordeón, violín y triángulo. Después, lógicamente, se han ido añadiendo otros instrumentos como el contrabajo, la guitarra y diversos instrumentos de percusión casera.

Cuando la música cajún de los acadianos blancos se encontró con el cercano blues negro surgió lo que ahora llamamos zydeco. El nombre zydeco proviene del francés "les haricots" (las judías) pronunciado a la criolla y tomado de la primera canción que se popularizó "Les haricots sont pas salés", una expresión que podría traducirse por "corren malos tiempos" ya que los acadianos comían las judías con carne salada, cuando no había dinero para la carne las judías no estaban saladas.

Fueron los libertos de las cercanas plantaciones instalados aquí los que trajeron el blues y lo juntaron con la cultura francófona que rápidamente adoptaron. Más tarde la adición del rhythm and blues le añadió un efecto más sincopado todavía. Acordeones y violines son también la base de esta música danzante que en sus inicios incorporaba una tabla de lavar como elemento rítmico que modernamente ha sido sustituida por un bajo eléctrico y una batería.

Beausoleil se va a Lafayette.

Decir que el cajún es la música blanca de Acadiana y el zydeco la negra es resumir en exceso las cosas pero se acerca a la realidad.

Y la capital de todos esos ritmos es también la capital de Acadiana: Lafayette.

En la misma Interestatal 10 está anunciada la oficina de turismo. Voy para allí, una ayuda siempre será buena. Me dirijo en francés a la señora que atiende y me contesta en algo parecido al francés absolutamente ininteligible para mí. Sonríe (se acaba de quedar conmigo), ya en inglés me explica que el criollo no es tan sencillo y que necesitaré varias semanas para cogerle el tranquillo. En ese momento me lo creo. Yo había entrevistado en francés a Michael Doucet, BeauSoleil, y nos habíamos entendido muy bien pero ahora tengo que dar por supuesto que él sabía con quién estaba hablando y no desplegó su naturalidad cajún sino su educado francés literario. Después comprobaré que la cosa no es tan drástica, ¡ni mucho menos!, la encargada de la oficina de información realmente se había quedado conmigo.

Pregunto en inglés por algún restaurante de comida tradicional en el centro y la señora que me atiende me mira una vez más con cara de resignación. Me explica que Lafayette es la ciudad estadounidense con mayor número de restaurantes per cápita. Y debe ser verdad, ahora entiendo por qué nada más acercarme a la ciudad por la Interestatal todo son anuncios de comida. Me da un folleto lleno de direcciones. Pruebo entonces con los clubes de música en vivo y la cosa es ligeramente más fácil, esta vez, como mínimo, no me mira mal y me da otro folleto bastante más sucinto. Al pasar he visto un Motel 6 muy cerca, así que no pregunto nada más. Salgo casi como he entrado pero algo deprimido por mi inservible francés y con dos folletos llenos de nombres y colores.

Bocata de pobre con salsa (muy) picante

Tras dejar la maleta en el motel avistado conduzco hasta el centro que es bastante caótico y eso que estamos en agosto. Consigo deshacerme del coche y busco un lugar para comer (no es mi hora pero sí la suya) en mi guía Lonely Planet. Me recomienda un local llamado Pamplona Tapas Bar. Mi mujer es pamplonesa, huyo sin pensarlo dos veces.

Me decido por un po'boy de bagre (más típico de Luisiana casi imposible) en el Dwyer's Cafe, una propuesta de mis notas, hoy más creíbles que la guía. Está en el centro y parece un lugar simpático y sin excesivas pretensiones. Llego justo antes de que cierre. Me mata que no tengan O'Doul's, bebo agua. El po'boy en realidad no es más que un bocadillo hecho con una baguette, algo exótico en el resto de los Estados Unidos pero normal por aquí y lo de po'boy viene porque era lo que comían los niños pobres.

El bocata (creo que es la traducción más adecuada para po'boy) está delicioso con un poco de Tabasco. La camarera me ha traído el Tabasco espontáneamente, ante mi cara de sorpresa me explica en un francés con fuerte acento pero totalmente comprensible que se ha de poner siempre Tabasco porque es una salsa inventada en Lafayette, que la fábrica está a cuatro pasos de allí, en la isla de Avery (rodeada de caimanes, apunta), y que puede visitarse. Lo anoto para un futuro viaje. Siempre había pensado que la salsa Tabasco era mexicana (no leer las etiquetas conlleva esos equívocos) pero, al parecer, fue un ciudadano de Acadiana el que se trajo hace ciento cincuenta años los chiles rojos del estado mexicano de Tabasco y con ellos elaboró su salsa aquí cerca, rodeado de caimanes, según me vuelve a apuntar la camarera. De ahora en adelante cuando le ponga Tabasco a alguna comida me acordaré de Lafayette y de los caimanes.

Con las pilas ya cargadas y la satisfacción de haberme entendido en francés sin varias semanas de aprendizaje y adaptación me lanzo a la conquista de la capital de Acadiana.

En el motel he cogido una revista gratuita de información musical de la ciudad más práctica que el folleto oficial. Otra vez me tengo que aplicar aquello de que estamos en el mes de agosto. En mayo se celebra el Breaux Bridge Crawfish Festival, en septiembre el Original Southwest Louisiana Zydeco Music Festival y en octubre el festival Acadiens et Créoles. El Sido's, la sala de baile zydeco por excelencia, solo abre los fines de semana. Me queda poco donde escoger: Blue Moon Saloon pero la actividad comienza a las 21 horas, un horario más europeo que las habituales siete de la tarde de la mayoría de locales del sur de los Estados Unidos.

El centro de Lafayette, aquí no le llaman Downtown sino Centre, es una mezcla desordenada de viejas mansiones victorianas junto a otras más rústicas, estilo acadiano, y algún edificio art decó que no llega a desentonar del todo. Caminar entre Main Street y Jefferson es agradable sin más. El mercadillo de artesanos de la calle Jefferson podría estar en cualquier otra ciudad, las muestras de arte local son puro producto para potenciales turistas aunque no veo a muchos por aquí.

Nubes para los caimanes

Paseo ante la catedral de San Juan Evangelista, un curioso edificio en ladrillo rojo y blanco, pero la ciudad no parece ofrecerme muchas más cosas, así que retomo el coche y hago apenas ocho kilómetros hasta el lago Martin, un auténtico pantano de película de terror con todos los ingredientes deseables. El Bayou en todo su esplendor. Y aquí sí que hay caimanes aunque desde los paseos y puentes de la orilla es difícil verlos. La única fauna que abunda son garcetas, todas enormes y muy similares al martinet blanc que puebla el Delta del Ebro.

El Bayou ocupa todo el sur de Luisiana. Agua fangosa, plagada de árboles que emergen de ella con su forma de botella, que se abre camino lentamente entre las islas formadas por los caprichosos meandros del Misisipi.

Se puede visitar el Bayou en docenas de puntos turísticos desde aquí hasta los extremos más alejados de las islas ante Nueva Orleans. La lástima de la mayoría de estas propuestas es que se centran más en la persecución de los caimanes y en verlos comer los trozos de marshmallow (sí, marshmallows)[45] que les alcanza con un palo el conductor que en profundizar en los recovecos del pantano. Aun así, estar en el Bayou y no visitar a sus inquilinos más populares sería casi un pecado. Es obligatorio ir a saludar a los caimanes.

Todas las propuestas coinciden en utilizar los pequeños hidrodeslizadores de suelo plano movidos por una gran hélice posterior típicos de las películas de terror en el pantano (existen y muchas). Lógicamente los precios varían mucho según la cantidad de ocupantes de la embarcación. Más interesante sería encontrar alguno de los viejos cazadores de caimanes que aún ejercen en el Bayou para que te diera un paseo más realista. Pregunto y casi se ríen de mí (en realidad se ríen pero como son muy educados, no se nota).

También me explican que aunque cada lugar intenta vender un Bayou de características muy diferenciales, el Bayou es el mismo en todos los lugares,

---

45 En España, entre los niños, se conocen como *nubes* pero su popularidad es mínima comparada con la enorme difusión que tienen en los Estados Unidos donde se comen generalmente calentadas al fuego vivo.

El Bayou.

aquí, aparentemente alejado de la civilización, como en las cercanías de Nueva Orleans (allí las excursiones son mucho más accesibles).

Adentrarse en el pantano sobre esa embarcación ya provoca una cierta aprensión y más cuando alcanza velocidades que nunca pensaste que podría alcanzar aquella aparentemente frágil chalupa (deseo con todas mis fuerzas que lo de aparentemente sea verdad, es decir que no lo sea). Perderse entre los meandros rodeado de grandes árboles que alzan hacia ti sus ramas cargadas de musgo como si quisieran atraparte y te contemplan con condescendencia ("vais a ser los siguientes"), aún más. Cuando los caimanes se acercan casi sientes alivio al tener compañía. A pesar de ello, cuando parecen mirarte fijamente desde el agua (solo sobresale un ojo y te está mirando precisamente a ti) y, a pesar de la seguridad que intenta transmitir el conductor, no acabas de tenerlas todas contigo. Y aún menos cuando se montan de un salto sobre la cubierta para recoger su nube de marshmallow mostrando su imponente dentadura a menos de un metro de tu preciada pierna derecha. ¡Tantos dientes enormes y bien afilados para comerse una chuche de críos!

Dejando de lado los caimanes, moviéndome por el Bayou, especialmente cuando los árboles crean una cúpula mullida que no deja pasar el sol del atardecer, entiendo un poco más la dificultad de vivir hace más de un siglo en un

Esperando su recompensa junto al hidrodeslizador.

entorno como este. Lo dura que debió ser la vida de los primeros acadianos que llegaron, los nativos (sin pensar que se lo pasasen mejor) habían tenido siglos para adaptarse. Dificultad de comunicarse, de viajar (no tenían estas hélices gigantescas y ruidosas), de comerciar, en resumidas cuentas de socializar más allá de su pequeña comunidad. Una dificultad que ha sido esencial para la conservación cultural de esta zona. Tal vez por eso su música es siempre tan alegre aunque su canción más popular (la ya mencionada "Les haricots sont pas salés") hable de las malas rachas (seguro que las tuvieron, y muchas).

La visión del pantano es espectacular mientras todo se va oscureciendo. En mi cabeza suenan los Byrds cantando "Lover of the Bayou".

Respiro hondo. Miro a derecha e izquierda. Tanto da, el panorama es soberbio e intimidante. Recuerdo una de las muchas frases de Tom Robbins sobre Luisiana. En su momento no creo haberles dado ninguna importancia pero de repente las palabras me han venido por sí solas: obsceno, sofocante, afrodisíaco, violento,... Exactamente Robbins escribió: "Luisiana en septiembre fue como una llamada telefónica obscena de la naturaleza. El aire -húmedo, sofocante, sigiloso y lejos de ser fresco- se sentía como si te lo exhalaran en la cara. A veces incluso parecía como una respiración pesada. La madreselva, las flores del pantano, la magnolia y el olor misterioso del río perfumaban la atmósfera, amplificando la intrusión de sordidez orgánica. Era afrodisíaco y represivo, suave y violento al mismo tiempo". En este momento lo suscribo sin enmiendas.[46]

---

[46] Tom Robbins: *Jitterbug Perfume*. Bantan Books/Random House. Nueva York 1984.

Logotipo del club Blue Moon de Lafayette.

De regreso, jugando con el sintonizador de la radio del coche localizo una emisora local, la KRVS, que solo emite cajún y zydeco. Una explosión de alegría en el dial.

El Blue Moon es un local no muy grande, todo en madera que cruje al pisar, más rústico imposible, alguna pared hasta está adornada con herraduras de la buena suerte. Una enorme pizarra sirve para anunciar los conciertos de la semana con tizas de colores. En la barra consigo una O'Doul's aunque a la camarera no le parece una buena elección y me lo hace saber con un retintín que no admite dudas.

El escenario es pequeño, casi a ras de suelo, delante la gente baila por parejas. El grupo anónimo (me cuesta encontrar su nombre y tampoco me dice nada), acordeón diatónico, tabla de lavar, guitarra, contrabajo y batería; cajún contemporáneo y sin inhibiciones que lo pone todo en movimiento, nadie para quieto, hasta las sillas y las mesas se marcan un bailecito. ¡Y eso que estamos en agosto!

La gran Lucinda Williams, nacida a cuatro pasos de aquí, cantaba al inicio de su carrera:

"That music sounds so good to me,
I just might dance until three
We danced all night long to a sweet Cajun song
Drinkin' and jivin' 'til dawn,
I could dance on and on
Doin' a two-step in my sweet Lafayette
Take me back Lafayette,
Way down on the Bayou
I'm your girl, Lafayette."

(Esa música me suena muy bien,/Podría bailar hasta las tres/Bailamos toda la noche con una dulce canción cajún/Bebiendo y bailando hasta el amanecer,/Podría bailar y bailar/Marcarme un two-step en mi dulce Lafayette. /Llévame a Lafayette,/Allá abajo en el Bayou/Soy tu chica, Lafayette.)

Y, sin duda, no es la única que piensa así por aquí.

Pasada la medianoche salgo del Blue Moon, en el interior siguen ignorando el significado de la palabra cansancio. Probablemente, como cantaba Lucinda, no dejarán de bailar como mínimo hasta las tres.

En el Motel 6 hay cubitos de hielo pero tampoco hoy sé qué hacer con ellos y en el camino de vuelta no he encontrado nada abierto para comprar agua.

Undécimo día. Miércoles. Violines y acordeones diatónicos

Tras mi pequeñísima experiencia danzante y un sueño reparador, me enfrento al café del Motel 6 que se mantiene igual a sí mismo, perpetuando la tradición. Así que en vez de ir directo, como era mi intención, al Acadian Cultural Centre, subo varias manzanas hacia el norte y acabo sentado ante la mesa amarilla de un IHOP que ayer vi al regresar al motel. No se trata de perseguir exquisiteces, aquí las estrellas Michelin brillan por su ausencia aunque la mayoría de parroquianos se asemejan bastante al entrañable muñeco de la marca francesa de neumáticos. Desafiando a la sensatez me pido un desayuno especial cajún y compruebo con sorpresa que es idéntico al desayuno especial texano que ya experimenté hace unos años, en una ocasión anterior en que también sucumbí a la tentación; en esos momentos recuerdo para consolarme a Oscar Wilde en *El retrato de Dorian Gray*: "La única manera de deshacerse de una tentación es ceder a ella. Resiste y tu alma enfermará con el anhelo de las cosas que se ha prohibido a sí misma". Huevos revueltos, patatas doradas con manteca, tomate asado con especias, enormes tiras de beicon, unas cuantas salchichas rechonchas y una montañita de panqueques regados con sirope old fashion y café, claro, varias tazas que me van rellenando sin necesidad de solicitarlo y siempre con una sonrisa exagerada. El único toque local estriba en que entre las diferentes salsas de colores chillones colocadas en un contenedor, también amarillo, en un extremo de la mesa se encuentra una botellita de Tabasco (a esas horas de la mañana hago como que no la veo, el resto de salsas tampoco las veo).

Con los movimientos algo ralentizados por el sobrepeso recién añadido me dirijo al Acadian Cultural Centre para saber más de la vida de los acadianos, conozco su música pero poco más. El museo se ve rápido y es sumamente interesante sobre todo por las explicaciones y objetos de la vida diaria de los primeros europeos instalados aquí. El vídeo que puedes ver a la entrada es muy ilustrativo. En el aspecto musical nada destacable: hay viejos violines y acordeones diatónicos de una sola fila de botones, también banjos de cinco cuerdas (probablemente influencia directa de los Apalaches) y diversos instrumentos de percusión bastante rudimentarios realizados con calabazas, trozos de hierro doblado o tablas de lavar (de lavar de verdad, no como las que ahora venden en Amazon).

Al salir me recomiendan pasarme por Vermilionville que está justo al lado. Se trata de un pequeño poblado edificado a semejanza de los que existían en Acadiana a principios del siglo XIX. Las construcciones son en su mayoría modernas réplicas pero algunos elementos son originales. Ayuda a comprender lo que has visto en el museo pero tiene un aire a Disneylandia excesivamente artificioso sobre todo en las vestimentas y actitudes poco naturales de los empleados. Puedes pasarte horas dando vueltas entre las casas o entrar en ellas, incluso ofrecen buena comida cajún, pero prefiero seguir mi camino.

Para llegar hasta Nueva Orleans puedo rehacer parte del camino, volver a atravesar el Atchafalaya (*Bless you!*) y regresar hasta la entrada de Baton Rouge. Es lo más corto y más rápido y volver a pasar sobre la ciénaga tiene su gracia. La otra ruta alarga en más de una hora el camino y te lleva a través del Bayou hasta Vacherie, que es la próxima parada en mi viaje antes de entrar en Nueva Orleans, pero la carretera va apartada de las zonas pantanosas y atravesar un par de ríos no creo que compense. Así que me decido por lo más rápido y regreso a la fascinación del Atchafalaya.

Al llegar a las afueras de Baton Rouge en vez de tomar la Interestatal 10 regreso a mi querida amiga la Highway 61. La periferia de Baton Rouge es interminable, llena de concesionarios de automóviles y talleres de reparación.

La US 61 es más estrecha que la I 10, recorre un camino paralelo y tiene un tráfico atroz en especial en el acceso a Gonzales (con s y sin tilde) donde se agolpan franquicias, restaurantes de discutible apariencia, outlets y enormes anuncios de carretera de lo más variopinto. Uno, por ejemplo, dice simplemente “Mesothelioma” y un teléfono; supongo que se tratará de una clínica médica especializada en cáncer pero así dicho... Una empresa de demolición llamada Tiger, tampoco es el tipo de oferta que se anuncie mucho entre nosotros y menos a pie de autopista. Una casa de empeños de nombre sugerente Gold and Guns. Varios anuncios de dentistas y los consabidos abogados expertos en accidentes de tráfico. Una gallina gigante anuncia comida rápida. El restaurante chino que está un poco más adelante se llama en un alarde de originalidad Grand Wall (Grand Muralla), hay costumbres que no cambian a pesar de la distancia. Imagino que esto no es cosa de Gonzales, todas las grandes poblaciones deben de tener ese tipo de publicidad y restaurantes chinos que se llaman Gran Muralla aunque sea hoy y aquí cuando yo me he dado cuenta.

Regresando al Misisipi

"I'm growing tired of the big city lights
Tired of the glamor and tired of the sights
In all my dreams I am roaming once more
Back to my home on that old river shore."

(Estoy cansándome de las grandes luces de la ciudad./Cansado del glamur y cansado de los monumentos./En todos mis sueños estoy vagando una vez más./De vuelta a mi casa en esa vieja orilla del río.)

Jimmie Rodgers:
"Miss the Mississippi and You"

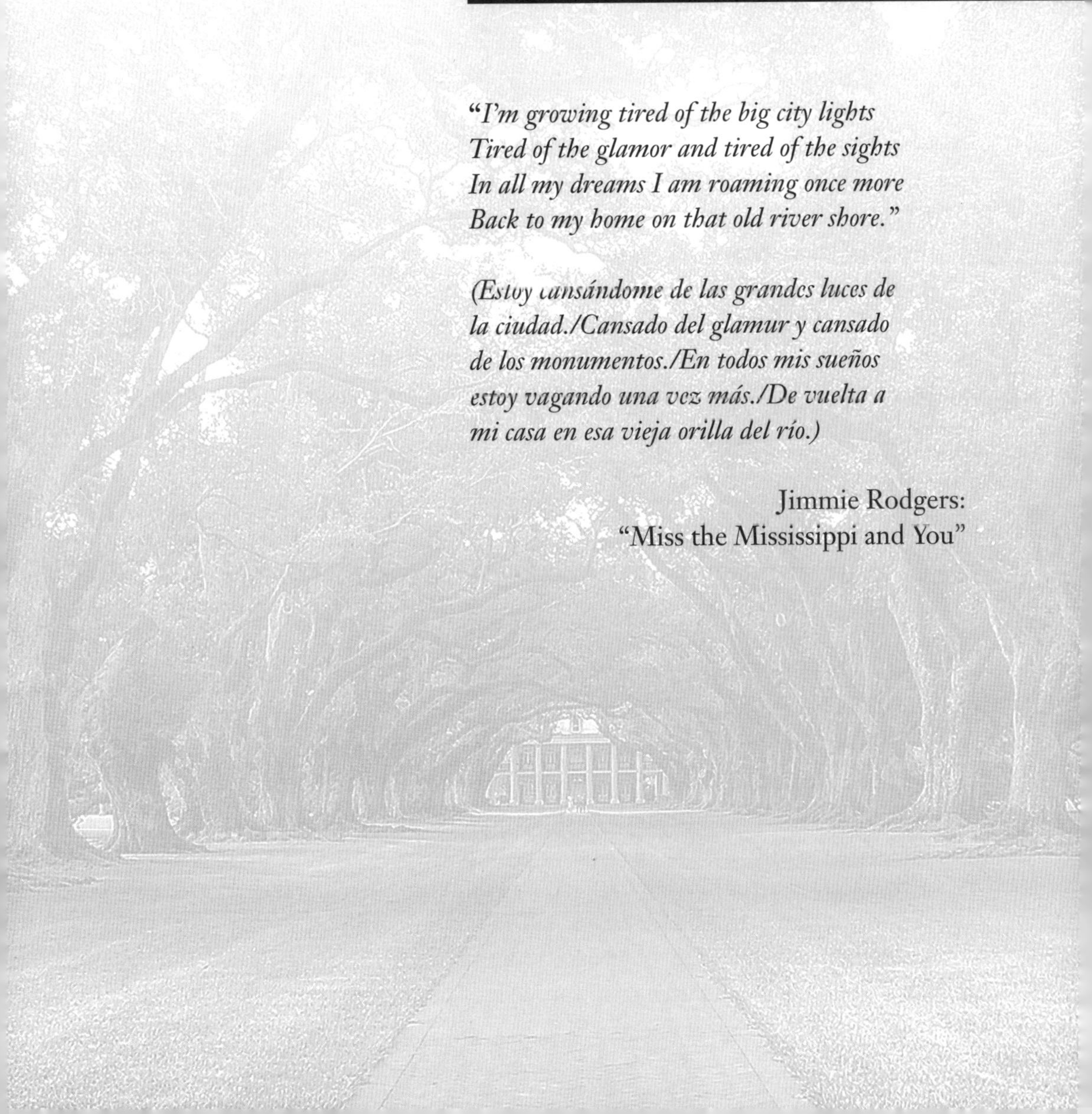

Esclavos, libertos y caña de azúcar

Dejo Gonzales y dejo también la 61. A la altura de Sorrento (otro nombre de población cargado de sugerencias, visto desde la carretera no merece la pena volver, a pesar de lo que diga la canción) me desvío a la derecha y paso a circular por carreteras secundarias en las que se ve la vida real del Sur profundo que tiene poco que ver con la de las grandes ciudades. Las casas son todas de madera aquí muy bien cuidadas pero con aspecto de ser de antes de la guerra y todo respira bastante tranquilidad. En esta parte del mundo el reloj va más lento, seguro.

A la altura de Gramercy atravieso otra vez el Misisipi, esto ya va siendo una costumbre, por otro inmenso puente metálico, este es el Sunshine Bridge. Me aseguran en la gasolinera Shell, que está justo a la salida, que el nombre del puente no es ninguna ficción, aunque se lo pusieron en recuerdo del caballo del gobernador que lo inauguró, tiene las puestas y salidas de sol más impresionantes del sur de los Estados Unidos. Lástima, no puedo quedarme para comprobarlo pero la enorme foto, en tonos rojizos que asustan, situada tras la caja registradora parece confirmarlo.

Yo pretendía con mi paseo por carreteras poco importantes atravesar el río más adelante e ir directamente a Vacherie pero no hay más puentes por aquí. Miro en el plano y circular por la orilla sur no es precisamente el modo más rápido de llegar a Vacherie. Me consuelo con un camino secundario que bordea el río aunque, la verdad, el río no se ve prácticamente nunca; a un lado cultivos de maíz y al otro una pequeña colina que lo tapa completamente. Es la LA 18 y voy totalmente solo. Por esta carreterita circula la Great River Road hasta Venice pasando por Nueva Orleans.

Paso una iglesia y una escuela aunque no se ve ninguna casa cerca. Un típico depósito de agua elevado me da la bienvenida, eso es lo que creo al leer Welcome en grandes letras. Al cabo de poco me llevo la sorpresa de que el pueblo, por llamarlo de alguna manera, se llama así; no era un recibimiento cordial.

Sigo por ese camino y en pocos kilómetros y antes de llegar a Vacherie estoy en la plantación Oak Alley, sobre el papel la que mejor se ha conservado de la época de la esclavitud. Y debe ser cierto porque la impresión es magnífica sobre todo la entrada casi majestuosa con dos filas cada una de doce robles de Virginia de más de trescientos años. Al parecer estos árboles autóctonos pueden llegar a vivir hasta seiscientos años. Paseas debajo de un túnel natural. Impresiona y te lleva a películas tipo *Lo que el viento se llevó*, aunque esta no se rodó aquí. En la Oak Alley se han rodado muchas otras, como *Entrevista con el vampiro*. Es lógico, solo has de poner la cámara y el ambiente ya se crea por sí solo.

Reconstrucción de un pabellón de esclavos en la plantación Oak Alley.

Todas las inscripciones antiguas están escritas en francés ya que el primer dueño era un criollo llamado Jacques Telesphore Roman. El negocio de la plantación era el azúcar y conservan mucha maquinaria de la época.

En las cercanías de la casa principal hay otros robles tan impresionantes o más que los de la entrada pero aquellos juegan con la ventaja de crear una bóveda bajo la que puedes desplazarte, realmente crean un ambiente especial.

La casa de los amos, la Big House (así la llaman), está muy bien conservada, con sus muebles y cuadros originales, pero es simplemente eso, una casa decorada con el gusto y las posibilidades de la época. La construyeron entre 1837 y 1839 los mismos esclavos, incluso los materiales básicos se elaboraron en la plantación, eso sí: los detalles decorativos se importaron de Europa. La mansión exhibe con desinhibida elegancia todas sus columnas helénicas y sirve para hacerte una idea de cómo se vivía en el Sur antes de la Guerra de Secesión. Durante esa guerra un campamento de soldados se instalaron en los jardines, no tomaron la casa, según nos explican se respetaban las jerarquías sociales. Muchos de los objetos utilizados por la soldadesca están todavía aquí.

Junto a la Big House me explican que se hallaba la Garçonniere, donde vivían los hijos de la familia desde los quince años hasta que se casaban y, solo entonces, podían acceder a la Big House. Hablan de reconstruir la Garçonniere.

Algo alejadas quedan las viviendas de los esclavos. En realidad no queda nada de las construcciones originales que fueron derruidas a principio del siglo XX por aquello de borrar el pasado poco agradable, aunque la versión oficial fue el estado ruinoso en que se encontraban. Ahora se han reconstruido varios barracones grandes de madera clara en su mismo emplazamiento utilizando las técnicas de ensamblaje de la época y se ha ambientado su interior con objetos similares a los que podrían haber utilizado los esclavos. El problema al visitarlos es que están tan limpios y pulidos, con sabor a nuevo, que es imposible tomar conciencia de que allí dentro sucedieron todas las historias que conocemos. Es necesario abstraerse pero vista la poca superficie que ocupaban, la ausencia de ventanas y la oscuridad interior puedes hacerte una idea de la hacinación y miseria que les rodeaba. En el folleto desplegable de cuatro páginas que te dan a la entrada con profusa información sobre los detalles más nimios, el espacio dedicado a los barracones de los esclavos no llega a cinco líneas.

Una exposición, eso sí, explica con detalle cómo los esclavos construyeron la plantación y cómo vivían después en ella. No hay ninguna referencia musical pero indiscutiblemente aquí también estaba prohibida la música ancestral y los bailes de lo contrario, al ser una excepción histórica, existiría información al respecto. Seguro que los antecesores del blues y los primigenios blues sonaron en estos barracones ahora destruidos.

También resulta interesante ver los escasos cambios que se produjeron cuando estos esclavos pasaron a ser libres y se quedaron trabajando aquí por un sueldo en los mismos barracones que, al parecer, cada vez estaban más deteriorados.

De hacer caso a las explicaciones de la guía durante la visita sacas la conclusión de que aquellos esclavos eran unos privilegiados por poder "trabajar" en aquella plantación. ¡Uf!

La visita de la Big House es corta, en la exposición sobre los esclavos puedes invertir mucho más tiempo pero lo más interesante es pasear a tu aire. Una cosa curiosa es la campana de la plantación, está a un lado de la Big House y fue el método de comunicación utilizado para todo tipo de órdenes: cada repique de campana tenía un significado concreto. Suena realmente estridente, se debe oír de muy lejos.

Por todo el jardín se dispersan unos enormes recipientes de hierro fundido, ahora llenos de flores, los antiguos hervidores que se utilizaban para elaborar el azúcar a partir de los extractos prensados de la caña. Por cierto, en el folleto de la plantación estos hervidores merecen veintinueve líneas de explicación (más foto) y la campana ocho líneas contra las cinco de los barracones de los esclavos.

Antiguo hervidor de caña de azúcar de Oak Alley.

Al llegar me han preguntado si quería incorporarme a la visita que estaba comenzando o esperaba a la siguiente una hora después, por supuesto me he añadido a la que empezaba y he hecho el tour con la reunión anual de la asociación de pilotos de helicóptero de la guerra del Vietnam. Todos con un enorme cartelón en el pecho explicándolo y su nombre y su apodo. Iban con mujeres y había de todo, desde los que todavía llevaban el pelo cortado al estilo militar con gorra que marcaba los años que habían estado de servicio hasta los que tenían más pinta de fumatas cerveceros. Uno estaba empeñado en ver las caballerizas y la guía insistiendo en que allí no habían ni caballos ni caballerizas y el piloto que sí, que las había visto hacía bastantes años y la guía que sería en otro sitio porque allí nunca habían habido y así se han enzarzado durante un buen rato. Al acabar en la tiendita de recuerdos el mismo piloto volvía a preguntar por las caballerizas a otra empleada. En fin...

Después me los he ido encontrado en Nueva Orleans, por el French Quarter, ya no iban todos en grupo y no llevaban el tarjetón colgado (se puede sacar cualquier conclusión de ese detalle aparentemente banal).

Pasear por Oak Alley es un placer relajante, tanto que me intranquiliza que todas las sensaciones que absorbo poco o nada tienen que ver con la historia de la esclavitud, de sus costumbres o de su música. Es más como un jardín romántico, todo muy novelero, perfectamente cuidado pero sin alma, engañándose a sí mismo (y a nosotros) sobre su propio pasado. Muy distinto a pasear por Dockery Farms donde se respiraba toda esa historia, a la que se puede calificar de todo menos romántica; a pesar de que allí nunca hubieran habido esclavos y aquí sí.

Al acabar la visita he regresado al coche, a mi lado un Nissan Maxima del estado de Misisipi lleva una matrícula sumamente elocuente GOD BLESS AMERICA en vez de letras o números. Es curioso que el coche sea japonés, normalmente este tipo de exaltación patriótica la ves en coches *made in USA*, se ha de ser consecuente hasta el final.

Tomando por la estrecha Great River Road llego inmediatamente a otras dos plantaciones: Laura y St. Joseph. No se trata de visitarlas todas pero Laura puede ser un buen complemento a Oak Alley. Si en esta se mostraba el lujo de los propietarios en todo su esplendor con mínimas referencias a la vida de los esclavos, en Laura es todo lo contrario. Todo es mucho más humilde y más centrado en el día a día de los primeros afroamericanos y, cosa curiosa para la época (se fundó en 1805), está narrado por cuatro generaciones de mujeres que dirigieron la plantación. La última de la saga escribió un libro explicando la biografía de su familia y la vida en aquellos parajes más de trabajo que de placer[47].

Laura se autoproclama como una plantación criolla y, con objetos, imágenes y claras explicaciones documenta detalladamente las diferencias entre blancos, criollos y afroamericanos y sus distintos (por no decir distantes) modos de vida. La plantación estuvo también dedicada, como su vecina, al azúcar y muchos de sus esclavos siguieron trabajando allí una vez liberados.

Hay bastante menos gente que en Oak Alley, a pesar de estar a unos cinco minutos en coche, y se agradece. Está claro que muchos turistas prefieren el lujo de una mansión señorial a las penurias de los esclavos recogiendo algodón o caña de azúcar.

Pueden verse los barracones de esclavos con los objetos que utilizaban habitualmente, la antigua cocina, los establos y conocer cosas tan insospechadas como la gran actividad del departamento de costura, por llamarlo de alguna manera, de la plantación que debía uniformar y mantener en perfecto estado de revista a unos doscientos, primero esclavos y después trabajadores libertos.

E incluso se pueden consultar los precios pagados por cada esclavo y por sus hijos. Se guardan los documentos de todas las transacciones y el listado final es estremecedor en su fondo y en su redacción.

---

47 Laura Locoul Gore: *Memories of the Old Plantation Home: A Creole Family Album*. The Zoe Company, Vacherie, Luisiana, 2000.

El lago Pontchartrain.

Paseando por Oak Alley no me vino a la cabeza ningún blues ni ningún espiritual negro, más bien música de salón, valses, polcas,... Aquí, en cambio, escucho viejos blues torturados y sin esperanza.

En 1879, para pagar deudas de juego, una parte de la finca fue vendida. En esa nueva y pequeña plantación, llamada Webre-Steib, vivió la familia Domino, criollos negros de habla francesa. Recogían la caña de azúcar por un salario que no llegaba al dólar diario y vivían en los antiguos barracones de esclavos junto a otros libertos que habían decidido quedarse a trabajar allí. En 1927 tras una inundación que destrozó las instalaciones, la familia decidió buscar otra vida y se trasladó a la cercana Nueva Orleans, donde nació el octavo hijo, Antoine, que, con el paso de los años, se convertiría en Fats Domino.

Nada más salir de Laura por la Great River Road y justo antes del anuncio de otra plantación, la Whitney, cambio de orilla por otro puente metálico inmenso (acabaré echándolos a faltar), esta vez el Veterans Memorial Bridge, y me dirijo hacia Nueva Orleans. Podría tomar la 61 otra vez pero por aquí es una carretera estrecha y anodina, así que tomo la Interestatal 10 que sobrevuela el manglar.

La carretera es una gozada, desde unos veinte kilómetros antes de llegar a Nueva Orleans circula a poca altura sobre el pantano como ya sucediera con la carretera que atravesaba el Atchafalaya. Se trata de un nuevo puente doble que cruza los pantanos inferiores creados a orillas del lago Pontchartrain; el original fue destrozado por el Katrina y ha tenido que ser reconstruido en su totalidad. Al lado de la carretera está la línea férrea, a diferencia de otras que he ido encontrando parece que esta sí que funciona aunque en mi trayecto no veo pasar ningún tren. Está construida sobre puentes de madera entrelazada como los que aparecen en las viejas fotografías del lejano oeste. Me pregunto una vez tras otra ¿cómo han podido aguantar esos puentes todo este tiempo? y más aún ¿cómo siguen aguantando después del Katrina, que se llevó la carretera moderna pero no la línea férrea antigua? Lástima que aquí tampoco hayan áreas de descanso en las que poder disfrutar del paisaje e intentar ver los caimanes sin tener que tirarles marshmallows.

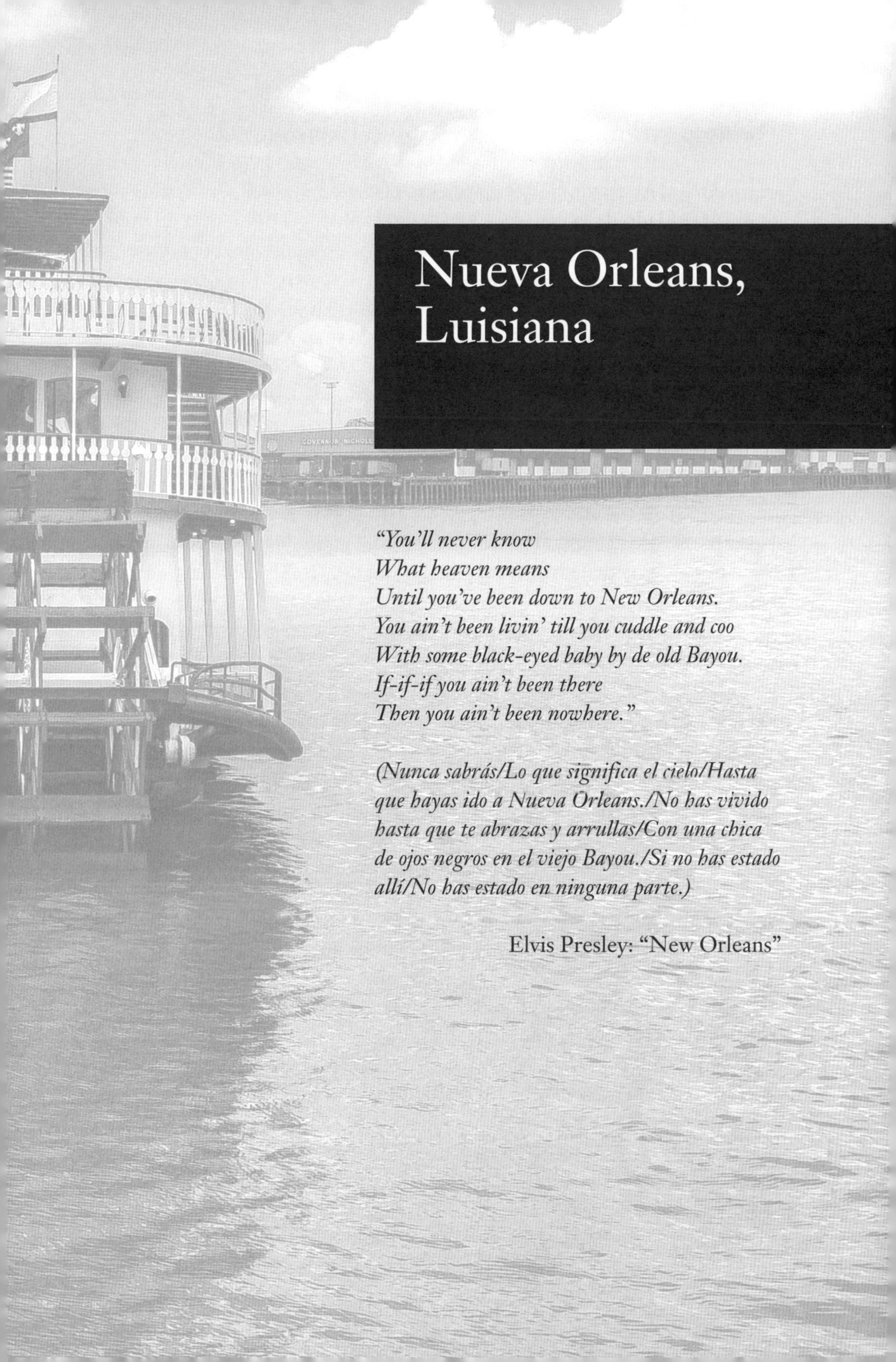

Nueva Orleans, Luisiana

"You'll never know
What heaven means
Until you've been down to New Orleans.
You ain't been livin' till you cuddle and coo
With some black-eyed baby by de old Bayou.
If-if-if you ain't been there
Then you ain't been nowhere."

(Nunca sabrás/Lo que significa el cielo/Hasta que hayas ido a Nueva Orleans./No has vivido hasta que te abrazas y arrullas/Con una chica de ojos negros en el viejo Bayou./Si no has estado allí/No has estado en ninguna parte.)

Elvis Presley: "New Orleans"

Todavía suenan calíopes en el Misisipi

Al entrar por la 10 la ciudad de Nueva Orleans impresiona, es mucho más grande del recuerdo que tenía y con una periferia con rascacielos y edificios comerciales muy extensa que casi parece contraponerse con el centro histórico, dos mundos diferentes que no se mezclan para nada. El Superdrome es espectacular visto desde fuera, como una gigantesca nave espacial aparcada entre rascacielos y que, en cualquier momento, remontará el vuelo.

He ido directo al motel. Lo había localizado por Internet y ha sido fácil de encontrar: desde la misma Interestatal 10 se puede ver la torreta anunciadora. Es un Motel 6 en la zona de Desire a pocos minutos en coche del barrio francés. En Nueva Orleans pueden encontrarse muchas ofertas de hoteles en el centro a buenos precios, todo depende de la temporada, pero a menudo el coche se convierte en un problema (no hay dónde dejarlo). Yo he preferido seguir con mi (casi) rutina y buscar un motel a pie de carretera. Este es más grande que otros de la misma cadena, las habitaciones son más espaciosas y tiene wifi gratuita.

Dejo las cosas y me voy derecho al Misisipi. El río es distinto en Nueva Orleans. Todo a su alrededor se mueve a un ritmo muy diferente al de las tierras del blues o del rock and roll. Aquí la cadencia criolla se impone, realmente (aunque no sé cómo explicarlo) todo es más jazzy.

Tras atravesar la plaza de armas, ahora llamada Jackson Square, he llegado a la orilla del río justo a tiempo de oír un concierto (por llamarlo de alguna manera) de calíope desde la cubierta del steamboat *Natchez*. Una maravilla de instrumento aunque el intérprete no ha eludido ningún tópico, hasta "The Saints" para hacerlo más típico.

Este instrumento es el que utilizaban los barcos del Misisipi cuando llegaban a algún puerto para hacerse notar. Unos eran barcos de mercancías y así avisaban de su llegada para que los potenciales compradores pudieran acercarse. Otros, los showboats, eran teatros musicales generalmente con casino y restaurante que, lógicamente, también necesitaban hacerse notar cuando amarraban en un puerto buscando clientes.

El calíope funciona con la presión de las calderas del barco y no es más que una serie de tubos parecidos a los de un órgano pero con un sonido más metálico y que funcionan a gran presión abiertos o cerrados desde un teclado. Así, aunque musicalmente no es muy maleable, suena muy potente, estridente incluso. Imposible no oírlo aunque estés relativamente lejos. Resulta curioso ver cómo va saliendo humo, vapor en realidad, de los tubos al ritmo de la música.

Los calíopes de los barcos del Misisipi solían ser enormes, el del *Natchez* tiene 32 notas, pero a principios del siglo XX se fabricaron instrumentos simi-

El Misisipi a su llegada a Nueva Orleans.

lares de menor tamaño utilizados en ferias y circos, incluso llegaron a sustituir a las campanas de alguna iglesia (probablemente se oían de mucho más lejos). Aunque desterrado ya de circos, ferias e iglesias y utilizado solo como anécdota en barcos como el *Natchez*, pueden oírse todavía calíopes en discos de The Beatles ("Being for the Benefit of Mr. Kite!" del elepé *Sgt. Pepper's*) o King Crimson ("In the Court of the Crimson King").

El steamboat *Natchez*, de un blanco reluciente, es un soberbio barco de vapor de tres pisos movido por palas y fabricado en todos sus detalles al estilo de los que surcaban el río en la época de las plantaciones. No se trata de un steamboat histórico ya que se fabricó en 1975 continuando la saga de los Natchez que se remonta a más de cien años atrás. Los gigantescos motores de vapor fueron aprovechados de un barco anterior, el *Clairton*, y datan de 1925; el resto es de construcción moderna.

Subir al *Natchez* a toque de calíope es un pequeño viaje al pasado y más si algún buen grupo, como los Dukes of Dixieland (en realidad, lo que queda de ellos), están amenizando la travesía. Un escenario que te traslada a medio camino de las viejas películas como *Magnolia* y los dibujos de Morris en *Lucky Luke*. Aun así, la magia se rompe enseguida, nada más abandonar el embarcadero de Toulouse Street. Las orillas del Misisipi en las cercanías de Nueva Orleans están llenas de industrias y puertos militares lo que no convierten la excursión en un paseo romántico como anuncia la publicidad. Simplemente vale la pena por sentir la sensación de estar navegando por el Misisipi y ver en funcionamiento y de cerca las enormes palas y el potente motor de vapor. Si esto es suficiente como para invertir algunos dólares (entre 30 y 40) y un par de horas es cuestión de cada cual. Ya hice esa excursión una vez, hace veintidós años con mi mujer Teresa, los dos deseosos de estar *en* el Misisipi, fue suficiente.

Feliz de mi reencuentro con el río y de los muchos recuerdos tan entrañables de aquella primera vez que lo vi desde este mismo embarcadero, regreso al motel. Como no tengo ganas de meterme en ningún local cerrado paro en una pequeña tienda de fruta en una esquina de Louise. Aprovecho para comprar plátanos y nectarinas. Esperaba encontrar frutas más exóticas, no sé por qué pero lo esperaba. Me conformo con la realidad y me meto en la cama pronto. Además, así podré madrugar e ir a desayunar al Croissant d'Or.

Duodécimo día. Jueves. Marie Laveau, Jean Lafitte y el Katrina

Salgo del motel lloviendo, se me hunde el mundo ante la perspectiva pero antes de llegar al centro ya luce el sol. Me adentro en el barrio francés hasta el Croissant d'Or, cita ineludible. Entrañable, me tomo un café con leche y una palmera, auténtica palmera y buenísima, comparable a las mejores que he comido (todavía añoro las que hacían en la centenaria Baylina del Passeig de Sant Joan de Barcelona, hoy cerrada porque un gran pastelero no encontró sucesión en el momento de jubilarse).

Las paredes en el Croissant d'Or son blancas con remates azules y rosas, es como situarte dentro de una enorme tarta, con los ventiladores del techo siempre funcionando. La música que ponen es francesa, de acuerdo con las pastas y pasteles (aunque, en el fondo, resulta un tanto chocante escuchar a Edith Piaff en la cuna del jazz). Prácticamente no hay nadie en el local, está fuera del circuito turístico y se agradece.

La gente hace cola (las aglomeraciones que se montan son de película) y se pelea (literalmente, los camareros no suelen intervenir) por una mesa en el Café du Monde (ese que está marcado como imprescindible en absolutamente todas las guías) para consumir sus famosas beignets (simples buñuelos fritos) que sin estar mal nunca encontrarían un lugar en ninguna pastelería de mediana calidad. Mientras que en el Croissant d'Or puedes consumir buena pastelería criolla (en realidad francesa, no nos engañemos) a precios más asequibles y en un ambiente relajado. Cosas...

Con el buen recuerdo de mi desayuno me entran ganas de bajar hasta el cercano Café du Monde para ver a las multitudes luchar por una beignet pero reprimo mi cinismo. El Croissant d'Or está en pleno barrio francés, así que me pierdo entre sus casas impresionantes y sus balconadas llenas de flores. A pesar

Interior de Le Croissant d'Or en Nueva Orleans.

de llamarse francés toda la arquitectura de esa zona es española ya que el inicial barrio construido a la francesa se quemó primero en 1788 y lo que quedaba seis años después. La restauración se realizó durante la ocupación española antes de volver la ciudad a ser francesa, el resultado que nos ha llegado es una amalgama con fuerte personalidad que no es ni francesa ni española.

Como hace un calor tremendo no hay muchos turistas en la calle. Por un lado se agradece, por el otro es necesario meterse de tanto en tanto en alguna tienda para refrescarse con el aire acondicionado.

Una, en particular, es increíble: la Marie Laveau's House of Voodoo. Está totalmente llena de objetos para el vudú. No queda ni un centímetro de pared o de techo en el que no hayan muñequitos, lanzas, estampas, velas, inciensos,... Algunos son claramente suvenires para turistas pero al fondo la propuesta es bastante más seria (bolsas de mojo, muñecos para perforar con alfileres, talismanes, objetos mágicos haitianos,...) y espanta un poco. Si mi hija Teresa entra aquí [en aquel momento tenía doce años], no duerme en el resto de su vida.

Marie Laveau es un personaje importante en la historia de Nueva Orleans. Afroamericana católica nacida libre en 1801 en el mismo French Quarter trabajó como importadora de licores antes de ser atrapada por el vudú haitiano que mezcló hábilmente con sus creencias católicas hasta convertirse en su rei-

El Lafitte's Blacksmith Shop.

na indiscutible. Junto a su serpiente, llamada Zombi, llevó los ritos vudús a los cuatro rincones de la ciudad. En este momento es difícil saber qué hay de verdad y qué de leyenda en las mil historias que circulan sobre ella pero precisamente la existencia de todas esas historias es un buen barómetro de la importancia del personaje. En 1982 los componentes del grupo de punk The Misfits fueron arrestados al intentar profanar la tumba de Marie Laveau en el cementerio de St. Louis tras un exaltado concierto en la ciudad.

Muy cerca de la tienda de Marie Laveau está el Lafitte's Blacksmith Shop, el bar más antiguo de Nueva Orleans todavía en funcionamiento y probablemente también de todo Estados Unidos, dicen. Está en este mismo edificio desde 1772 y fue el lugar de reunión de los piratas que llegaban a la ciudad. Ahora es un punto de reunión de turistas pero, a pesar de ello, conserva el sabor.

Jean Lafitte (John en algunos documentos, Laffite en otros) es otro personaje a medio camino entre la realidad y la ficción indisociable de la ciudad de Nueva Orleans. Corsario reconocido tuvo su base en este edificio en el que, bajo la apariencia inicialmente de una herrería, se movía todo tipo de contrabando.

En los años cuarenta del siglo pasado Tennessee Williams, que vivió a dos pasos de aquí, fue uno de los clientes asiduos del bar. El camarero les está explicando a una pareja estadounidense, ya entrados en años, que en aquellas mismas mesas se escribió *Un tranvía llamado deseo*, tal vez. Varios japoneses asoman descaradamente por la puerta, hacen fotografías de forma aún más descarada y corren de regreso a la carroza tirada por un cansino caballo que les lleva de paseo por el barrio.

Pasear por el barrio antiguo de Nueva Orleans es siempre un placer. El Katrina fue más clemente con esta zona de la ciudad y pronto todo recuperó su aspecto y su carisma habituales. Incluso las famosas marcas del agua en las paredes (las que señalaban hasta dónde llegó la inundación) han desaparecido ya totalmente. Tampoco en el barrio de Tremé, como mínimo en la parte baja, se ven signos del Katrina. El huracán ya es historia y solo pervive en la mente de los que lo sufrieron, en especial aquellos que nunca pudieron regresar a sus hogares.

Donde todavía pueden encontrarse trazas es en la zona de Desire, donde está mi motel. En realidad el barrio es una calle muy larga, Louise Street, que va desde la Interestatal 10 hasta el centro y abundan las construcciones medio derruidas y las casas de apariencia tenebrosa. Solo ves a negros sentados delante de las casas pero se parecen más a los de *The Wire* que a los de *Tremé*, por hablar de dos inolvidables series televisivas de David Simon. Me aseguran que la aparente dejadez del barrio no es solo causa del Katrina, siempre ha sido un poco así, y que ahora un grupo de artistas todavía marginales están intentando recuperarlo. Incluso me aseguran que es un buen lugar para salir a tomar unas copas por la noche, no lo compruebo porque mi idea de Nueva Orleans es el jazz y de jazz hay tanto que no puede abarcarse ni con uno ni con diez viajes.

En el barrio francés todas las calles llevan el nombre original en castellano. Enormes paneles de baldosas de cerámica pintadas a mano (hechas en Talavera de la Reina, la de nuestro Toledo peninsular, no otra que pueda existir por aquí cerca) explican: "*When New Orleans was the Capital of the Spanish Province of Luisiana. 1762-1803. This street bore the name Calle de...*" (*Cuando Nueva Orleans fue la capital de la provincia española de Luisiana. 1762-1803. Esta calle llevaba el nombre de Calle de...*). Así me he enterado de que la venerada Bourbon Street no tiene nada que ver ni con el whisky ni con otra cosa que se le parezca sino con los Borbones, ¡Uff! Bourbon y su paralela Decatur son un auténtico parque temático del mal gusto minuciosamente diseñado para turistas con escaso sentido estético. Impera el alcohol y el desmadre descontrolado sobre la música. Estas dos calles no solo acumulan la mayor cantidad de despedidas de soltero y soltera de todo el país sino que son el único lugar de todo Estados Unidos en el que puedes permanecer en la calle desnudo y borracho al mismo tiempo (en muchos lugares el nudismo está permitido, aunque difícilmente en el centro de una ciudad, y en no pocos no se sanciona la embriaguez, pero en ninguno se permite ambas cosas juntas).

Todo es posible en Bourbon y Decatur pero en el sentido más peyorativo que esta frase pueda tener. En varios capítulos de la serie *Tremé* afirman que hay que sentir orgullo por tocar en Bourbon Street, probablemente pero no en agosto y nada da a entender que en otros meses del año sea mejor (lo he comprobado: no lo es).

Prácticamente en cada edificio hay un local con música en directo y la cosa cambia de malo a peor y no importan los estilos: es igual de intragable el jazz, el blues, el rhythm and blues, el rock o el funk, que para todos los (malos) gustos hay algo en esa zona y si no siempre están ahí los locales de striptease barato con frecuentes escenificaciones bastante cutres en plena calle.

Bourbon Street es el ejemplo más claro de lugar que es necesario visitar para sacar tus propias conclusiones sobre la especie humana e, inmediatamente, salir huyendo.

Por suerte, hay mucha más música en Nueva Orleans.

Nada sería igual sin Congo Square

Quiero hacer alguna compra en Nueva Orleans pero casas de discos y librerías pueden esperar. Antes tengo que volver a la plaza Congo, allí empezó todo.

En esta explanada se reunían los esclavos para cantar, bailar y realizar ritos vudú. Es la segunda vez que piso estos adoquines y he experimentado la misma emoción que hace veintidós años, la cabeza me da vueltas imaginando todo lo que han vivido estas piedras y lo mucho que todo eso ha influido en el desarrollo ulterior de la música, de toda la música. [Y me ha sucedido igual en cada visita posterior, en cada una.]

Congo Square está justamente en el inicio del barrio de Tremé junto a la calle Rampart y muy cerca de la antigua estación de ferrocarril de la calle Basin. Actualmente la plaza forma parte del magnífico parque Louis Armstrong y es de agradecer que no hayan construido nada encima a pesar de que en la década de 1960 remodelaron toda la zona, derribando las viejas casas de madera que estaban alrededor y creando el parque actual. Unos adoquines grises en circunferencias cubren toda la explanada, no sé cuándo los pusieron, lo cierto es que armonizan con el entorno y no le restan ni un ápice de magia.

La plaza Congo significó la excepción que confirma toda regla y gracias a esa excepción gozamos hoy de un torrente de música nacida precisamente a partir de lo que aquí sucedía en el siglo XVIII. Indudablemente la música afroamericana hubiera nacido y evolucionado pero nadie sabe cómo ni en qué dirección si no hubiera existido Congo Square.

"Cuando la gente me pregunta cuál es la raíz de la cultura afroamericana en este país, les digo que es Congo Square. Este es nuestro punto de partida", explica Freddi Williams Evans[48]. Gracias a los estudios de esta autora ahora sabemos que hubo otros lugares de reunión de esclavos en otras ciudades del Sur pero de ninguna otra surgió nada nuevo. Incuestionablemente Congo Square tenía magia a pesar de que en otros días de la semana fuera utilizada como mercado de esclavos y lugar de ejecuciones.

Los amos de las plantaciones solían ser muy estrictos (por utilizar un término políticamente correcto) con sus esclavos negándoles la práctica de cualquier manifestación cultural que hubieran podido traer de África y esto se cumplía a rajatabla tanto para los actos religiosos y posteriormente de vudú como para la música, el canto y el baile. A pesar de ello, en el sur de Luisiana y gracias al Code Noir del gobierno de Luis XIV[49], los esclavos tenían permiso para abandonar las plantaciones el domingo por la tarde. Uno de sus puntos de cita fue esta explanada en la que los esclavos (en su mayoría procedentes de Senegal y Gambia) se encontraban con otros afroamericanos libertos primero para cantar y bailar y posteriormente, en especial cuando el Code Noir se relajó con la presencia española, para intercambiar alimentos y mercancías.

Estas reuniones se iniciaron a mediados del siglo XVII y hasta 1817 fueron clandestinas pero, en esa fecha, el alcalde de Nueva Orleans, temeroso de las revueltas de esclavos que comenzaban a producirse, firmó un edicto por el que se prohibía a esclavos y libertos reunirse en cualquier otro punto de la ciudad que no fuera la entonces llamada Place des Nègres, dando así de forma indirecta vía libre a que siguieran haciéndolo allí ya sin miedo y de una forma casi legal.

La plaza se renombró después Beauregard en honor a un general confederado pero poco a poco fue conocida en argot coloquial como Place Congo (todavía en francés) y en ella se reunían cada domingo hasta seiscientas personas según narran las crónicas de la época. La venta e intercambio de todo tipo de mercancías, muchos ciudadanos se acercaban los domingos hasta allí para comprar, se convirtió rápidamente en una fuente de ingresos para esclavos que, con ese dinero, podían comprar su libertad. También fueron importantes esas reuniones para difundir y asentar las prácticas vudú hasta entonces escondidas y cruelmente castigadas.

---

48 Freddi Williams Evans: *Congo Square: African Roots in New Orleans.* University of Louisiana at Lafayette Press, Lafayette 2011.

49 El Code Noir en su legislación final de 1742 establecía todas las reglas por las que tenían que regirse las comunidades de esclavos en territorios franceses como Luisiana. Marcaba la religión y sus ceremonias, los trabajos, las relaciones sexuales permitidas y las bodas, las ventas y transacciones y todo tipo de castigos por saltarse las prohibiciones.

Recuerdo de las danzas y cantos de Congo Square en el Armstrong Park.

A pesar de la importancia cultural, comercial y religiosa, la plaza Congo fue esencialmente el lugar en el que se gestó gran parte de la nueva música afroamericana. Allí esclavos y libertos podían hacer su música y practicar sus bailes sin miedo.

En un primer momento fue música esencialmente percusiva y esencialmente africana. Los esclavos no habían traído instrumentos de África pero tenían sus manos para golpearlas acompasadamente o golpear con ellas diferentes partes de su cuerpo. Estos fueron los primeros instrumentos en las plantaciones pero cuando llegaron a la plaza Congo ya disponían de otros instrumentos de percusión. Les fue sencillo volver a fabricarlos con diferentes elementos que encontraban incluso en las mismas plantaciones. Se utilizaban troncos vaciados, recipientes desechados, calabazas huecas o incluso barriles usados cubiertos con pieles tensadas y golpeados con huesos de animal, generalmente costillas o quijadas de vaca, oveja o cabra.

También se improvisaron toscos instrumentos de cuerda a imitación de los utilizados en algunas zonas de África. Banjos, violines y hasta koras realizadas con calabazas.

En las descripciones que han quedado de aquellos primeros encuentros solo se habla de la masiva utilización de tambores y, en menor medida, instrumentos de cuerda, ninguna otra instrumentación aunque resulta raro que no hubieran flautas fácilmente hechas con cañas o huesos como las utilizadas en muchos puntos de procedencia de los esclavos.

En la segunda década de 1800 algunos escritos apuntan ya detalles tan importantes como la presencia de cantos llamada-respuesta propios del continente africano y después de los espirituales negros, la improvisación de los percusionistas sobre el ritmo base que marcaba el líder y la aparición de cadencias cada vez más sincopadas.

Poco a poco estas músicas iniciales fueron ganando contenido y variedad al mezclarse con las aportadas por los libertos procedentes de Haití (a finales del XVIII más de la mitad de los libertos que vivían en Nueva Orleans eran haitianos) y de los esclavos de plantaciones más al norte que trajeron consigo el blues tocado con guitarra o banjo y los espirituales negros cantados en coro.

Pronto se fueron añadiendo otros instrumentos, en especial los que los negros obtenían en la desbandada de las bandas militares sudistas tras el fin de la Guerra de Secesión: cornetas, saxos, trombones de pistones, bombardinos, tubas, bombos, cajas y platillos, la base de las brass bands todavía hoy esenciales en la cultura callejera de Nueva Orleans.

En 1820, es decir bastante antes de la Guerra de Secesión, un anuncio de la New Orleans Independent Rifle Company ofrecía ya clases gratuitas de corneta a libertos que quisieran alistarse en el ejército.

La introducción de los instrumentos de metal volvería a repetirse tras la guerra hispano-estadounidense de 1898, entonces los instrumentos no estaban tirados en la carretera pero podían comprarse a precios de saldo en las casas de empeños donde habían sido vendidos por el mismo ejército.

Pero volviendo a Congo Square no solo la parte instrumental fue evolucionando, también los bailes africanos se desarrollaron en una dirección muy personal aunando toda esa mezcla de influencias. Las originales calendas y bambulas llegadas de África, ambas terriblemente rítmicas y frenéticas, pronto adquirieron tonos caribeños gracias a los haitianos y se mezclaron con los ritmos yoruba que incitaban a meditar bailando ya que, para los practicantes de esa religión, la danza era una conexión divina.

Esa conexión divina y la nutrida presencia de haitianos fueron el caldo de cultivo idóneo para la popularización del vudú que se practicaba abiertamente en la plaza. Las crónicas explican que hacia 1820 la misma Marie Laveau ejercía allí sus ritos liderando las danzas al ritmo de los tambores.

En 1826 el escritor Timothy Flint (al que veneran en Texas por ser el autor de la primera novela escrita en inglés editada en aquel territorio) escribió[50]: "Indescriptible... Nunca verás gestos más alegres, demostraciones de mayor olvido del pasado y del futuro, y un total abandono al gozo del movimiento".

Danzas y música formaban una sola e indisociable entidad en la plaza Congo y de todo ello nacerían las primeras bandas callejeras de jazz. Según algunos historiadores la proliferación de estas bandas coincidió con la desaparición de las danzas en la plaza sin que se sepan las razones concretas. Se dejó de bailar en la plaza pero esas danzas perduraron en templos y reuniones privadas, en realidad el pueblo afroamericano nunca ha dejado de bailar. Como sucede en África la danza está totalmente integrada en la vida cotidiana.

Se dice que Buddy Bolden, el primer músico de jazz del que tenemos noticias (aunque algo confusas), comenzó a tocar su corneta, comprada en una casa de empeños de la calle Rampart, en los domingos de Congo Square. La afirmación no parece creíble simplemente por un problema de fechas pero, si así fue, probablemente sus intervenciones no fueron temas de corte jazzístico sino alguna canción de trabajo adaptada instrumentalmente o alguna de esas danzas transformadas en ritmos callejeros. Sea o no cierta esa relación tan directa, la mayoría de historiadores no están de acuerdo, la verdad es que en la época ya se afirmaba en algunos documentos que han quedado que la bambula de Congo Square estaba siempre presente en sus interpretaciones en las que abundaba ya la improvisación que después marcaría la historia del jazz. Improvisaciones que, en este caso, no eran producto de una búsqueda de cosas nuevas sino del desconocimiento musical del intérprete que, al no leer partituras (era autodidacto total), olvidaba a menudo los temas y se veía obligado a inventar para poder continuar la interpretación. Ante esa evidencia histórica surge una pregunta: ¿la improvisación jazzística es fruto de la necesidad de innovar de sus creadores, de la búsqueda constante de la sorpresa o simplemente de la ignorancia de sus primeros intérpretes?

La música que a finales del siglo XIX se tocaba en la plaza Congo para animar los bailes era similar a la que los mismos músicos interpretaban para acompañar los funerales y en los desfiles y batallas callejeras. Y lo sigue siendo todavía hoy.

---

50 Timothy Flint: *Recollections of the Last Ten Years passed in ocassional residences and journeyings in the Valley of the Mississippi*. Cummings, Hillard and Company, Boston 1826. Reeditado por Creative Media Partners, LLC, 2014.

También de la plaza Congo surgió gran parte de la música, danzas y tradición visual de los black indians del Mardi Gras.

Las bandas callejeras nacieron en Congo Square pero pronto se diseminaron por toda la ciudad. En sus primeros años una banda callejera, una brass band, estaba compuesta por un par de cornetas (a ser posible en diferentes afinaciones), uno o dos trombones de pistones, un par de bombardinos (uno tenor y otro barítono), una tuba, una caja militar, un bombo y unos platillos. Después, probablemente hacia 1910, las cornetas fueron sustituidas por trompetas y aparecieron los clarinetes y saxofones insuflando algo de las orquestas de baile en las bandas callejeras. En esa progresión el trombón de varas reemplazó a su predecesor de pistones y el sousáfono a la tuba, en este caso simplemente por cuestión de comodidad. Esta era la formación base con la que también se realizaban bailes, en ese caso se solía sumar algún instrumento de cuerda, pero para los grandes desfiles cada agrupación tiraba de todos sus efectivos doblando o triplicando cada familia instrumental. No era cuestión de detalle sino de sonar con más potencia que cualquier otra banda.

Saltando un poco en el tiempo podremos comprobar cómo de esta primera formación instrumental derivó directamente la composición de las iniciales orquestas de jazz. En los grupos primitivos la primera fila la ocupaban una corneta, un trombón de varas y un clarinete improvisando a veces al unísono sobre una sección rítmica que solía incluir un banjo, una tuba o sousáfono y, como ya no era necesario moverse, una rudimentaria batería, en realidad un *todo-en-uno* compuesto de caja, platillos y bombo (el charles o hi-hat no aparecería hasta finales de la década de 1920). Más adelante la trompeta sustituyó a la corneta, el piano al banjo aunque en algunos casos convivieron sin problemas y más cuando el banjo dejó paso a la guitarra, el contrabajo a la tuba y, poco a poco, el saxofón en sus diversas afinaciones se fue abriendo paso.

Las reuniones en Congo Square continuaron cuando Luisiana pasó de manos francesas a estadounidenses y se prolongaron hasta ya entrado el siglo XX. Hace más de 150 años, muchos visitantes de la ciudad acudían los domingos por la tarde para ver las actuaciones como un punto más de atracción de una ciudad que ya empezaba a ser turística.

Históricamente no está claro, no existen documentos que lo acrediten, cuándo y cómo esta amalgama de sonidos y danzas que surgía de la plaza Congo se transformó en el jazz que conocemos. En realidad los músicos que tocaban en bares y prostíbulos, funerales y desfiles de Carnaval no tenían ninguna conciencia de estar tocando jazz y mucho menos de estar inventando una música nueva que revolucionaría el planeta. Todo era intuitivo y no se guiaban por reglas preestablecidas o planes de desarrollo. La música evolucionó por sí sola en las calles de la ciudad y fue la inmensa diversidad cultural que pululaba por ellas la que marcó esa inconsciente evolución/revolución.

Resulta imposible describir los elementos que se combinaron para crear el primigenio jazz. A Congo Square es necesario añadir las marchas de las bandas militares, la música de salón de los emigrantes europeos, el rag time que bajó desde St. Louis en Misuri, el blues y los espirituales negros llegados de las plantaciones del Delta, toda la música antillana que no pasó por Congo pero llegó al puerto de la ciudad y tantas otras cosas que olvido o que simplemente desconocemos. Todo, absolutamente todo lo que se respiraba en la ciudad tuvo una importancia vital.

El jazz es la música de la sorpresa, de lo inesperado, de la improvisación. Características que, sin duda, ya estaban presentes en esos primeros momentos. Era necesario sorprender al público con cada interpretación para atraparlo y que no escapara a escuchar a una orquesta vecina (la oferta era abrumadora). No quedaba más remedio que improvisar ya que ninguno de los primeros jazzmen poseía el mínimo conocimiento musical y muchos casi no sabían tocar aquellos instrumentos, aprendían con el día a día sin maestros.

Cuando el jazz todavía no lo era, la gran figura fue Buddy Bolden. Cornetista mítico que arrastraba multitudes. Poco se sabe de él, nunca llegó a grabar ningún disco a pesar de que vivió hasta 1931, claro que pasó sus últimos veinticuatro años internado en un hospital para enfermos mentales de la ciudad de Jackson en Luisiana, el State Insane Asylum, donde murió con 54 años.

Se sabe poco de King Bolden, como le llamaban sus seguidores, hasta el punto de que el único libro dedicado a su persona más que una biografía al uso es prácticamente una sugestiva novela inventando completamente su vida a partir de unos mínimos datos imposibles de contrastar[51].

Los recuerdos de aquellos que le vieron actuar son difusos y a menudo contradictorios. En 1938 durante su entrevista con Alan Lomax para la Biblioteca del Congreso estadounidense Jelly Roll Morton, uno de los grandes pioneros (en sus tarjetas de visita se presentaba a sí mismo como Inventor del Jazz) explicaba[52]: "Hablando de gente genial, podría mencionar a Buddy Bolden, el trompetista más poderoso que he escuchado. (...) Buddy era un chico de piel clara del Uptown. Bebió todo el whisky que pudo encontrar, nunca usó corbata y llevaba la camisa abierta para que todas las chicas vieran su camiseta de franela roja. Buddy Bolden fue la trompeta más poderosa de la historia.

---

51 Marquis, Donald: *In search of Buddy Bolden, first man of jazz*. Louisiana State University Press, Baton Rouge 1978.

52 Alan Lomax: *Mister Jelly Roll. The Fortunes of Jelly Roll Morton, New Orleans Creole and Inventor of Jazz*. Grosset and Dunlap, Nueva York 1950.

Recuerdo que solíamos estar pasando el rato en alguna esquina de la ciudad sin saber que iba a celebrarse un baile en el Lincoln Park. Entonces oíamos la trompeta del viejo Buddy y todos corríamos hacia allí. Aunque el baile no hubiera sido bien publicitado, Buddy Bolden lo arreglaba: giraba su gran trompeta hacia la ciudad y tocaba un blues llamando a sus hijos a casa, como solía decir. Toda la ciudad se enteraba de que Buddy Bolden estaba en el parque, a diez o doce millas del centro. Fue el soplador más grande que ha vivido desde Gabriel. Afirman que se volvió loco porque sopló tan fuerte que se le salieron los sesos por la trompeta".

Alguien con tanto criterio en este campo como Louis Armstrong no lo recuerda con tanto agrado en su libro autobiográfico[53]: "(...) empecé a fijarme en todo lo que ocurría a mi alrededor, sobre todo en los bailes del barrio [Canal Street], tan distintos a los de James Alley que solo tenían un piano. En Liberty, Perdido, Franklin y Poydras había bailes en todas las esquinas, en los que se tocaban instrumentos musicales de todas clases. A la vuelta de la esquina de donde yo vivía estaba el famoso Funky Butt Hall, donde oí tocar por primera vez a Buddy Bolden. En aquella época hacía verdadero furor.

Aquel barrio era extraordinariamente curioso. Como es natural a los niños no nos estaba permitido entrar en el Funky Butt, pero podíamos oír la orquesta desde la acera. En los tiempos a que hago referencia era costumbre que cuando había baile, la orquesta tocara al menos durante media hora en el vestíbulo del local, antes de entrar en la sala y hacerlo para los bailarines. Buddy Bolden era un músico de pies a cabeza, pero creo que soplaba con demasiada fuerza. Incluso me atrevería a decir que no tocaba bien la trompeta. Sea lo que fuere, se volvió loco. Ya pueden figurarse lo que debía ser. Lo bueno empezaba cuando Bunk Johnson tocaba la corneta. Yo era muy joven pero me acuerdo de la diferencia. (...) Cuando escuchaba a estos muchachos se oía música de veras. Buddy Bolden tenía desde luego más fama, pero desde mi primera infancia he creído siempre que la delicadeza es algo imprescindible, incluso en la música."

Satchmo no pone fecha a sus recuerdos pero siguiendo el hilo argumental de su relato son varios años anteriores al famoso incidente con una pistola sucedido en la Nochevieja de 1912 que le llevó a ser internado en el New Orleans Home for Colored Waifs, un reformatorio para niños negros en el que comenzó a estudiar la corneta. Morton es también impreciso pero parece referirse a los años 1902 o 1903 ya que sitúa sus recuerdos antes de entrar en

---

53 Armstrong, Louis: *Satchmo, My Life in New Orleans*. Signet, New York 1955. Traducido al castellano por José Janés Editor, Barcelona 1956, con el título *Satchmo, mi vida en Nueva Orleans*.

el grupo del trompetista Buck Johnson, el gran competidor de Bolden, y eso sucedió en 1904.

Bolden fue detenido por alcoholismo en 1906 e ingresado definitivamente un año después diagnosticado de esquizofrenia, nunca ha quedado claro cuándo dejó de tocar.

Armstrong, en estas memorias, describe algo muy importante: la animación musical estaba en las calles donde sin duda se cocinó a fuego lento la nueva música. Al mismo tiempo que Bolden alcanzaba su fama, otras bandas de metal nacidas en la década de 1880 ocupaban las calles, como la Onward del criollo Manuel Pérez o la Excelsior de Théogène Baquet, las primeras de las que tenemos noticia escrita.

Para adueñarse de esas calles, las bandas se instalaban sobre carros (después serían camiones) y las recorrían tocando seguidos por un cortejo de devotos bailarines. Cuando dos bandas coincidían en un cruce se establecía una batalla para determinar quién tocaba mejor, en realidad quién tocaba más rápido, más alto y aguantaba más rato la respiración. Esas batallas, más bien las ganas de superación que provocaban, fueron esenciales en la evolución del primer jazz.

Un joven Louis Armstrong al frente de la orquesta de su reformatorio comentaba que, tras ser totalmente barrido por la habilidad de un ya experimentado King Oliver, no paró hasta conseguir la destreza suficiente como para volver a enfrentarse a tan admirado contrincante. "Cierta vez que estábamos anunciando un baile nos tropezamos con Oliver y su orquesta", recordaba Satchmo en sus memorias. "¡Qué revolcón nos dieron! Nos sentimos muy ridículos pero lo aceptamos pues era la única orquesta que nos podía hacer aquello". Tras ese enfrentamiento musical Oliver lo tomó como pupilo y hasta llegó a incluirlo en su banda, así Armstrong pudo realizar sus primeras grabaciones.

De los recuerdos musicales de Satchmo no se extrae en ningún momento la presencia de músicos blancos. En Congo Square los participantes eran negros, mestizos o criollos y ese fue el color del primer jazz pero en Nueva Orleans muchos músicos blancos tocaban también una música similar pero, por ley, solo lo podían hacer ante públicos blancos que, en ese momento, tenían aún otros gustos, en su opinión, más refinados.

Las crónicas hablan de un músico blanco, Papa Jack Laine, que ya interpretaba algo parecido al jazz en 1891 en las mismas calles de Nueva Orleans al frente de su Reliance Brass Band. Sea como fuere, la racista sociedad sureña de los Estados Unidos no permitió que ningún tipo de orquesta, interpretara la música que interpretara, tuviera la mínima mezcla racial. Laine, al parecer, se saltó esas reglas en diversas ocasiones reclutando a músicos negros y presentándolos como mexicanos. Papa Jack Laine fue la anécdota de esos primeros

Portada de la partitura original de *Livery Stable Blues*.

días, las leyes eran tajantes y obligaban a que blancos y negros tocaran separados, en lugares diferentes y para públicos distintos.

Siempre se ha dicho que estos músicos blancos de los inicios del siglo XX imitaban lo que oían a los músicos negros, incluso se les ha acusado de apropiación cultural. Así, para la historia ha quedado que el primer jazz fue negro pero, paradojas de la vida o no tanto si tenemos en cuenta la situación social del momento, el primer disco de jazz lo grabó una orquesta blanca.

El 26 de febrero de 1917, es decir algunos años después de que el jazz campara a sus anchas por las calles de Nueva Orleans, en el decimosegundo piso de un edificio situado en el número 46 de la calle 38 Oeste de Nueva York, no muy lejos de Times Square, la Original Dixieland Jass Band (ODJB para los amigos) grababa el foxtrot "Livery Stable Blues". El disco, con el ragtime "Dixieland Jass Band One-Step" en la otra cara, apareció en las tiendas el 7 de marzo de 1917 editado por la compañía Victor (que ya utilizaba en su etiqueta la popular imagen del perro Nipper sentado ante un gramófono).

Los primeros discos de pizarra habían comenzado a aparecer en algunos hogares estadounidenses como un artículo de lujo. El disco de la ODJB se vendió bien y las ventas aumentaron tras los juicios entablados contra la banda por otros músicos por la supuesta autoría de los dos temas grabados. Ya en los primeros días de la industria discográfica los escándalos se traducían en éxitos de venta.

En ese momento la música negra simplemente no existía para la población blanca, la que mayoritariamente compraba discos. Los discos destinados a las minorías negras, con mucha menor capacidad adquisitiva, se vendían además (y se siguieron vendiendo así hasta los años cuarenta del pasado siglo) con la etiqueta Race Records para que quedara bien claro su público destinatario y los potenciales daños que podían causar en oyentes blancos.

Al hablar de la ODJB nos encontramos con otra pequeña sorpresa: la palabra jazz, esa que nadie sabe de dónde procede (las teorías siguen abiertas) en sus primeros días se escribía *jass* con dos eses y no fue hasta años después que comenzó, tampoco se sabe cómo ni porqué, a escribirse con dos zz. La misma

La Original Dixieland Jass Band.

ODJB cambió ese detalle en su nombre poco después de la primera grabación, *Tiger Rag* en 1918 ya se editó como Original Dixieland Jazz Band.

Alrededor de ese primer disco de jazz el paso de los años ha tejido también su leyenda. La ODJB había llegado desde Chicago a Nueva York a mediados de enero de 1917 para tocar en el restaurante Reisenweber situado en Columbus Circle. Allí sonaron las primeras armonías jazzísticas que se oyeron en la Gran Manzana y, ¡lo que son las cosas!, actualmente en el solar que ocupaba el viejo restaurante se alza el flamante edificio de Jazz at Lincoln Center.

Desde el Reisenweber, la ODJB despertó la curiosidad de muchos melómanos neoyorquinos y, al parecer, la discográfica Columbia les contrató para una sesión de grabación que supuestamente se realizó el 30 de enero de ese mismo año. A los directivos de la compañía la nueva música les pareció un despropósito, todo y que esas grabaciones se acercan más a la música de baile en boga que al naciente jazz, y no editaron el disco. Lo harían meses después tras comprobar el éxito de la grabación para Victor. Así lo había explicado una vez tras otra Nick LaRocca, líder de la ODJB, pero, al parecer, el cornetista y trompetista fue moldeando la historia a su gusto ya que recientes investigaciones no han encontrado en los archivos de Columbia ninguna convocatoria para realizar una grabación en esa fecha (y los datos son fidedignos) mientras que los dos temas constan como grabados el 31 de mayo.

No fue la única ocasión en que Nick LaRocca, compositor de uno de los temas más populares del jazz de todos los tiempos "Tiger Rag", arreglara los hechos históricos a su gusto. Durante toda su vida, vivió hasta 1961, aseguraba a todo el que quería escucharle (pocos, eso sí) que el nacimiento del jazz había sido cosa de músicos blancos imitados después por los músicos negros y él, en particular, debería ser considerado como el padre de la nueva música. Nadie le hizo nunca mucho caso, independientemente de la importancia histórica que tuvo la ODJB, sobre todo al exportar y popularizar esta música a ciudades como Nueva York.

La credibilidad de las afirmaciones de LaRocca hace aguas no solo por el sentir general sino por la presencia de algunos patrones rítmicos y tonales de su música que procedían directamente de África o las Antillas pasados claramente por el tamiz de Congo Square y que nunca antes habían estado presentes en otras manifestaciones musicales heredadas del viejo continente.

El mismo Papa Laine, que ostentaba en su casa un diploma expedido por el New Orleans Jazz Club proclamándole como Padre del Jazz Blanco (¿?) y que había tenido en su grupo a varios miembros de la ODJB, afirmaba haber tomado la música de los grupos negros y haberla organizado para que sonase como una verdadera orquesta. Afirmaba que los músicos negros se lo habían agradecido. Papa Laine vivió hasta 1966 pero sin buscar nunca la notoriedad que pretendía LaRocca, en sus últimas décadas de vida había abandonado la música para dedicarse a confeccionar a mano cascos para bomberos (además de músico era bombero desde 1895, decía que había accedido a ese trabajo impresionado por la espectacularidad de los desfiles de la banda de música del cuerpo de bomberos local).

La importancia de los músicos blancos en los primeros días del jazz quedará para siempre como una duda razonable. Una duda que me recuerda una comparación que explicaba mi admirado musicólogo Joachim-Ernest Berendt cuando se sorprendió al ver por primera vez (era alemán) en el sur de los Estados Unidos una fuente de dos caños separados un par de metros, en la que se especificaba claramente que uno era para blancos y el otro para negros (aún se puede ver alguna de estas fuentes celosamente guardadas como recuerdo de un pasado que no volverá a repetirse; en Memphis la tienda A. Schwab posee una). La sorpresa de Berendt fue aún mayor al darse cuenta de que ambos caños procedían de la misma tubería: ¡blancos y negros bebían la misma agua en grifos separados!

Aplicar esta imagen al jazz primigenio resulta fácil: blancos y negros bebían de las mismas fuentes y tocaban una música similar pero siempre en lugares separados. Los blancos bebían menos porque no tenían tanta necesidad al tener agua corriente en sus casas.

El nacimiento del jazz es tan incierto como el de casi todas las formas de arte. Nació espontáneamente en la calle y es necio discutir sobre colores.

Las primeras grabaciones de jazz de un músico afro-americano las realizó el hoy olvidado clarinetista Wilbur Sweatman (también utilizando todavía la palabra *jass* en el nombre de su banda) para Columbia ya en 1918 pero sería necesario esperar cinco años para que aparecieran las primeras obras de gran calado.

A pesar de que años después Nueva Orleans tendría buenos estudios de grabación en esas primeras décadas del pasado siglo era necesario, igual que sucedía con los bluesmen del Delta, realizar muchos kilómetros para grabar un disco. El 5 de abril de 1923 en la ciudad de Richmond, en el estado de Indiana, la Creole Jazz Band de King Oliver, ya con el joven Louis Armstrong como segunda corneta, grabaría para Brunswick el tema de los mismos Oliver y Armstrong "Canal Street Blues". 2 minutos y 38 segundos que entraron directamente en la historia como la primera obra maestra de la especialidad. Fue la primera ocasión grabada en el que todo el amasijo de sonidos cambiantes que habían caracterizado los balbuceos de esta música comenzó a tomar un cuerpo definitivo.

A partir de *Canal Street Blues* podemos hablar de jazz con mayúsculas. De todas formas Satchmo, que ya había perdido su apodo inicial de Dippermouth, estaba simplemente iniciando su carrera. En pocos años consolidaría tanto su maestría con la trompeta, que había sustituido a la corneta de sus inicios, como su forma de entender e interpretar esa nueva música. Una forma de vivir y compartir la música que le llevaría a lo más alto, hasta convertirse en el epítome del jazz de todos los tiempos.

Cierro los ojos y dejo fluir los recuerdos, los míos y los adoptados (que ya son míos). Sentarse en Congo Square y simplemente dejar pasar el tiempo es totalmente necesario para cualquier amante de la música afroamericana, sea cual sea el nombre que queramos darle. Imaginar todo lo que allí sucedió y cómo se fue expandiendo primero por la ciudad y después al resto del mundo.

Ahora la plaza Congo está en el interior del parque Louis Armstrong, lo que significa, entre otras cosas, que no se puede acceder a ella por la noche ya que el parque cierra sus puertas. Entonces se ilumina la arcada de entrada con el nombre del recordado trompetista; una imagen nocturna que embelesa a cualquier amante del jazz.

El parque está presidido, ¡cómo no!, por una gran escultura de un sonriente Louis Armstrong portando su trompeta y su eterno pañuelo blanco. La enorme imagen de bronce es obra de la artista afroamericana Elizabeth Catlett, nieta de esclavos, y fue colocada en el parque en 1975. En los últimos años la han cambiado de lugar y la han reubicado delante del nuevo gran auditorio Mahalia Jackson en el mismo recinto.

No es esta la única estatua dedicada al gran Satchmo en su ciudad natal, en la esquina de Rampart con Common existe otra igual de grande pero de menor interés y que también ha ido cambiando de ubicación en la ciudad, antes estaba en la otra orilla del Misisipi en Algiers Point, allí la recordaba yo. Ahora se pasa ante ella cuando circulas por Rampart pero llegar hasta allí caminando no vale la pena.

En el Armstrong Park uno de los laterales del auditorio Mahalia Jackson cuenta con una estatua de la propia Mahalia con sus brazos alzados clamando al cielo, obra también de Catlett, esta de 2010.

Otros dos nativos de Nueva Orleans, el cornetista Buddy Bolden y el clarinetista Sidney Bechett, tienen también su estatua en el parque. Otras esculturas a la entrada recuerdan las reuniones en Congo Square, las primeras brass bands de la ciudad y la figura del mítico big chief de los black indians Tootie Montana.

Nueva Orleans, NOLA, Crescent City, The Big Easy

Sin darme cuenta se ha hecho la hora de comer, dado que estoy cerca del barrio francés me decido por el Yo Mama's y voy directo al plato recomendado: hamburguesa con mantequilla de cacahuete y patata con beicon y crema. Toda una experiencia. Con esto tengo suficiente para todo el día y espero que no toda la noche. Yo Mama's es en realidad un tabernucho oscuro con pocas mesas y una enorme barra de madera abarrotada de botellas, luces rojas, una máquina de discos y un gran cuadro de, supongo, la original Yo Mama ([54]). Como en muchos otros de la ciudad, según he podido ver después, no dejan entrar menores de 21 años porque sirven alcohol, ni siquiera acompañados de sus padres.

En un extremo de Decatur, donde ya no llegan los turistas, está una de las franquicias de la cadena House of Blues fundada por el actor y cantante Dan Aykroyd junto a Isaac Tigrett, impulsor de la cadena Hard Rock Cafe. La entrada es como un pequeño callejón que prácticamente no se ve desde la calle; solo un rótulo oscuro delata su presencia. La sala, en cambio, es bastante grande, tiene capacidad para unas ochocientas personas, con un magnífico escenario, muy buena sonoridad y algunas leyendas que explican la irrupción

---

[54] En 2016 el local cambió de dueño y de nombre, ahora se llama Port St. Peters y asegura haber mantenido la misma carta. En mi última visita la carta se mantenía pero la calidad de la comida y la amabilidad del personal había empeorado bastante. A evitar a pesar de mis buenos recuerdos.

Casas preparadas para posibles inundaciones en el barrio de Tremé.

sorpresiva de Aykroyd, armónica en mano, en algún concierto de blues. Bien pero, ya se sabe, en agosto, la programación no es especialmente apetitosa.

Estoy plantado ante la puerta del House of Blues recordando escenas de la peli *Blues Brothers* (me niego a utilizar un título tan estúpido como *Granujas a todo ritmo*), sonrío todavía con aquellas imágenes pero no he llegado hasta aquí para ver el rótulo del local (a estas horas todavía no hay música y para más tarde tengo mejores planes). Mi objetivo está justo al otro lado de la calle: la librería de viejo Beckham, un pequeño paraíso con un cierto aire vintage, altas estanterías a las que se accede con escaleras, docenas de libros apilados en el suelo o sobre las mesas y que permite la entrada de perros y cervezas, ambas cosas insólitas en una librería, lo que la hace todavía más entrañable.

En Beckham puedes encontrar las cosas más increíbles. Incluso pequeñas joyas a precios moderados. Descubro por 7 dólares y medio un libro que no sabía ni que existía *The Feeling of Jazz* de George T. Simon con unos dibujos espléndidos de Tracy Sugarman. Es un edición de 1961 con todo el sabor de los libros de aquella época.

Con mi trofeo bajo el brazo salgo a buscar una inmensa e interesante tienda de vinilos que quedó grabada en mi memoria y que debería estar aquí cerca.

No la encuentro y regreso a Beckham para aprovecharme de su amabilidad y preguntar. Salvado: la tienda se ha trasladado al Faubourg Marigny. A pesar de que mañana quería dedicarle la noche a ese barrio ahora tremendamente musical, vuelvo a cruzar todo el barrio francés, apartando turistas, para llegar hasta él, casi hasta el mismo lugar en el que he comido. Los de Lousiana Music Factory, la tienda de discos, han preferido instalarse en un lugar con una dinámica musical más coherente y más alejada del núcleo turístico. En Marigny se ha reubicado toda la buena música de la ciudad. Louisiana Music Factory, en el centro neurálgico de Marigny: Frenchman Street, es irremplazable si buscas viejos vinilos de blues, rhythm and blues, cajún o zydeco aunque es difícil encontrar gangas, saben lo que tienen y conocen su precio.

A lo largo del día me doy cuenta de que hablar de New Orleans está totalmente fuera de lugar, aquí todo el mundo habla de NOLA. Hasta una emisora latina que he pescado un momento en la radio al nombrar direcciones decía "en la ciudad de NOLA".

Para completar la panoplia de nombres, los residentes también llaman a su ciudad Crescent City.

Lo de NOLA es sencillo de entender: N y O por Nueva Orleans y LA es el acrónimo oficial de Luisiana. Pero lo de Crescent City ya no es tan evidente, como mínimo para mí. Tras una conversación con el dependiente de la Louisiana Music Factory sobre dos elepés de Robert Johnson antiguos con unos magníficos dibujos de estética cómic en las portadas (los compré de joven en Barcelona pero en algún momento desaparecieron y no los he vuelto a encontrar a precios pagables), me atrevo a preguntar por el nombre Crescent City. "Aquí nadie sabe a ciencia cierta de dónde vienen los nombres. ¡Ni falta que nos hace!", ríe. Y añade que a NOLA aún se la conoce con más apodos, el más popular The Big Easy.

Pasado el momento de risa me explica que lo de Crescent viene de la misma fundación de la ciudad a principios del siglo XVIII. Un agujero negro de soldados, traficantes, esclavos y putas según mi informante que añade divertido que al haber tan pocas mujeres decentes, el gobierno francés tuvo que enviar jovencitas de dudosa reputación desde Francia para equilibrar la balanza. Ese agujero se construyó en la única zona habitable del pantano: una sección en forma de media luna rodeando un caprichoso meandro del río. Por eso al Vieux Carré (¡otro nombre!) se le llamó Crescent City, utilizando la acepción de la palabra *crescent* que podría traducirse por media luna o luna creciente aunque a él le gusta más compararlo con un cruasán, ¿por qué no?.

Lo de The Big Easy es más sencillo: NOLA es una ciudad en la que todo es fácil: vivir, amar, hacer música y morir. Lo será pero mis discos de Robert Johnson tampoco son fáciles de encontrar en The Big Easy.

Un plátano al día

Veo al pasar que en algún local de la calle Frenchmen actúa esta noche John Boutté (el autor de "The Tremé Song") pero prefiero aprovechar para visitar el Tipitina's, probablemente el local más mítico de la ciudad, una peregrinación obligada para cualquier seguidor del Professor Longhair.

Tomo el coche y marcho hacia la otra punta de la ciudad en la esquina de Napoleón con Tchoupitoulas, lejos tanto del centro turístico como del musical. Es fácil orientarse en NOLA siempre y cuando tengas en cuenta que las distancias son muy grandes y lo que ves en el plano está siempre mucho más lejos, es cuestión de no perder nunca las esperanzas y al final lo consigues.

Llego al Tipitina's y aparco justo delante. Increíble (es agosto, a lo peor no es tan increíble).

A la entrada un taciturno guardia de seguridad me pide el i.d. (nuestro carnet de identidad) y me coloca una pulsera en la que dice que ha comprobado que tengo edad para beber. Primero me sorprendo de que me pidan el i.d. para saber si tengo más de 21 años, ¡qué bien, debo parecerles muy joven! pero pronto me doy cuenta de la falacia: se trata simplemente de una rutina.

En el Tip, a diferencia de otros locales de la ciudad, puedes entrar aunque seas menor pero en la barra te exigen ver el color de tu pulsera para servirte. Cuando tienen la mínima duda te vuelven a pedir el i.d. y si no, no bebes. Una vez más poco importa la pinta que tengas: i.d. y pulsera.

El Tip lo fundaron en los años setenta un grupo de aficionados para que el Professor Longhair[55] pudiera tocar ya que, por su mal carácter (siendo benévolo) le habían vetado en todos los otros clubes de la zona. Aquí tocó el Profe los tres últimos años de su vida y por esa razón el local lleva el nombre de su canción más popular.

Sobre la puerta de entrada luce con un cierto orgullo el enorme logo del local: el nombre junto a una mano sosteniendo un plátano a medio pelar. Como el segurata de la entrada no parece muy predispuesto a contestar preguntas probablemente estúpidas, le pregunto por el plátano a la sonriente camarera afroamericana que me sirve mi cerveza sin alcohol y ríe a carcajadas, no sé si porque le han hecho la pregunta mil veces o simplemente porque realmente le

---

55 Uno de los músicos más destacados y explosivos de Nueva Orleans. Nacido como Henry Roeland Byrd y conocido como Fess (1918-1980) fue pianista, cantante, compositor y camorrista profesional. Su música era una mezcla festiva de rhythm and blues con sonoridades afrocubanas bailables y su técnica muy peculiar ya que había aprendido a tocar en un piano al que le faltaban teclas. Se le considera el padre del funk de Nueva Orleans. Fue la principal influencia de músicos tan populares y a su vez influyentes como Fats Domino, Dr. John o Allen Toussaint.

Rótulo del club Tipitina's.

parece estúpida. Recuperada del shock me explica que nadie lo sabe a ciencia cierta, al parecer el local había sido un almacén de plátanos pero la única verdad es que un lema del barrio portuario donde estamos es: *"a banana a day keeps the doctor away" (un plátano al día mantiene alejado al médico)*. Pues bien, vuelvo a arriesgarme y pregunto por si acaso, pero no sirven plátanos en el Tip. Ya hice bien comprándolos ayer en el super de Louise.

En el interior muchas cosas me suenan como conocidas, desde el ambiente hasta las zonas recónditas del segundo piso. Es como si ya hubiera estado aquí y no había visto ni siquiera fotografías, de conciertos sí pero no del interior del local. Es la atmósfera, algo así como una mezcla de los dos viejos Zelestes (el de la calle Platería y el del Poblenou) y el primer Otto Zutz de aquella Barcelona que conocí de joven. La sala es grande y también tiene ese peculiar estilo granero con dos pisos. Una cosa muy distinta a otras, tiene una cesta de básquet justo en medio de la pista o sea que se podría bailar y encestar al mismo tiempo. Un gran mural con la efigie del Professor corona el escenario.

El Tip es un mito y al ver los pósters por las paredes te mueres de envidia por lo que allí adentro ha sucedido.

Falta un cuarto de hora para que se inicie la actuación de The Revivalist, un grupo de aquí, y la sala está bastante llena. Funky estilo NOLA con mucha percusión y ritmos de desfile. Suena potente y la gente se vuelve loca bailando.

Marcho antes de que acabe el concierto y, a la salida, la cola para entrar es importante. Si llego con esta cola no creo que me hubiera esperado y me habría equivocado.

Décimo tercer día. Viernes. Festivales todo el año

Me despierto temprano, atempero el cuerpo con algo de café y voy directo al Louis Armstrong Park para la ceremonia de apertura del Satchmo Summerfest.

En 2012 pude hacer coincidir mi viaje con el festival de jazz veraniego de NOLA. El Satchmo Summerfest se celebra en los primeros días de agosto, siempre incluyendo el día 4 en que nació el genio al que está dedicado. Se inició en 2001 para conmemorar el centenario del nacimiento de Louis Armstrong pero el éxito fue tal que ha continuado todos los veranos con dos enormes escenarios junto al French Market y entrada gratuita para todos los actos. No es el único festival de la ciudad, probablemente no sea tampoco el más importante pero tiene un toque familiar que le hace sencillamente entrañable, y propone una muestra increíble de la actualidad musical de la ciudad. En este caso se elude conscientemente la palabra jazz en los enunciados del certamen, lo que permite dar cabida sin sonrojo a otros estilos como el blues, el rhythm and blues, el funk, el zydeco o la música callejera.

Sin duda el festival más popular de la ciudad es el New Orleans Jazz and Heritage que se celebra a finales de abril y primeros de mayo desde hace 48 años. La primera edición se celebró precisamente en Congo Square en 1970 y lo inauguró nada más y nada menos que Mahalia Jackson. También participó Duke Ellington y ambos se unieron a la Eureka Brass Band (otro mito de la ciudad) en un desfile callejero para la historia. Ahora es un mastodóntico certamen que reúne, junto a lo mejor de la ciudad en todos los estilos, a docenas de nombres internacionales de alto voltaje en una decena de escenarios. A diferencia del Satchmo veraniego este es de pago.

Otro festival que prácticamente comienza cuando acaba el anterior, es decir a mediados de abril, es el French Quarter Festival. Existe desde 1984 y es un certamen totalmente gratuito que se sustenta en el trabajo de 1.500 voluntarios. Una veintena de escenarios se reparten por todo el barrio viejo y, como

Entrada del Armstrong Park.

suele ser norma de la ciudad, incluyen todo tipo de música local. Y hablar de música local en NOLA significa jazz en todos sus estilos, blues, rhythm and blues, funk, en especial el New Orleans funk, rhythm and blues, folk, góspel, zydeco, latin, música clásica y todas las facetas de las brass bands callejeras.

En octubre el Business District une dos de las cosas más tradicionales de la ciudad en su Crescent City Blues and BBQ. Dos escenarios y docenas de barbacoas en funcionamiento; la música de gran calidad es gratuita, la comida no.

Y hay más y cubriendo los aspectos más inusuales de la música tanto actual como pretérita. El Esssence (pop), el Ponderosa Stomp (roots y rock and roll), el Old Algiers Riverfest (jazz tradicional y góspel) o, y aún más curioso, el festival Los Isleños Fiesta que desde hace más de cuarenta años, a primeros de marzo, celebra en el barrio de St. Bernard la cultura de los inmigrantes canarios que allí se establecieron hacia 1700. Y no solo se establecieron sino que han mantenido viva la cultura, la música, los bailes y la gastronomía canaria en tierras de Luisiana. Es decir, mojo picón con jambalaya mientras suenan timples, laudes y bandurrias, una aventura.

Y todo sin hablar de los carnavales, su apoteósico Mardi Gras muriéndose de éxito dada la gran cantidad de turistas que lo invaden, incluyendo los desfiles de los black indians.

El Louis Armstrong Park está animado. Al aire libre, justo al pie de la misma estatua de Satchmo, han instalado un pequeño atril para los discursos, pocos y cortos, estupendo. Los encargados de la inauguración han sido la banda japonesa de Yoshiko Toyama y sus Dixie Saints. Sin escenario ni nada, en realidad qué mejor escenario para esa música que la estatua de Satchmo. Música dixie muy bien tocada (son japoneses) pero sin más interés que estar sonando allí, a pocos metros de Congo Square. Todos los tópicos, "The Saints" incluido, para una mañana ahora tórrida y soleada.

Cartel anunciador ante la estatua dedicada al trompetista.

La humedad y el calor son casi insoportables. Al salir del aire acondicionado del motel he comenzado a sudar de forma increíble, la camisa totalmente mojada y pegada al cuerpo. Llegaba a la zona del concierto bastante cohibido por mi apariencia, vergüenza por aquella transpiración infame pero nada más llegar se me han pasado de repente todas las aprensiones. Las autoridades de la ciudad, alcalde incluido, están como yo: sudando y con las camisas pegadas al cuerpo, con toda la naturalidad del mundo. Solo los músicos japoneses llevan chaqueta y corbata pero no sudan, no sé si es la emoción de estar allí la que les ha sellado los poros o es simplemente una característica étnica que desconozco.

Han colocado una pequeña carpa para que el público no se abrase con el sol pero es mucho más agradable tirarse en la hierba o pasear. La música de los japoneses no necesita de excesiva concentración para disfrutarla. Paseando descubro el busto de Sidney Bechet, casi escondido entre la abundante maleza.

Entre el público está George Avakian[56]. Se le ve muy mayor, ¡¡¡acaba de cumplir 93!!!, va en silla de ruedas y un chaval joven que le acompaña no para

[56] Mítico productor de origen armenio que estuvo al frente de discográficas tan relevantes como Columbia, Warner, DECCA o RCA (es decir, todas las notorias). Produjo alguno de los mejores discos de Louis Armstrong, Benny Goodman, Miles Davis, Duke Ellington, Keith Jarrett,... y centenares más. Falleció en noviembre de 2017 a los 98 años.

de abanicarle. Le saludo, le digo que, aunque lógicamente no se acuerde, le entrevisté hace más de treinta años. Sonríe benévolo demostrando que lógicamente no se acuerda y me pregunta si estoy en NOLA por el festival, le contesto que sí y vuelve a sonreír: "*Great!*, *great!*"

Al acabar el concierto, corto, suficiente con el sol que cae, sacan una tarta de aniversario para Satchmo. Los japoneses tocan el "happy birthday", todos cantan y al final reparten trozos de tarta y botellas de agua fresca entre los asistentes. La parte del briox está muy buena pero le sobra tanta crema por encima (todos los postres en Nueva Orleans suelen tener un exceso de crema, hay que andarse con cuidado).

Los japoneses, elegantemente vestidos, hablan con todo el mundo, sonríen a todo el mundo y se hacen fotos con todo el mundo.

Me presentan a Toyama, al que llaman el Louis Armstrong japonés, pero la cosa no pasa de que yo le digo que ha sido magnífico y él que está muy emocionado, muy emocionado, muy emocionado.

Hacia la mitad del concierto ha aparcado en la parte de atrás un coche negro y grandote y ha bajado uno de esos personajes que si los ves en una peli piensas ¡qué exagerado! Un señor negro barrigudo y sonriente, en mangas de camisa, con cinturón y tirantes, a un lado del cinturón el teléfono móvil y en el otro un enorme pistolón bien visible. Se paseaba por allí con toda naturalidad luciendo la pistola, sonriendo y saludando a todo el mundo, incluso me ha saludado a mí. Después he visto que en el coche llevaba colgada una chaqueta a cuadros marrones con la insignia de policía en la solapa. De todas formas, ir de paisano y llevar una pistola a la vista debe de ser muy normal aquí pero a mí todavía me choca. [Pronto dejó de chocarme cuando en otros viajes fui atendido por empleados de una casa de empeños con pistola al cinto o compartimos con mi hijo mesa de desayuno en un IHOP con un grupo de policías texanos de paisano, identificables solo por las gruesas pistolas en sus vistosas cartucheras.]

Estaciones sin tren, lavanderías e indios negros

Acabado el acto más protocolario que musical, me voy paseando hasta la cercana estación de ferrocarril de Basin Street (me acuerdo del "Basin Street Blues" de Satchmo). La vieja estación, hoy en desuso, está muy bien conservada, mantiene el sabor de antaño pero no da para mucho. Tienen una maqueta muy grande de la ciudad con sus tranvías y trenes y una colección estupenda de trenes de todas las épocas de la Delta Southern a escala 0.

Justo delante, en la calle Rampart (otra canción de Armstrong "South Rampart Street Parade") se halla el J&M Recording Studio del mítico Co-

Antiguo Estudio de Cosimo Matassa en la calle Rampart.

simo Matassa. El estudio de grabación más importante de NOLA, donde se creó el original sonido Nueva Orleans y se grabaron algunos de los primeros éxitos del rock and roll. Funcionó intensamente desde 1945 hasta la primavera de 1956.

Como en todas las cosas indemostrables, no todo el mundo está de acuerdo en cual fue el primer tema grabado de la historia que claramente puede definirse como rock and roll. Para todos los que no consideran "Rocket 88" como punto de partida, el estudio de Cosimo Matassa es el lugar al que peregrinar. Aquí se grabó en diciembre de 1949, es decir año y medio antes que el tema de Ike Turner, el "The Fat Man" de Fats Domino (coescrito con Dave Barthomew, otra de las luminarias musicales de la ciudad) elevado también a los altares (por algunos) como el primer rock and roll.

Sea o no Domino el que puso en marcha toda la maquinaria, en este estudio se grabaron bastantes temas seminales del género, desde el "Tutti Frutti" de Little Richard hasta el "Good Rocking Tonight" del cajún Roy Brown (otro tema que muchos colocan en la línea de salida) o el primigenio "Later, Alligator" de Bobby Charles grabado en 1955, un año antes de que la canción, retitulada "See You Later, Alligator", se alzara al número uno de las listas de éxito en la versión de Bill Haley and his Comets y el mundo se olvidara de Bobby Charles. Olvido que se prolongó hasta verle aparecer en 1976 en la película de Martin Scorsese *The Last Waltz* junto a The Band; entonces tuvimos que averiguar quién era aquel tipo blanco de pelo lacio, barba tupida y chaqueta de cuero que se codeaba con Dylan y Clapton y nos dimos de bruces con el *Cocodrilo* de nuestra infancia.

El edifico del J&M Recording Studio es un antigua casa del siglo XIX en tonos pastel con una preciosa balconada metálica cubierta que se conserva muy bien. Una entrada un tanto señorial está flanqueada por dos inmensas vidrieras y un par de placas conmemorativas (nunca fallan). Una de ellas nos recuerda que también grandes nombres del jazz tradicional grabaron aquí como Oscar Papa Celestin o The Dukes of Dixieland (los de verdad, los originales, no los descendientes oficiales que amenizan los paseos por el río). Puedes entrar libremente y contemplar desde dentro sus cuatro paredes, literalmente porque no hay más, pero la sensación en nada se acerca a la que vives al penetrar en el Sun Studio y, ni siquiera, a la que puedes experimentar en la copia del Stax, entre otras razones porque ahora el J&M es una lavandería de esas en las que te lo lavas tú mismo metiendo una moneda en la lavadora. Las máquinas se agitan en las paredes y algunos ciudadanos se amontonan aburridos en los bancos esperando su colada. Por suerte no suena música de fondo mientras las enormes lavadoras hacen su trabajo porque difícilmente sería la que allí se grabó. En fin.

Sigo mi paseo, agradable aunque sudoroso, por el barrio de Tremé. De algunas farolas cuelgan banderolas anunciando la celebración del bicentenario del barrio (1812-2012) con la icónica imagen del *Uncle* Lionel Batiste, mítico intérprete de bombo y kazoo de la Tremé Brass Band que acababa de fallecer pocos días antes a los 90 años. Las banderolas se hicieron y se colgaron cuando el *Uncle* todavía estaba vivo. Realmente ves su imagen, escuálido, sentado junto a su bombo y apoyado en un rústico bastón, con su gorra de desfile, su mostacho cano y su mosca bajo el labio y todos los dedos de las manos repletos de brillantes anillos y tienes la imagen perfecta de las calles de Nueva Orleans.

Las banderolas me recuerdan que Tremé fue el primer barrio de negros libres en todo Estados Unidos. Libres es la palabra crucial y solo hace 200 años.

A la entrada del barrio se encuentra el Backstreet Cultural Museum. El eslogan del museo es *A Powerhouse of Knowledge (Una fuente de energía del conocimiento)* y está dedicado a toda la cultura negra de NOLA, desde el vudú hasta las tradiciones de los black indians. Tiene una colección de vestidos de big chiefs de Mardi Gras impresionante aunque no están nada protegidos. El museo es pequeño y el edificio un tanto cochambroso, no parece tener demasiado presupuesto y eso empobrece la presentación ya que a las plumas y las lentejuelas el polvo y el paso del tiempo no les sienta nada bien. Imagino estos vestidos colocados en vitrinas herméticas, como estaban los de Elvis en Graceland, y en un espacio más amplio y bien iluminado, sería increíble. Uno de los vestidos hasta tiene reproducido un castillo medieval de la cabeza a los pies.

En la puerta me reciben el fundador del museo Sylvester Francis y su mujer Anita. Por supuesto no me están esperando a mí, me da la impresión de que están allí todo el día al pie del cañón recibiendo a todo el que llega y para todos tienen sonrisas y comentarios. Sylvester explica cantidad de cosas a una velocidad increíble, le entiendo menos de la mitad. Me comenta anécdotas sobre las tribus de black indians que se pasan todo el año confeccionado a mano sus espectaculares atuendos. Me regala una bolsita de minúsculas cuentas de plástico de las que utilizan para confeccionar los vestidos para que vea lo difícil que es elaborarlos y me cuelga del cuello un par de collares de bolas de plástico doradas (antes eran de vidrio, ahora ya no) del pasado Mardi Gras. Todo un personaje.

La historia de los black indians es curiosa. En Nueva Orleans conviven treinta y ocho tribus (las más populares: Wild Magnolias, Yellow Pocahontas, Guardians of the Flame, Wild Tchoupitoulas, Golden Eagles, Creole Wild West,...). Tribus que, desde finales del siglo XIX, compiten entre ellas el día de Mardi Gras por ser las mejor vestidas y las que realizan los mejores bailes y cantos.

La tradición parte de los esclavos huidos de las plantaciones que eran acogidos y escondidos por los nativos; muchos de estos esclavos huidos adoptaron las costumbres de las tribus que les habían acogido integrándose en ellas. Más o menos al mismo tiempo muchos nativos también asistían a las reuniones de Congo Square. De unos y otros encuentros nació una tremenda afinidad entre nativos y libertos que no pasó por alto al avispado Buffalo Bill que incluyó vaqueros negros (que, al parecer, no existían en ese momento) en su renombrado *Wild West Show*. El espectáculo circense pasó algunos inviernos en Nueva Orleans y sirvió de revulsivo para que medio centenar de nativos en traje de fiesta desfilaran por primera vez en el Mardi Gras de 1885 junto a músicos negros[57].

A partir de ahí grupos de afroamericanos empezaron a desfilar todos los años y se crearon las primeras tribus, inicialmente al parecer con una mezcla étnica que poco a poco se fue diluyendo hasta quedar solo afroamericanos que vestían, cantaban y bailaban al estilo de los nativos como muestra de respeto al pueblo que les había ayudado en la época de la esclavitud.

Estas tribus de indios negros comenzaron a diseñar sus vestidos y a fabricarlos ellos mismos en secreto durante todo el año para sorprender en el desfile a sus contrincantes. Cada traje de un big chief puede valer entre 5.000 y 10.000 dólares y pesar hasta 50 kilos, los del resto de la tribu no son ni tan espectaculares ni tan pesados.

Durante el Mardi Gras las tribus se cruzan por las calles y cada encuentro es una confrontación de danza y baile. Un poco al estilo de las batallas musica-

---

[57] A pesar de esta afirmación histórica sin duda indiscutible, en las fotos que nos han quedado del circo de Buffalo Bill no se aprecia la presencia de ningún cowboy o nativo negros. Tampoco en artículos, fotos o publicidad de su paso por Barcelona en diciembre de 1889 puede apreciarse esa presencia afroamericana excepto en algunos trabajadores ferroviarios.

Dos miembros de los Wild Magnolias sobre el escenario del Satchmo Summerfest.

les habituales en estas mismas calles a inicios del siglo XX cuando los músicos de jazz se paseaban en carromatos interpretando su música y, al coincidir dos bandas en una esquina, se montaba una batalla.

En el pasado estas confrontaciones de tribus de indios negros llegaron a ser sangrientas pero hacia la mitad del siglo pasado el big chief Tootie Montana de la tribu Yellow Pocahontas (el que tiene su estatua junto a Congo Square) fue nombrado chief of chiefs e impuso la paz entre las tribus invocando al respeto debido hacia los nativos que habían muerto por defender a sus antepasados negros. Montana consiguió imponer la competencia musical y estética sobre las armas aunque algunas canciones tan populares entre las tribus como *Iko, Iko* aún recuerdan aquellas confrontaciones:

> *"My grandma and your grandma were sittin' by the fire.*
> *My grandma told your grandma:*
> *I'm gonna set your flag on fire.*
> *Iko iko un-day, hey, hey, hey.*
> *Jock-a-mo fee-no ai na-né, jock-a-mo fee na-né.*
> *My flag boy and your flag boy were sittin' by the fire.*
> *My flag boy told your flag boy:*
> *I'm gonna set your flag on fire."*

(Mi abuela y tu abuela estaban sentadas junto al fuego./Mi abuela le dijo a la tuya:/Voy a quemar tu bandera./Iko iko un-day, hey, hey, hey./ Jock-a-mo fee-no ai na-né, jock-a-mo fee na-né./Mi abanderado y tu abanderado estaban sentados junto al fuego./Mi abanderado le dijo al tuyo:/Voy a quemar tu bandera.)

Además de cantarse en Mardi Gras esta canción ha sido grabada por Dr. John, Grateful Dead, The Neville Brothers, The Dixie Cups, Ringo Starr o Cyndi Lauper, entre otros.

Actualmente las tribus de black indians no solo desfilan el día de Mardi Gras, también ocupan la calle el llamado Super Domingo (el domingo más cercano al día de San José, el 19 de marzo) y son invitados a participar en muchos desfiles puramente festivos, los pasacalles musicales y danzantes conocidos popularmente como second lines.

La corneta de Dippermouth

Al salir del museo bajo por la avenida Esplanade hasta el French Marquet. Las antiguas y enormes mansiones criollas se acumulan a ambos lados, imponentes. El mercado, en cambio, no es gran cosa: mucha parada para turistas entre otras de fruta o de frutos secos. Se intuye un pasado glorioso pero el presente es un tanto deprimente.

Esplanade acaba justo en el Old US Mint, la encrucijada entre el French Quarter y el Faubourg Marigny. El lugar en el que están situados los dos escenarios del festival Satchmo. El Old US Mint es la antigua Casa de la Moneda, imprimió dinero tanto para los confederados como para los yanquis y ahora acoge el museo de jazz de la ciudad. Es pequeño y se ciñe al jazz más clásico que nació y revolucionó la ciudad en las primeras décadas del siglo XX.

La música que surgió de las fiestas en Congo Square se convirtió en jazz en las calles de Nueva Orleans, especialmente en las calles del barrio de Storyville donde se encontraba la tasa de burdeles más alta de los Estados Unidos. Y en esos primeros días prostitución y música iban de la mano. Todos los burdeles tenían música. En los de alto standing, que disponían de piano, podían oírse los rag times a la moda que interpretaba el pianista de la casa. Los de menor categoría, que no podían disponer de un elegante piano, sonaban pianolas y, en ambos casos, cuando la ocasión lo requería contrataban a músicos callejeros.

Ese nacimiento del jazz y su papel unificador de etnias y culturas es el que está perfectamente documentado en este museo ya que de Storyville no queda ni rastro en la ciudad.

Interior de un prostíbulo en Storyville.

En 1897 el gobierno convirtió por decreto Storyville en barrio de prostitución legal (tolerada decían en aquel momento), mientras que en el resto de la ciudad estaba prohibida. La ordenanza municipal 13032 CS comenzaba: "A partir del primero de octubre de 1897 será ilegal que una prostituta pública o una mujer notoriamente abandonada a la lascivia ocupe, habite, viva o duerma en cualquier casa, habitación o ropero fuera de los siguientes límites: (...)" y delimitaba claramente la frontera entre Storyville y el resto del mundo.

La fuerte emigración que la ciudad había recibido (en 1900 era por su población la cuarta ciudad de los Estados Unidos), la potencia económica de su puerto y la constante presencia de acuartelamientos militares convirtió el barrio de Storyville, más conocido en su momento como The District, en un paraje de prosperidad para prostitutas, chulos, taberneros y músicos de jazz a lo que contribuyó desde 1908 la estación ferroviaria de la cercana calle Basin. El tren tenía que atravesar Storyville para llegar a ella y las prostitutas, en un claro acto publicitario, salían desnudas a los balcones para saludar a los pasajeros cuando pasaba el tren.

Muchos músicos de jazz se criaron o actuaron frecuentemente en Storyville, aunque en años sucesivos algunos no lo reconocieran. Louis Armstrong, Jelly Roll Morton y King Oliver, es decir los más importantes de la primera época, se relacionaron directamente con las actividades de The District.

En 1917 sucedieron varias cosas esenciales para el mundo del jazz. Una orquesta blanca de Nueva Orleans, la Original Dixieland Jass Band, graba el primer disco de jazz de la historia. Al mismo tiempo los Estados Unidos entran en la Primera Guerra Mundial y el puerto de Nueva Orleans recupera su importancia estratégica de antaño. El Ministerio de la Marina, intentando preservar la salud física (enfermedades venéreas, peleas, robos o asesinatos) y mental (contacto con prostitutas o músicos negros) de sus soldados antes de enviarlos a Europa, deciden clausurar el barrio de Storyville. A pesar de las protestas, la policía militar cierra literalmente el barrio y todos sus establecimientos. Así, músicos de jazz y prostitutas fueron expulsados a la medianoche del 12 de noviembre de ese 1917 y tuvieron que emigrar hacia el norte, como décadas antes habían hecho los esclavos que buscaban la libertad, hasta otras ciudades como Chicago y de allí a New York.

Si regresamos a las memorias de Louis Armstrong encontramos un impagable testimonio de primera mano de aquel momento: "La Marina declaró la guerra a Storyville y, a pesar de que yo no era más que un niño, comprendí que aquello era el fin. La policía empezó a hacer incursiones por las casas y los cabarets. Todos los chulos y jugadores que deambulaban por los alrededores de la plaza Twenty-Five fueron conducidos a la cárcel mientras sus mujeres trabajaban.

Fue un triste espectáculo ver cómo la ley expulsaba a toda aquella gente de Storyville. Recordaba una caravana de refugiados. Algunos de ellos habían vivido siempre allí. Otros, jamás habían conocido otra clase de vida. Nunca había visto tantos lloros y trastornos. La mayoría de los chulos tuvieron que ponerse a trabajar, excluyendo a unos pocos privilegiados".

El jazz había comenzado a expandirse gracias a los músicos expulsados de Nueva Orleans y a los discos, los primeros Race Records. Como ya hemos visto hasta bien entrada la década de 1940, todos los discos grabados por músicos negros, fuera cual fuera su estilo o contenido tenían que publicarse con la etiqueta obligatoria de Race Records, una señal de alerta: producto peligroso para oyentes blancos.

Storyville fue confiscado y años después demolido en su totalidad para ubicar un nuevo plan municipal de vivienda.

El barrio quedaba encima del French Quarter a la izquierda de Congo Square, subiendo desde el río, es decir al otro lado de Tremé. Actualmente solo queda el recuerdo.

Y yo, mientras sigo perdido entre fotografías, discos e instrumentos en el Old US Mint, no puedo quitarme de la cabeza las escenas de los jazzmen y las prostitutas abandonando la ciudad. El cine, que tantas veces se ha acercado al jazz o a la música popular con resultados a menudo discutibles, nos ha dejado unas imágenes memorables de esa salida en la película, por otra parte olvidable si no fuera por esas escenas, *New Orleans* de Arthur Lubin en 1947. En unas imágenes en glorioso blanco y negro terriblemente plásticas e impactantes Louis Armstrong y Billie Holiday abandonan la ciudad a golpe de silbato al frente de esa *caravana de refugiados* bajo la pendenciera mirada de la policía mientras cantan el estremecedor "Farewell to Storyville":

"All, you old-time queens, from New Orleans,
who lived in Storyville.
You sang the blues, try to amuse,
here's how they pay the bill.
The law step-in and call it sin to have a little fun...
Just say farewell now and get your one last thrill.
Your one last thrill.
Just say farewell now, farewell to Storyville."

(Todas vosotras, antiguas reinas de Nueva Orleans,/que vivíais en Storyville/Cantabais blues, para divertir,/así es como os pagan la cuenta./La ley interviene y lo llama pecado para divertirse un poco.../ Solo di adiós ahora y emociónate por última vez./Emociónate por última vez./Solo di adiós, adiós a Storyville.)

Sumido en esos pensamientos me doy de bruces con la primera corneta original de Satchmo. ¡Qué sorpresa! Hace unos años tuve que buscar muchísimo para encontrar una buena fotografía y poder pasársela al dibujante Artur Laperla para el cómic que estábamos haciendo juntos sobre Louis Armstrong (*Potato Head Blues*) y ahora la tenía delante. Es una corneta fabricada en Chicago en 1913 y fue la que Satchmo (entonces le llamaban Dippermouth por su enorme boca) tocaba en la orquesta del reformatorio en el que fue internado a los

La primera corneta de Louis Armstrong.

doce años. La viuda del intendente de la institución la había guardado y posteriormente la depositó en el museo. En una visita que el trompetista realizó a Nueva Orleans en 1965 reconoció el instrumento por unos surcos que había grabado en la embocadura.

El resto del museo es prescindible, todo y que si eres un aficionado al jazz y estás en Nueva Orleans, perder un rato aquí tampoco es tan malo.

Todo es posible en los bares del French Quarter.

Acabada la visita sigo mi periplo de contumaz paseante por NOLA. Perderme por estas calles me recuerda mucho a Venecia, a la que sales de la zona turística ya no hay absolutamente nadie. Aquí serían Decatur y Bourbon y la plaza de armas que está delante de la catedral. El resto está vacío, puedes pasear con total tranquilidad y encuentras rincones asombrosos. Sobre todo las balconadas metálicas repletas de flores. Viejas tiendas de ultramarinos o farmacias con una histórica fuente de soda todavía conservada (aunque no sirven bebidas para disgusto de algún acalorado turista), esqueletos sentados al piano, exposiciones de lo más variopinto, desde complejas y coloristas esculturas en vidrio hasta fotografías o carteles de jazz históricos,... todo es posible en el barrio francés (menos la buena música).

Si históricamente la actividad musical de la ciudad se centraba en este distrito, ahora entre los locales que podríamos denominar serios solo queda el Preservation Hall y tampoco puede decirse que sea un lugar ni muy serio ni muy recomendable a pesar de las colas que se forman a la entrada todos los días. El Preservation dice llevar toda la historia del jazz tradicional a sus espaldas, incluso he leído en algún sitio (no en la publicidad del local) que aquí fue donde Armstrong se formó como músico, ¡qué cinismo! En realidad el Preservation se inauguró en 1961 y actualmente es un simple santuario de peregrinación prefabricado especialmente para centenares de turistas japoneses que lo abarrotan a diario. Tan de turistas es que programan varios conciertos al día de unos 45 minutos de duración, lo justo para no cansar a nadie, y no te dejan ni siquiera sacar la cabeza por la puerta para echar una mirada al interior, has

Una brass band refugiándose de la tormenta en el French Quarter.

de colocarte en la cola, aguardar tu turno y abonar religiosamente tu entrada. Una vez pagué la novatada, no creo que vuelva a suceder.

Hoy, después de la inauguración del festival, había varios seminarios y conferencias pero he decido saltármelos y callejear. Estar en Nueva Orleans y meterme en una sala cerrada aunque sea para oír los recuerdos de George Avakian sobre su amistad con Louis Armstrong no me parecería suficientemente atractivo. Así que calle arriba y calle abajo. Llueve a momentos, de forma torrencial, y, de repente, vuelve a salir el sol; lo que va bastante bien porque ha refrescado un poco, sigue haciendo mucho calor pero menos que ayer.

Una brass band de jóvenes afroamericanos toca a pocos metros del Old US Mint con un ritmo que incita al baile a muchos paseantes, sobre todos los locales más acostumbrados a bailar y a bailar en la calle. Cuando, sin avisar, reaparece la tormenta, se refugian como pueden bajo un porche e intentan seguir tocando como si no pasara nada y los oyentes entramos apresuradamente en el French Marquet que, al no tener paredes laterales, permite seguir oyendo la música sin mojarte. ¡Para algo tenía que servir esta vieja estructura, no solo para vender baratijas a los turistas!

Sigue lloviendo y los restaurantes normales han cerrado, una vez más no me he dado cuenta de la hora. Tengo que buscar algún bristó que sirvan durante todo el día. Fiorella's no está muy lejos, hasta puedo aprovechar los tejados del mercado para acercarme bastante. Lo hago. Jambalaya y corazones de alcachofa con salsa picante. Una buena experiencia.

Estoy en Decatur, al salir ya suena música en todos los edificios de la zona. Prácticamente todas las puertas de Bourbon y Decatur esconden un local de música, un bar de copas o una tienda de suvenires para turistas.

La música está en Faubourg Marigny

Toda la actividad musical seria de la ciudad se ha trasladado al cercano Faubourg Marigny, a cuatro pasos de aquí. Y muy especialmente a la calle Frenchmen donde se alinean a lado y lado más de una docena de locales de jazz, blues y funk de verdadera categoría.

Esta tarde a primera hora (aquí el primer show es a las siete de la tarde) actúa Ellis Marsalis en trío en Snug Harbor, los Soul Rebels en d.b.a. y Kermit Ruffins y sus BBQ Swingers en el Blue Nile. Hay muchas más cosas, hasta está Sneaky Pete en un garito de las afueras, pero con esto ya tengo suficiente para escoger. A los Soul Rebels los vi hace diez días en Barcelona y entre Marsalis y Ruffins para mí no hay color: me voy al Blue Nile.

En Frenchmen Street hay bastante gente por la calle pero no se ven aglomeraciones de palos de selfie siguiendo ciegamente a una guía con sombrilla. Sin duda no soy el único extranjero pero abundan los estudiantes con bicicleta y los jóvenes hipsters de la ciudad. No solo hay clubes, también hay varios restaurantes bastante chic uno al lado del otro, locales de comida más barata (curiosamente ninguna franquicia), la Louisina Music Factory, diversos centros de tatuajes (uno de nombre terriblemente musical: Electric Ladyland) y una librería de viejo que abre solo por la noche.

El Blue Nile, el club escogido, es sencillo: una barra a la derecha, algunas mesitas altas (pocas) a la izquierda ante un gran mural de temática un tanto espiritual, un escenario al fondo y, en medio, el sitio suficiente para bailar. Nadie ocupa ese lugar, los que se quedan de pie se van colocando alrededor de la zona de baile. Junto a la entrada un cajero automático, no sea que alguien se quede sin dinero, y al lado de la barra una enorme televisión plana está poniendo un partido de vóley femenino, sin voz por supuesto, para no molestar pero reafirmando una idea que he visto repetida por todo el viaje: la necesidad de imágenes en movimiento en los locales públicos, inmensos televisores aunque nadie aparentemente los mire. No creo que alguien vaya a un club de jazz a ver una actuación de Kermit Ruffins (o cualquier otra) y se quede en un rincón mirando un partido en la tele, ¿o sí?.

Llego a tiempo pero no parece que esto de la puntualidad sea una virtud del local. A las siete y cinco llega el bajista cargando con el amplificador y a las siete y veinte el baterista con sus platos bajo el brazo. Por los altavoces ha

Bailando en el Blue Nile.

sonado todo un disco de Satchmo cantando góspel, después han seguido Ella Fitzgerald y Louis Prima. La gente que estaba tranquila charlando y bebiendo, al comenzar a sonar la canción de Prima se anima y canta a voz en grito el estribillo de la tarantela: "*O mamma, zooma, zooma baccala!*" mientras mueven acompasadamente los brazos extendidos. En fin está claro que Louis Prima es una gloria nacional en NOLA (aunque se hiciera famoso en Las Vegas, era de aquí). Sigue una canción de Sinatra y el bajista y el baterista la aprovechan para probar sonido tocando sobre el disco, es algo surrealista, como un karaoke al revés. El local está ya casi lleno.

Con solo treinta minutos de retraso empieza el concierto. El presentador recuerda que se trata de un "non smoking event". "Hello, music lovers", saluda Ruffins que está en su salsa y se nota. Canta, toca como un poseso y, sin ningún problema, detiene el concierto para tomarse una cerveza o ir al lavabo. Charla con el público e invita a la gente que baila a subir al escenario. En fin, como estar en casa con unos colegas, da esa impresión. Recupera varios estándares de Satchmo pero los canta sin imitar su voz como suelen hacer otros. Al final, claro, "The Tremé Song" que pone al público en ebullición cantando el estribillo (Ruffins ya había grabado el tema antes de la serie de HBO).

Kermit Ruffins, el rey de la barbacoa, es todo un ídolo en NOLA, irrumpe en el escenario y la gente ya parece excitada.

Al acabar el concierto me paseo por Frenchmen Street. Casas con balconadas de madera o de metal trabajado y pequeñas columnas, algunas pintadas

Delfeayo Marsalis al frente de su big band en el Snug Harbor.

de colores vivos: verde, rojo, amarillo; un estilo cercano al del French Quarter pero más humilde, sin alardes. Lástima que aparquen coches a ambos lados de la calle que tampoco es muy ancha, esto acrecienta la sensación de estrechez que aumenta por la noche y por la omnipresencia de los ostentosos postes de la electricidad y sus numerosos cables atravesando de un lado a otro.

De todos los edificios sale música y no hay problemas en entrar a ver de qué se trata. En la mayoría no suelen cobrar entrada, solo un recargo en las consumiciones cuando hay concierto. Y todo el mundo baila en esos clubes abiertos a la calle. Parece que aquí lo más normal es bailar más que escuchar de forma estática.

Es distinto en los que podríamos llamar clubes más serios. El Blue Nile es uno de ellos. Aquí se cobra una entrada relativamente barata, entre diez y veinte dólares según la actuación, y después las consumiciones son prácticamente al mismo precio que en cualquier otro bar. Y la gente consume mucho, claro.

El Snug Harbor es otro de esos clubes más serios. A nivel de calle es un restaurante un tanto chic, se anuncia como jazz bristó, en el que sirven buena comida criolla a precios moderados (no baratos pero asumibles), tiene una buena carta de vinos (en ese punto no puedo opinar) y sirven O'Doul's fresquita. Una buena opción si después vas a quedarte a un concierto. En la puerta de al lado una barra de bar con pinta de película de detectives de los años cincuenta y al

La música está en todas partes, en la calle, en los clubes, en cada hogar...

fondo una estrecha escalera da acceso al club: otra especie de granero de dos pisos con un pequeño escenario en el que puede apretarse una big band como la de Delfeayo Marsalis que, como su padre, es uno de los habituales del local y otra gloria local.

En la misma calle, el d.b.a. más que en el jazz está centrado en toda esa música nativa del nuevo Nueva Orleans, varias brass bands tienen aquí su sede igual que algunas eminencias de la ciudad como John Boutté o Walter Wolfman Washington. El d.b.a. es un tubo largo y bastante ruidoso con el escenario en un extremo y una larga barra en un lado repleta de pizarras con las ofertas de bebidas escritas con tiza. Presume no solo de una extensa carta de cervezas, también de haber sido el primer local de música smoke free de la ciudad y reciclar todo el plástico y vidrio utilizados.

Se necesita haber cumplido los 21 años para acceder a todos estos clubes. La razón es que sirven alcohol. Los encargados de seguridad de la entrada te piden sistemáticamente el i.d. aunque aparentes bastantes más, ya se sabe: la rutina del portero de club en NOLA.

La librería de la esquina, que solo abre de noche, tiene cantidad de libros usados de música. Encuentro una versión muy buena del libro de fotografías de Nueva Orleans de Harman Leonard pero pesa demasiado como para tenerla en cuenta, lástima.

Décimo cuarto día. Sábado. ¡Cómo les gusta bailar por aquí!

El desayuno con jazz del festival es discreto. Lo hacen en el French Market Café justo en el centro del mercado pero bastante aislado de turistas. Se presenta con el pomposo nombre de *Big Butter and Egg Man Jazz Breakfast*, Satchmo grabó una canción con ese título en los años veinte del siglo pasado. Es un bufet abundante sin nada de particular pero, como mínimo, es mejor que el café, por llamarlo de alguna manera, que sirven en mi motel. La música tampoco tiene nada de particular: un cuarteto con poco fuelle, como mínimo a esas horas. No son los desayunos bluseros de Watermelon Slim (los añoraré).

Un nuevo paseo por el Misisipi esperando que comiencen los conciertos a mediodía.

Rodeando el Old US Mint, justo al lado del French Market hay un parque, y en cada uno de sus extremos, separados por el edificio del museo, han colocado los dos escenarios con grandes carpas para el sol y la lluvia. Originales como son, un escenario se llama *Cornet Chop Suey* y el otro *Red Beans and Ricely Yours*, es decir como una de las canciones más populares de Armstrong y la frase algo confusa que utilizaba para concluir sus cartas o dedicatorias. El resto son paradas de comida y bebida de todos los estilos. La oferta es sumamente variada, de la jambalaya o las especialidades cajún a los cheesburgers with chips del Hard Rock Café (sí, ¡el Hard Rock Café colabora con el festival!). Hay una parada de comida vietnamita con unos espectaculares rollitos de huevos de cangrejo de río, tiene cola pero no veo a ninguno de los pilotos de helicóptero en ella. El suelo es todo de hierba lo que aumenta la sensación de bienestar.

El público acude con sus sillas plegables y en familia, ofreciendo un aspecto entrañable. Además, consumen mucho, parece que están todo el tiempo comiendo y bebiendo. Claro que la bebida es barata y la comida tiene bastante calidad para ser puestos callejeros.

Los conciertos se suceden mientras el público no para de moverse al ritmo que marca cada grupo.

Al pie de cada escenario han colocado un entramado de parquet para que la gente pueda bailar. Los poseedores de sillas plegables lo respetan escrupulosamente.

Los dos escenarios funcionan al mismo tiempo pero la distancia y el edificio intermedio hace que no se molesten el uno al otro. Los conciertos se suceden con una puntualidad exquisita, los cambios de escenario son rápidos (en realidad son sencillos) y ningún grupo hace bises, cuando toca acabar acaban. A la hora señalada el presentador sube al escenario y, sin mediar palabra, el grupo concluye la actuación. El público aplaude pero nadie reclama un bis.

El presentador recuerda cada una de las veces que para que el festival pueda seguir siendo gratuito es necesario consumir en las paradas del festival y comprar en la tienda oficial de recuerdos.

Veo muchas cosas, demasiadas en un solo día. Me sorprende el cuarteto Harmonouche, guitarra manouche al estilo Django pero con toques cajún. Después me entero de que el acordeonista, Norbert Slama, es una de las viejas glorias callejeras del lugar. Muy interesante el guitarrista, Raphaël Bas, con su Selmer Macaferri y todo. La mezcla es muy atractiva y, en algún momento, se cuelan ecos de otras músicas gitanas, todo muy alegre y rítmico.

Con los sones iniciales aparecieron los primeros bailarines de todas las edades, incluso ataviados especialmente para la ocasión, y ya no se dejó de bailar. ¡Cómo les gusta bailar por aquí! y ¡cómo bailan!

La Preservation Hall Orchestra en plena actuación.

Cajún manouche en el Satchmo Summerfest.

En el otro escenario había comenzado el festival con una banda de jovencitos presentados como las futuras estrellas de NOLA. Curiosamente fue el jazz más contemporáneo que pudo escucharse.

101 años y todavía actuaba

Siguió la orquesta de rag time de Lars Edegran, un pianista danés que llegó a NOLA hace más de veinte años y se quedó. Uno de sus dos trompetistas, que además canta, es Lionel Ferbos, probablemente el músico de jazz más anciano del mundo: 101 años y todavía en activo [en 2012][58]. Una vez a la semana, cada sábado, actúa con su propia orquesta en el club Palm Court Jazz Cafe, un local que, todo y estar en el centro de la zona turística de la ciudad, tiene el buen gusto de cerrar por vacaciones en agosto cuando todo se pone insoportable de visitantes indiscriminados.

A sus 101 años Lionel Ferbos fiel al escenario.

Histórico con mayúsculas es la palabra que mejor cuadra para definir a Lionel Ferbos. Al acabar la actuación, todo y que estoy de vacaciones no puedo refrenar mi ímpetu periodístico y, olvidándome de los New Orleans Moonshiners que desde el escenario están poniendo a la gente a bailar como locos, me voy a hablar con Ferbos.

En el momento en que paso al backstage una joven, supongo que la mánager de la banda, le acaba de pasar el sobre con dinero que el trompetista, mirando a derecha e izquierda con desconfianza, se mete inmediatamente en el bolsillo.

Lionel Ferbos habla pausadamente y de forma un tanto ceremoniosa pero con suma amabilidad. En sus labios una gran cicatriz atesora tantos años apoyando la trompeta. Me explica con orgullo que es el único músico que ha actuado hasta la fecha en todas las ediciones del mítico New Orleans Jazz and Heritage Festival ¡y van 42! Sobrevivió tanto a la Gran Depresión y al Katrina como a la llegada del rock y de los instrumentos eléctricos. "Sigo tocando la misma música desde hace ochenta años; unas veces me ha ido mejor que otras pero

[58] Lionel Ferbos nació en Nueva Orleans en 1911 y falleció en la misma ciudad en 2014. Desde los quince años hasta su muerte se dedicó exclusivamente al jazz tradicional como trompetista y eventual cantante sin dejar de tocar, según sus palabras, ni un solo día. Poco antes de conocerle acababa de fallecer su esposa tras 75 años de casados. Otros músicos han sobrepasado el siglo de vida, el compositor Irving Berlin murió a los 101 y el cantante y compositor indio Abdul Rashid Kahn a los 107, pero ninguno mantuvo su actividad regular hasta el último momento como Ferbos.

yo nunca he cambiado". Y ni falta que le hace cambiar, a tenor de lo visto en el Satchmo Summerfest, es exactamente lo que el público desea oír tanto cuando canta como cuando toma un solo de trompeta.

Todas las músicas

Al salir al exterior los New Orleans Moonshiners y sus canciones de la década de 1920 han acabado su set. Un estruendo de metales y tambores resuena en todo el recinto. Que la Tremé Brass Band arrasa en NOLA no ha sido una sorpresa sino una comprobación. Ya de entrada no han dado tiempo ni a cambiar el escenario y han entrado tocando desde la calle y levantando al público tanto al que les seguía como al que estaba en el parterre y que aún no se había levantado tras oír al grupo anterior.

A partir de ese momento ha sido la locura, un no parar quietos, ni ellos ni el público. Al final, lógicamente, ha sonado el "The Tremé Song" que por aquí ya es como un himno y la gente lo canta con un entusiasmo contagioso.

Después Yoshio Toyama ha vuelto a tener su momento de gloria, la gente le ha aplaudido a rabiar y hasta se atrevió a tocar "The Saints" en la mismísima Nueva Orleans desfilando entre el público. Da la impresión de que aquí cae simpático eso de que sean japoneses.

También actuó la Preservation Hall sin excesiva enjundia. Creo que tanto tocar en su local de Bourbon Street para turistas les ha hecho perder fuelle.

El ritmo apabullante volvió con Big Chief Bo Dollis Jr. and the Wild Magnolias. Dollis ya no se viste de big chief para actuar como hacía su padre, me dijo que solo lo hace por Mardi Gras, primero para que el vestido sea sorpresa ese día y segundo (yo creo que primero) porque no puede cantar con el atuendo de black indian, hace demasiada calor y pesa mucho. Le digo que vi a su padre cantando y bailando con ese atuendo espectacular, encoge los hombros y pone cara de no saber cómo se las arreglaba. Le entiendo porque en estos días todo el mundo va completamente empapado con las camisas mojadas y pegadas al cuerpo, nadie se inmuta por ir sudado, es como lo más normal. Sus dos vocalistas/bailarines sí que llevan el traje de black indian con su buen penacho de plumas, no sé cómo lo aguantan bailando y todo.

La fiesta se acabó también a golpe de ritmo con el Tremé Funktet y la Stooges Brass Band. Dos grupos que vuelven a mezclar el funky con los ritmos de las brass bands callejeras, parece ser la moda en estos momentos. Se baila y se baila.

Entre concierto y concierto pruebo la andouille (una especie de salchicha de cerdo cajún) con judías rojas y arroz con muchas especias. Sabores fuertes, intensos, que no se olvidan. Como buen chico consumo en las paradas del festival para que pueda seguir siendo gratuito.

Con los últimos acordes compruebo con sorpresa que soy incapaz de oír más música a pesar de que todavía es temprano para mis estándares. Como los conciertos han comenzado a mediodía, pasan minutos de las diez y media de la noche y ya hemos acabado por hoy. Mucha gente se queda en el parque disfrutando de un poco de brisa, en especial los que han llegado con sus sillas. Las paradas de comida y bebida siguen abiertas.

Décimo quinto día. Domingo. What a wonderful world

Es domingo. Me despierto temprano para llegar pronto, tal como recomendaban en el programa, a la iglesia en la que se va a celebrar una misa en recuerdo de Louis Armstrong pero no hubiera hecho falta porque la organización ha reservado tres filas. Así que me siento con la delegación japonesa, el pequeño grupo del alcalde y otros que, por la forma en que los tratan los responsables del festival, deben ser patrocinadores o algo así.

La misa está incluida en los actos paralelos del Satchmo Summerfest y al acabar se montará una second line, anunciada como *Satchmo Salute*, con cuatro bandas desde la iglesia hasta el Old US Mint atravesando todo Tremé por Rampart y Esplanade, aproximadamente unas quince manzanas (y por aquí las manzanas son bastante grandes).

La Saint Augustine Catholic Church, la iglesia de Sidney Bechet según se anuncian, es un iglesia grande, un enorme edificio blanco con un campanario cuadrado coronado por un pequeño domo y una gran cruz metálica. El interior es austero, predomina el color blanco sin ningún tipo de floritura, si olvidamos las hileras de columnas a cada lado. Leo en el programa de mano (sí, aunque suene raro, en la puerta de la iglesia te dan un programa de mano con explicaciones, algo de historia y las partes de la misa detalladas como si de los tiempos de una sinfonía se tratara) que estoy en la segunda iglesia católica afroamericana de los Estados Unidos. Se levantó en 1841 para los libertos de la zona (aunque tienen a bien explicar que también dejaban entrar esclavos) sobre una edificación anterior de 1720, que había pertenecido al señor Claude Tremé, emigrante francés que fundó el barrio (primero fue una plantación y cuando liberó sus esclavos se transformó en barrio), y ha ido pasando de mano en mano, del señor Tremé a las ursulinas que después se la vendieron a las carmelitas que finalmente la donaron a la archidiócesis de Nueva Orleans con la condición de que se dedicara el culto a San Agustín. Anunciaban que el 7 de octubre de 2012 iban a celebrar los 171

Saint Agustine, la iglesia de Sidney Bechet, en el barrio de Tremé.

años de culto continuado de la iglesia. La verdad es que estuvo cerrada algunas semanas tras el Katrina y la archidiócesis barajó la posibilidad de no volverla a abrir dados los daños y, sobre todo, la drástica disminución de la población en el barrio de Tremé. La idea no gustó a los feligreses que no solo salieron a la calle reclamando la apertura sino que se atrincheraron en la rectoría como protesta hasta que se rectificó la decisión de cierre.

Antes de entrar dedico cinco minutos a pasear por su jardín buscando la Tumba del Esclavo Desconocido. Una gran cruz abatida formada por enormes cadenas y con grilletes colgando construida en memoria de todos los esclavos del Faubourg Tremé fallecidos anónimamente. La hierba crece libre bajo ella y no hay flores, lo que contribuye a crear una fuerte sensación de desazón. En la placa informativa se explica que la iglesia se erigió sobre "sangre, sudor y lágrimas y los muchos restos mortales de esclavos africanos e indios americanos muertos a traición o por la fiebre amarilla y otras plagas y que fueron enterrados conjuntamente y en secreto. La Tumba del Esclavo Desconocido es un recordatorio constante de que estamos caminando en Tierra Santa. No es necesario consagrar esta tumba porque ya está consagrada por las muchas muertes de esclavos desprovistas de reconocimiento, dignidad o respeto pero glorificadas con su sangre, su sudor, sus lágrimas, su fe, sus oraciones y su profunda adoración hacia nuestro Creador". Sin ser creyente no puedo más que decir *Amén*.

En el interior los músicos comienzan a llegar pausadamente. Los primeros son el grupo habitual de la iglesia: una pianista, una saxofonista y un baterista. Vestidos de blanco, comienzan a tocar espirituales en plan relajado mientras los miembros de la Tremé Brass Band van entrando y alguno se une a la jam creándose un ambiente totalmente musical. La gente charla y más parece un club que una iglesia, solo faltan las cervezas.

Hace un calor terrible y a la entrada reparten unos eficaces abanicos de cartón con el lema *Gospel is Alive (El evangelio está vivo)*. Se trata de publicidad de una empresa de pompas fúnebres, Rhodes Funeral Home *Proudly owned and operated by the Rhodes Family (Orgullosamente propiedad y operado por la familia Rhodes)* que, por lo que veo, además patrocina la misa dentro del festival y el desfile posterior. Cosas.

Va llegando mucha gente, tanto blancos como negros y algunos llevan panderetas. Le comento a una de las responsables del festival que me da la impresión de que va a ser un acto muy turístico y me explica que todo lo contrario. En esta iglesia cada domingo hay misa con música y le gente acude con instrumentos de percusión para sumarse al grupo, además todo el mundo se sabe las canciones y las cantan con el coro. Lo que sucede es que hoy es un día especial y por eso vendrá más gente. Es especial porque es una misa en memoria de Satchmo y eso en NOLA es sagrado, además la Tremé no suele acompañar misas y ya se sabe que aquí la Tremé es también sagrada, estamos en su barrio. Y, por último, cantará una cantante de rhythm and blues que es del barrio y comenzó en el coro de esta iglesia pero que ahora nunca suele cantar en misas. En ese momento no me lo creo mucho pero a medida que va avanzando la ceremonia y, sobre todo, durante la comunión me doy cuenta de que tenía razón.

Lo cierto es que todo lo que está sucediendo aquí tiene poco que ver con la ceremonia de una iglesia europea. Y lo veo claro cuando, a la hora en punto, la música cobra mayor intensidad y el coro se les une. Entran desde el fondo dos mujeres con togas verdes llevando un gran cirio y detrás el reverendo, también vestido de un verde muy vistoso y bailando al son de la música. No, no va a ser igual.

La música inunda toda la misa, cada parte va seguida o puntuada por un góspel y la gente los canta y los acompaña con las panderetas y aplaudiendo rítmicamente. Diez japoneses picando palmas a mi lado son todo un espectáculo.

Hay mucho bullicio pero ni el oficiante ni el coro buscan el éxtasis, más bien la fraternidad, el todos a una alegre y desinhibido a pesar de estar en el interior de una iglesia. Y la gente aplaudiendo, cantando y tocando la pandereta.

En su homilía el pastor habla pausado y no da la impresión de querer convencer a nadie. Cita a Shakespeare cuando dijo que la música era un ruido pero un ruido maravilloso y se lo aplica a Satchmo que siempre había cantado y tocado para transmitir felicidad y amor por la vida porque vida solo tenemos una y es necesario vivirla feliz y hacer felices a los demás, etc... Al acabar este sermón tranquilo y reposado, el reverendo para corroborar sus propias palabras se pone a cantar con absoluta naturalidad el "What a wonderful world" de Satchmo acompañado por la saxofonista y la pianista de la iglesia:

"The colors of the rainbow
So pretty in the sky
Are also on the faces
Of people going by
I see friends shaking hands
Saying, 'How do you do?'
They're really saying
'I love you'
I hear babies cry
I watch them grow
They'll learn much more
Than I'll never know
And I think to myself
What a wonderful world
Yes, I think to myself
What a wonderful world".

(Los colores del Arco Iris/Tan bonitos en el cielo/También están en las caras/De las personas que pasan/Veo a amigos estrechándose las manos/ Diciendo: '¿Cómo estás?'/Realmente están diciendo/'Te amo'./Escucho bebés llorando/Los veo crecer/Aprenderán mucho más/De lo que yo nunca sabré/Y pienso para mí/Qué mundo tan maravilloso/Sí, pienso para mí/Qué mundo tan maravilloso.)

Y el público se vuelve loco y ¡¡¡acaban de pie aplaudiendo!!!

"Oh yeah!!!"

El momento más emotivo se alcanza con la comunión. Ya de entrada el reverendo bendice el pan y el vino con música de fondo y en el momento de repartir las hostias la cola que se forma es inmensa, realmente casi todos los asistentes, comenzado por el alcalde. En ese momento los solistas de la Tremé y la chica saxofonista han ido empalmando unos solos increíbles sobre un blues lento, quejoso y lacerante que ponía los pelos de punta. Han invitado a Toyama a que hiciera un solo y el japonés no solo ha estado a la altura, su solo ha sido de lo más sentido y punzante. Casi lloraba. Al acabar la misa volvía a estar tan emocionado que solo iba dando las gracias a todo el mundo, me estrechó la mano y me dio las gracias como si yo hubiera tenido algo que ver. Creo que aquel solo durante la comunión le valió a Toyama por toda su carrera, fue como conseguir un sueño inalcanzable.

La misa ha seguido con música. La gente se coge de las manos para cantar, todo es movimiento.

Bailando en la calle

Al final el oficiante ha dado las gracias a los patrocinadores (¡la empresa de pompas fúnebres!), ha anunciado que en la parte de atrás de la iglesia por seis dólares se puede tomar el brunch de cada domingo que, indudablemente, es el mejor brunch de la ciudad y ha dado paso a la Tremé para que iniciara la second line desde el mismo altar tocando, claro, "When the Saints go marchin' in". Se ha puesto al frente del desfile bailando hasta la puerta de la iglesia donde ha ido despidiendo uno por uno a todo el mundo. En ese momento la gente ha comenzado a desplegar sombrillas de colores en la misma iglesia y ya todo ha sido la locura.

En el exterior esperan otras bandas que estaban tocando para la muchísima gente que parecía ya llevar un buen rato de fiesta. La misa había durado una hora y veinte minutos cuando se habían previsto 45 minutos.

El desfile ha seguido por todo Rampart bajando por Esplanade hasta el Old US Mint, lugar del festival. Aproximadamente una hora de baile, movimiento constante y locura. La gente aparecía en puertas y ventanas para aplaudir y se iba añadiendo a la comitiva.

Ha sido una suerte poder vivir una second line en Nueva Orleans. Las brass bands solo salen a la calle en ocasiones así o en los funerales y estos, lógicamente, no se pueden prever y tampoco se anuncian.

Abría la marcha un policía con gorro de ala plana, un poco al estilo de la montada pero en caqui, y detrás la Tremé Brass Band con sus bailarinas uniformadas y todo, las Tremé Baby Dolls. Después venía una carroza con una gran estatua de Satchmo y el Zulu Social Aid and Pleasure Club con su rey sentado en un descapotable lógicamente amarillo, el color del club. Cada año escogen por votación a un rey, Satchmo fue uno de los primeros y son famosas sus fotos vestido de zulú con corona y trompeta. El rey de este año, el 103, es Elroy A. James, un abogado de 38 años que ha luchado por los barrios negros tras el Katrina y no va vestido de zulú pero todo el mundo le estrecha la mano y le da las gracias. Al pasar a mi lado me estrecha también la mano, un asistente del festival le dice que soy un periodista europeo, eso de europeo con mayúsculas, y el amable Rey Zulú me regala un collar de cuentas blancas y negras

Un miembro de la Tremé Brass Band delante de un póster con la imagen de *Uncle* Batiste.

del que cuelga un enorme medallón con su nombre y la imagen de la deidad egipcia Aker, dios del ayer y del mañana. Al parecer los collares personalizados van muy buscados pero no creo que este me lo pueda poner para salir a pasear por Vilassar. Los collares normales con cuentas de plástico de colores de todos los tamaños, los típicos del Mardi Gras, los van lanzando desde las carrozas y la gente se pelea (en el buen sentido, las habituales gamberradas vistas en los desfiles de Mardi Gras aquí no existen) por cogerlos.

Sigue la carroza de los zulús, los que van tirando collares, una gran pancarta de la empresa de pompas fúnebres con sus bailarines uniformados (¿de enterradores?), zancudos disfrazados y al final la banda del Social Aid and Pleasure club de Tremé con su big chief y sus acompañantes en los lujosos trajes azules de black indians del carnaval anterior. Y todo lleno de gente bailando y exteriorizando una alegría tremendamente contagiosa al ritmo de la música.

Cerraban la marcha el grupo de seguridad del club zulú, todos vestidos de amarillo y en bicicleta.

Second line con la Tremé Brass Band.

Siempre en movimiento.

Grand Marshall de la Zulu Social Aid and Pleasure Club.

Es difícil describir lo que es una second line porque diciendo desfile, baile, movimiento, participación, música,... ya está pero hay algo más en recorrer aquellas calles a aquel ritmo con aquella gente.

En Nueva Orleans llaman second line a todo el cortejo que se forma en los desfiles callejeros que siguen al grupo que lo organiza para alguna celebración, generalmente una asociación social que paga el desfile y, por tanto, se coloca a la cabeza con su brass band; esa sería la first line (en los entierros lógicamente la primera línea la forman el fallecido y sus allegados). El resto de gente que nos añadimos detrás somos la second line.

Históricamente las second lines nacen de los entierros que, en esta ciudad, siempre iban acompañados de una brass band. Lógicamente la procesión que acompañaba a un entierro era siempre triste a pesar de que los himnos interpretados invariablemente contenían un punto de optimismo y siempre se bailara a su paso porque, eso sí, los entierros en Nueva Orleans seguían, y siguen, manteniendo el toque africano aportado por los primeros esclavos. Después de la Guerra de Secesión las danzas en círculo de Congo Square se adaptaron a las marchas interpretadas con los instrumentos de las bandas militares y se traslada-

Bailando al paso de la música.

Brass Band juvenil durante la second line del Satchmo Summerfest.

ron a los entierros pero sustituyendo los círculos por bailes en línea para mantener la comitiva.

El gran Louis Armstrong recordaba en sus memorias: "En Nueva Orleans los funerales son tristes hasta que el cuerpo es depositado en la tierra y el reverendo dice 'Polvo eres y en polvo te has de convertir'. Cuando el muerto está ya a dos metros bajo tierra, la banda empieza a tocar una tonada alegre como "Didn't He Ramble". Todo el mundo se olvida de sus preocupaciones. En cuanto la orquesta empieza a tocar, todo el mundo baila de un lado a otro de la calle, sobre todo aquellos que se han sumado a la comitiva siguiendo a los que asistían al entierro. A esos (transeúntes que quieren oír música) se les llama second line. Les pica la curiosidad y siguen el entierro para ver lo que va a ocurrir. Algunos solo siguen el entierro durante unas cuantas manzanas de casas, pero otros lo acompañan hasta que todo ha concluido"[59].

Hoy una second line no es más que un desfile de entierro o funeral pero con dos diferencias esenciales: no hay cadáver y, corolario, todo es eminentemente festivo. La música puede ser más desenfadada, aunque siempre manteniendo el ritmo típico, y los bailes no están sujetos a norma alguna. Lógicamente tampoco concluyen nunca en el cementerio.

Estos desfiles, por su propia naturaleza popular, invitan a la participación de todo el mundo. Incluso en sus inicios fue una actividad sin barreras de color o procedencia. El músico e historiador tejano Ned Sublette lo resumía con claridad[60]: "Una second line es una demostración de derechos civiles. Literalmente, demuestra el derecho de la comunidad a reunirse en la calle con fines pacíficos. O, más simplemente, demuestra el derecho de la comunidad a existir". Y para reunirse en las calles con fines pacíficos y bailar al son de la música en Nueva Orleans nunca faltan excusas.

Las second lines como tales nacen cuando, a finales del siglo XIX, las sociedades fraternales y vecinales que se encargaban de los entierros de los libertos y también de proporcionar ayudas a las familias que quedaban, sobre todo escolarización a los niños, comenzaron a necesitar cada vez más dinero para su labor. Para conseguirlo organizaron desfiles festivos publicitando sus servicios. Poco a poco estas sociedades fueron diluyendo sus actividades pero han persistido como clubes para organizar actividades populares y second lines. Y han mantenido sus antiguos nombres de Social Aid and Pleasure Club como el Zulú. De ahí también que sea una empresa especializada en funerales la que patrocina la second line del festival.

---

59 Louis Armstrong: Obra citada.

60 Ned Sublette: *The World That Made New Orleans: From Spanish Silver to Congo Square*. Chicago Review Press 2008.

¿Sabes lo que significa añorar Nueva Orleans?

Queda poco tiempo y regreso al Misisipi que, en el fondo ha sido el *leitmotiv* de todo el viaje y justo donde empezó.

Hace un sol de justicia y no hay casi nadie paseando. El steamboat *Natchez*, supongo que cargado de turistas, abandona su embarcadero agitando alegremente sus palas de un rojo provocador. Las aguas fluyen tranquilas, saben que están a punto de llegar al final de su viaje en el golfo de México.

> *"Do you know what it means to miss New Orleans?*
> *And miss her each night and day*
> *I know I'm not wrong because the feeling's*
> *Getting stronger the longer I stay away"*
>
> *(¿Sabes lo que significa añorar Nueva Orleans?/La echo de menos noche y día/Sé que no estoy equivocado porque la sensación es/Más fuerte cuanto más tiempo paso lejos.)*

Billie Holiday acompañada de Louis Armstrong en la película *New Orleans.*

Direcciones y comentarios

SIGUIENDO EL ORDEN EN QUE APARECEN EN EL TEXTO

Todos los horarios y precios que se apuntan en este libro son meramente indicativos ya que fueron los que yo encontré en su momento y que, sin duda, en especial los precios han variado en estos últimos tiempos.

Memphis, Tennessee

Mississippi River Museum. 125 N Front St, Memphis, TN 38103 (Mud Island River Park). Abierto de 10 a 16 horas, excepto lunes.

Memphis Rock'n'Soul Museum. 191 Beale Street, Memphis, TN 38103. Aunque la dirección lo indique así, el museo no está exactamente en Beale sino al fondo de una gran plaza que se abre a esa calle y acoge en su centro el enorme pabellón Fedex Forum del equipo de baloncesto local: los Grizzlies. Abre todos los días de 9.30 a 7.00. Existen lanzaderas gratuitas que unen este museo con Graceland y el estudio Sun, se pueden consultar horarios en el teléfono local 901-205-2533. El precio, cuando yo lo visité, era 10,50$.

Full Gospel Tabernacle Church. 787 Hale Road, Memphis, TN 38116. El servicio dominical es a las 11.30 horas.

Graceland. 3764 Elvis Presley Boulevard (Highway 51 South). Memphis, TN. Las horas de apertura cambian según los meses del año. Existen diferentes posibilidades de visita. Dejando de lado las excesivamente caras entradas VIP, puede visitarse solo la casa por 39,72$ pero, ya que estás allí es mucho más recomendable realizar un tour más completo. Si el hangar de aviones no tiene mayor interés, la visita al nuevo Elvis Presley's Memphis Entertainment Complex es altamente recomendable. El paquete conjunto, siempre con audioguías en ipad en castellano, sube a 59$ y si incluimos el hangar de aviones a 64$.

W.C. Handy Park . 200 Beale St, Memphis, TN 38103. Abre desde las 6 a las 20 horas. Acceso libre.

W. C. Handy House Museum. 352 Beale St, Memphis, TN 38103. Abre de 10 a 17 horas, lunes cerrado.

Dyer's Burgers. 205 Beale St, Memphis, TN 38103. Abre de 11 a las 3 de la madrugada, excepto viernes y sábado que cierra a las 5.

A. Schwab. 163 Beale St, Memphis, TN 38103. Abre de 12 a 18 horas, excepto viernes y sábados que cierra a las 21 horas.
The Daisy. 329 Beale St, Memphis, TN 38103. El interior no puede visitarse.
The New Daisy Theatre. 330 Beale St, Memphis, TN 38103. Horarios y precios según espectáculos programados.
Jerry Lee Lewis' Cafe & Honky Tonk. 310 Beale St, Memphis, TN 38103. Abre de 16 a 3 de la madrugada, excepto viernes y sábados que cierra a las 5.
Peabody Hotel. 149 Union Ave, Memphis, TN 38103. Los patos hacen su paseo sobre la alfombra roja a las 11 y regresan por el mismo camino a las 17 horas. Acceso gratuito.
Memphis Music. 149 Beale St, Memphis, TN 38103. Abre de 10 a 3 de la madrugada.
Shangri-La Records. 1916 Madison Ave. Memphis, TN 38104. Horas de apertura según los días de la semana. De 12 a 19 horas, excepto sábado que abre de 12 a 18 y domingo que abre de 13 a 17 horas.
Goner Records. 2152 Young Ave. Memphis, TN 38104. Como si estuviesen de acuerdo el horario es idéntico al de Shagri-La.
Luderdale Courts. 252 North Lauderdale St., Memphis, Tennessee 38105.
Orpheum Theatre. 3905, 203 S Main St, Memphis, TN 38103. Horarios y precios según espectáculos o películas programados.
B.B. King's Blues Club. 139 Beale Street, Memphis, TN. Abre de 11 a medianoche, excepto viernes y sábado que cierra a la 1 de la madrugada.
Ernest C. Withers Gallery. 333 Beale Street, Memphis, TN Abre todos los días, excepto lunes, hasta las 23 horas. Entrada: donación voluntaria.
National Civil Rights Museum. 450 Mulberry Street, Memphis, TN 38103. Horario de 9 a 17 horas, martes cerrado. Precio 16$ (jubilados 14).
Restaurante Arcade. 540 S Main Street, Memphis, TN 38103. Atención al horario: de 7 a 15 horas. Tarde y noche cerrado.
Gibson Guitar Factory. 145 Lt. George Lee Ave, Memphis, TN 38103. En 2019 Gibson ha cerrado estas instalaciones trasladando toda la producción a Nashville.
Tennessee State Welcome Centre. 119 Riverside Drive, Memphis, TN 38103. Abierto de 7 a 23 horas. Acceso libre.
Sun Studio. 106 Union Avenue, Memphis, TN 38103. La visita se debe hacer siempre en tour guiado, no se permite la entrada individual. Tours cada hora desde las 10.30 a las 17.30 horas. Precio 14$.
Stax Museum of American Soul Music. 926 E. McLemore Avenue, Memphis, TN 38106. Abierto cada día de 10 a 17 horas. Precio 13$ (jubilados 12)
Memphis Slim Collaboratory. 1130 College St, Memphis, TN 38106. Abre de 9 a 17 horas.

Brownsville, Tenessee

West Tennessee Delta Heritge Center. 121 Sunny Hill Cove, Brownsville, Tennessee 3801.

Nashville, Tennessee

The Parthenon. 2500 West End Ave, Nashville, TN 37203. Abre de 9 a 16.30 horas. Lunes cerrado.
Country Music Hall of Fame and Museum. 222 Fifth Avenue South, Nashville, TN 37203. Abre de 9 a 17 horas. El precio de la entrada oscila entre diversas opciones, la básica son 25$ más otros cinco de la indispensable audioguía.
RCA Studio B. 1611 Roy Acuff Pl, Nashville, TN 37203. Abierto de 9 a 17 horas. Solo se puede visitar en combinación con el Country Hall of Fame and Museum. Una lanzadera transporta a los visitantes desde el museo.
Manuel. 800 Broadway, Nashville, TN 37203. Abierta de 10 a 18 horas. Se puede visitar como quien va a un museo porque los precios, al tratarse de piezas únicas, no son precisamente baratos. Eso sí, siempre puedes comprar una camiseta o algún recuerdo.
Hatch Show Print. 224 5th Ave S, Nashville, TN 37203. Abierto de 9.30 a 18 horas, excepto viernes y sábados que cierra a las 20 horas.
Ryman Auditorium. 116 Fifth Avenue North, Nashville, TN 37219. Horarios y precios según espectáculo. Tours de 9 a 16.30 horas. Diversas opciones de visita, precio según opción.
Tootsie's Orchid Lounge. 422 Broadway, Nashville, TN 37203. Abre, como todos los locales de la Honky Tonk Highway, de 10 a 3 de la madrugada.
Honky Tonk Central. 329 Broadway, Nashville, TN 37203. Abre de 10 a 3 de la madrugada.
Grand Ole Opry. 2804 Opryland Drive, Nashville, TN 37214. Horarios y precios según espectáculo. Se pueden realizar visitas durante el día y, los días de espectáculo, después del concierto. Precio 27$ durante el día, 29$ tras el concierto.
General Jackson Showboat 2812 Opryland Drive, Nashville, TN 37214. Los precios de los cruceros de 2 horas y media o 3 oscilan entre 66 y 109$ incluyendo lunch y cena con música.
Willie Nelson and Friends Museum and General Store. 2613 McGavock Pike, Nashville, TN 37214. Abre de 8.30 a 21 horas. Precio 9.99 $.
Fisk University. 17th Av. N. con Meharry Boulevard, Nashville, TN 37208.
Fort Nashborough. 170 1st Ave N, Nashville, TN 37201. Abierto de 9 a 16 horas. Acceso libre.
Music City Walk of Fame Park. 121 4th Ave S, Nashville, TN 37203. No cierra. Acceso libre.

Ernest Tubb Records Shop. 417 Broadway, Nashville, TN 37203. Abre de 10 a 22 horas, los viernes y sábados hasta medianoche.
Grimey's New and Preloved Music Store. 1604 Eighth Avenue South, Nashville, TN 37203. Abre de 11 a 20 horas, los domingos de las 13 a 18.
Third Mean Records. 623 7th Avenue South, Nashville, TN 37203. Abre de 10 a 18 horas.
George Jones Museum. 128 2nd Avenue North, Nashville, TN 37201. Abre de 10 a 20 horas, excepto jueves, viernes y sábados que cierra a la 1 de la madrugada. Precio 17$ (jubilados 10, militares 12). El café del museo cierra todos los días a las 3 de la madrugada.
Johnny Cash Museum. 119 3rd Avenue South, Nashville, TN 37201. Abre de 9 a 18 horas. Precio 19,95 $ (jubilados y militares 18,95).
Patsy Cline Museum. 119 3rd Avenue South, Nashville, TN 37201. Abre de 9 a 18 horas. Precio 19,95$.
Gallery of Iconic Guitars de la Universidad de Belmont. 1907 Belmont Blvd. El museo está exactamente situado en la Biblioteca Lila D. Bunch de la Belmont University, Nashville, TN 37212. Abre de 9 a 17 horas, excepto el domingo que abre a las 13 horas. Precio 5$.
Owen Bradley Park. 1 Music Square E, Nashville, TN 37203.
Music Row Circle (estatua **Musica**). Roundabout Plaza, 1600 Division St, Nashville, TN 37203.
Barbershop Harmony Society. 10 7th Ave N, Nashville, TN 37203. Horarios según actividades programadas.
Bluebird Cafe. 4104 Hillsboro Road, Nashville, TN 37215. Abre de 17 a 23 horas, excepto viernes y sábados que cierra a la medianoche. Dos shows diarios, generalmente a las 18 y a las 21 horas (pueden variar según programación especial).
Music City Center. 201 5th Ave S, Nashville, TN 37203.
Schermerhorn Symphony Center. 1 Symphony Pl, Nashville, TN 37201. Horarios y precios según espectáculos.
B.B. King Blues Club. 152 2nd Ave N, Nashville, TN 37201. Abre de 11 a 23 horas, excepto viernes y sábados que cierra a la una de la madrugada.
Para el resto de honky tonks mencionados no hay pérdida posible todos están en Broadway unos al lado o enfrente de los otros, solo el club de B.B. King queda algunos metros apartado y tampoco es estrictamente un honky tonk.

Tupelo, Misisipi

Elvis Presley Birthplace & Museum. 306 Elvis Presley Dr, Tupelo, MS 38801. Abre de 9 a 17 horas. Visita a la casa: 8$. Visita a la casa, museo e iglesia 16$ (jubilados 12).

Tupelo Hardware Co.. 114 Main St, Tupelo, MS 38804. Abre de 7 a 17.30 horas.
Johnnie's Bar-B-Q Drive In. 908 E Main St, Tupelo, MS 38804. Abre de 7 a 21 horas.

Helena, Arkansas

Delta Cultural Center. 141 Cherry St, Helena, AR 72342. Abre de 9 a 17 horas, lunes cerrado. Vista la cantidad de museos de blues que puedes encontrar más adelante, este puede fácilmente obviarse.

Clarksdale, Misisipi

Abe's Bar-B-Q. 616 N State St, Clarksdale, MS 38614. De todas formas no tiene pérdida: justo delante del Crosrroads. Abre de 10 a 20.30 horas, excepto viernes y sábado que cierra las 21 horas.
Delta Blues Museum. 1 Blues Alley, Clarksdale, MS 38614. Abre de 9 a 17 horas. Entrada 10$.
Shack Up Inn. 1 Commissary Cir, Clarksdale, MS 38614.
Hotel Riverside. 615 Sunflower Ave, Clarksdale, MS 38614.
Red's Juke Joint. 398 Sunflower Ave, Clarksdale, MS 38614. Abre de 12 a 2 de la madrugada.
Ground Zero Blues Club. 387 Delta Ave, Clarksdale, MS 38614. La cocina abre a las 11 de la mañana pero los conciertos no comienzan hasta las 20 horas. Cierra según los días a las 23 o las 2 de la madrugada. Domingos cerrado.
Bluesberry Cafe. 235 Yazoo Ave, Clarksdale, MS 38614. Normalmente solo sirve desayunos aunque también puede abrir algunas noches si hay actuaciones programadas. El horario más habitual es de 8 a 13.30 horas.

Cleveland, Misisipi

Martin and Sue King Railroad Museum. 115 South Bayou Road, Cleveland, MS 38732. Abre de lunes a viernes de 9 a 16 horas y sábados de 13 a 16 horas
Grammy Museum Mississippi. 800 W Sunflower Rd, Cleveland, MS 38732. Abre de martes a domingo de 10 a 17.30 horas

A la salida de Cleveland, Misisipi

Dockery Farms. 229 MS-8, Cleveland, MS 38732. No cierra. Acceso libre. Si se desea realizar una visita guiada (muy recomendable si es la primera vez) es necesario ponerse en contacto con un mínimo de quince días de antelación con Bill Lester, director ejecutivo de la Dockery Farms Foundation, en el mail wclester@gmail.com. El precio entonces es de 10$. También se aceptan donaciones en una hucha situada junto al libro de visitas, todo lo recaudado se reinvierte en mantenimiento y rehabilitación y, la verdad, es que se nota el cariño con el que se utiliza cada dólar recaudado.

Indianola, Misisipi

Club Ebony. 404 Hanna Ave, Indianola, MS 38751. Cerrado excepto eventos especiales.
The Blue Biscuit. 501-503 Second Street, Indianola, MS 38751. Abre de 11 a 1 de la madrugada.
B.B. King Museum and Delta Interpretive Center. 400 2nd St, Indianola, MS 38751. Abre de 10 a 17 horas. Precio 15$ (jubilados 12).

Leland, Misisipi

Birthplace of Kermit The Frog Museum. 415 S Deer Creek Dr E, Leland, MS 38756. Abre de 10 a 16 horas.
Highway 61 Blues Museum. 307 N. Broad Street, Leland, MS 38756. Abre de 10 a 17 horas. Entrada 8$.

Natchez, Misisipi

Forks of the Road. 232 St Catherine St, Natchez, MS 39120. No cierra. Acceso libre.

Lafayette, Luisiana

Dwyer's Cafe. 323 Jefferson St, Lafayette, LA 70501. Abre de 6 a 14 horas.
Blue Moon Saloon. 215 East Convent Street, Lafayette, LA 70501. Conciertos a las 21 horas.
El Sido's Zydeco & Blues Club. 1523 N St Antoine St, Lafayette, LA 70501. Abre solo viernes y sábados.
Acadian Cultural Centre. 501 Fisher Rd, Lafayette, LA 70508. Abre de 9 a 16.30 horas. Entrada gratuita.
Vermilionville. 300 Fisher Rd, Lafayette, LA 70508. Abre de 10 a 16 horas. Precio 10$ (jubilados 8).

Vacherie, Luisiana

Plantación Oak Alley. 3645 Highway LA-18 (Great River Road), Vacherie, LA 70090. Abre de 9 a 17 horas. Precio 20 $. Visitas guiadas cada hora aunque, en realidad, depende de la cantidad de público, los grupos van saliendo a media que se llenan.
Plantación Laura. 2247 Highway LA-18, Vacherie, LA 70090. Abre de 9.30 a 17 horas. Precio 25$. Visitas guiadas de 10 a 16, cada hora.

Nueva orleans, Luisiana

Steamboat Natchez. Toulousse Street al llegar a la orilla del río, New Orleans LA. Los precios y horarios de los paseos varían según la hora y época del año. El calíope anuncia los cruceros de mañana a las 11 y de tarde a las 14 horas. Se oyen y se "ven" perfectamente desde el muelle sin necesidad de acceder a la embarcación.

Le Croissant d'Or. 617 Ursulines Ave, New Orleans, LA 70116. Abre de 6 a 15 horas.

Café du Monde. 800 Decatur St, New Orleans, LA 70116. Abre las 24 horas.

Marie Laveau's House of Voodoo. 739 Bourbon St, New Orleans, LA 70116. Abre de 10 a 23.30, excepto viernes y sábados que cierra a la 1.30 de la madrugada.

Lafitte's Blacksmith Shop. 941 Bourbon St, New Orleans, LA 70116. Abre de 10 a 3 de la madrugada.

Congo Square. 701 N Rampart St, New Orleans, LA 70116. En el interior del **Louis Armstrong Park**. Abre de 8 a 19 horas. Acceso libre.

Yo Mama's. CERRADO. 727 St Peter St. New Orleans, LA 70116.

House of Blues. 225 Decatur St, New Orleans, LA 70130. Abre de 11.30 a 23 horas. La primera House of the Blues se abrió en Cambridge, Massachusetts, en 1992 pero cerró en 2003. En estos momentos la sala más antigua de la cadena es la de Nueva Orleans que funciona dese 1994. En 2006 el grupo Live Nation compró House of the Blues.

Beckham's Book Shop. 228 Decatur St, New Orleans, LA 70130. Abre de 10 a 17 horas.

Lousiana Music Factory. 421 Frenchmen St, New Orleans, LA 70116. Abre de 10 a 19 horas

Tipitina's. 501 Napoleon Ave, New Orleans, LA 70115. Los conciertos suelen ser a las 21 horas.

Basin St. Station. 501 Basin St, New Orleans, LA 70112. Acceso libre.

J&M Recording Studio. Actualmente es una lavandería. 838-840 N. Rampart Street, New Orleans, LA 70116.

Backstreet Cultural Museum. 1116 Henriette Delille St, New Orleans, LA 70116. Abre de 10 a 16 horas, lunes cerrado. Precio 10$. No tiene visitas guiadas programadas pero todo el personal está dispuesto a explicar hasta los más mínimos detalles.

Old US Mint. New Orleans Jazz Museum. 400 Esplanade Ave, New Orleans, LA 70116. Abre de 10 a 16 horas, lunes cerrado. Precio 6$ (jubilados y militares 5).

Preservation Hall. 726 St Peter St, New Orleans, LA 70116. Abre de 17 a 23 horas. Conciertos cada día a las 17, 18,20, 21 y 22 horas. (¡!) Para cada

concierto la entrada es de 20$ y se recomienda hacer cola media hora antes en la puerta.
Fiorella's. 1136 Decatur St, New Orleans, LA 70116. Abre de 10 a 22 horas.
Blue Nile. 532 Frenchmen St, New Orleans, LA 70116. Abre de 20 a 3 de la madrugada, excepto los viernes y sábados que cierra a las 4. Lunes cerrado. Los conciertos suelen ser a las 19 y a las 23 horas.
Snug Harbor. 626 Frenchmen St, New Orleans, LA 70116. Los conciertos suelen ser a las 20 y a las 22 horas. El Bristó abre de 17 a 22.45 horas.
d.b.a. 618 Frenchmen St, New Orleans, LA 70116. Abre de 16 a 4 de la madrugada, excepto jueves, viernes y sábados que cierra a las 5. Los conciertos suelen ser a las 22 horas.
French Market Cafe. 1000 Decatur St, New Orleans, LA 70116. Abre de 8 a 22 h.
Palm Court Jazz Cafe. 1204 Decatur St, New Orleans, LA 70116. Abierto de 19 a 23 horas. Lunes y martes cerrado.
Saint Augustine Church. 1210 Governor Nicholls St, New Orleans, LA 70116.

Banda sonora

Recomendar discos en esta época de descalabro total de la industria discográfica no parece una buena opción y más al tratarse en muchos casos de grabaciones anteriores a la aparición del LP, es decir editadas originalmente en discos de piedra de 78 rpm con una canción en cada cara. Las recopilaciones que se han realizado de estos temas (y más tras caer en el terreno del dominio público) son muchas, muy desiguales en cuanto a calidad de sonido y, por lo general, han durado poco en el mercado complicando actualmente su localización. Por esa razón, y teniendo en cuenta la proliferación de plataformas de audición nacidas en Internet que permiten escuchar canciones individuales, incluso de forma gratuita, he preferido realizar un listado de temas y solo en algunos casos muy concretos recomendar discos completos. Son las canciones que, a mi entender, mejor representan los lugares, los personajes o los estilos musicales que van pasando por la narración.

Como toda selección esta es altamente subjetiva y pretende ser simplemente orientativa.

Paul Robeson "Ol' Man River".

Era necesario comenzar por esta canción. Paul Robeson grabó diversas versiones a lo largo de su vida. La primera en enero de 1928, meses después del estreno en Broadway del musical *Show Boat*. En la etiqueta del 78 rpm de Victor se lee Paul Whiteman and His Concert Orchestra with Paul Robeson and Mixed Chorus. No fue esta la primera versión del tema, el propio Whiteman la había grabado poco antes en una versión más sincopada (arreglo de Bill Challis) con Bing Crosby, cuyo nombre no figuraba en la etiqueta del disco también de Victor.

La versión más personal de Robeson es, sin duda, la grabada con orquesta en 1936 para la película *Magnolia (Show Boat)*. El bajo-barítono de New Jersey registró el tema en más de diez ocasiones, de ellas merecen destacarse por su intensidad las grabadas en directo con acompañamiento de piano en 1949 en el teatro Tchaikovsky de Moscú y en 1960 en el Carnegie Hall neoyorquino.

Claro que cualquier grabación de Paul Robeson, en especial las dedicadas a espirituales negros, es un perfecto ejemplo del Misisipi en la época en la que nacieron la mayoría de músicas de las que habla este libro.

Existen muchas otras versiones atractivas de "Ol' Man River". Yo destacaría, casi por ser un opuesto a las de Robeson, la de Frank Sinatra en 1946 para la película *Till the Clouds Roll By* (después la volvió a grabar de una forma menos almibarada), la de Judy Garland en 1963 (en su show televisivo, mejor que la grabada en 1967) o la de Jeff Beck (con Rod Stewart en la parte vocal) en 1968, tal vez no sean tan *negras* pero destilan la misma emoción.

En castellano José Guardiola grabó una versión sobre la que ha pasado el tiempo como una apisonadora implacable. En cambio la versión catalana de Guillem d'Efak ("Vell riu nostre" con arreglos de Ricard Miralles) conserva aún su frescura y la negritud que ya impactó cuando apareció en 1965.

Memphis, Tennessee

W.C. Handy: "St. Louis Blues" (1923)
Bessie Smith: "Beale Street Mama" (1923)
Bessie Smith (con Louis Armstrong): "St. Louis Blues" (1925)
Frank Stokes: "Tain't Nobody's Biz-ness If I Do", Pt 1 & 2 (1928)
Memphis Minnie: "Me and My Chauffeur Blues" (1941)
Memphis Slim: "Everyday I Have the Blues" (1949)
Ella Fitzgerald: "Beale Street Blues" (1958)
Chuck Berry: "Memphis, Tennessee" (1959)
Elvis Presley: "Memphis, Tennessee" (1965)
Aretha Franklin: "Respect" (1968), "Chain of Fools" (1968), "Son of a Preacher Man" (1970)
Rufus Thomas: "Memphis Train" (1968), "Strolling Beale No.1" (1991)
Al Green: "Let's Stay Together" (1972), "Take Me to the River" (1974)
Joni Mitchel: "Furry Sings the Blues" (1976)
Paul Simon: "Graceland" (1986)
Marc Cohn: "Walking in Memphis" (1991)
Trisha Yearwood: "Wrong Side of Memphis" (1992)
Guy Clark: "Cinco de Mayo in Memphis" (2006)

Jug Bands

Memphis Jug Band: "On The Road Again" (1929)
Cannon's Jug Stompers: "Walk Right in" (1929)
Memphis Minnie and The Memphis Jug Band: "Bumble Bee Blues" (1930)

Original Gibson Sound

Les Paul and Mary Ford: "How High the Moon" (1951), "Vaya con Dios" (1953)
B.B. King: "Everyday (I Have the Blues)" (1956), "Sweet Little Angel" (1964)
Jefferson Airplane (Jorma Kaukonen): "Embryonic Journey" (1967)

Cream (Eric Clapton): "Sunshine of Your Love" (1967), "Crossroads" (1968)
Dire Straits (Mark Knopfler): "Money for Nothing" (1985)
Jeff Beck: "Bye Bye Blues" (2010)

Estudio Sun

Elvis Presley: "That's All Right" y "Blue Moon of Kentucky "(1954).

En realidad los otros cuatro singles que Sun Records editó de Elvis entre 1954 y 1955 merecen igual atención: "Good Rockin' Tonight", "I Don't Care If The Sun Don't Shine", "You're A Heartbreaker", "Milkcow Blues Boogie", "Baby Let's Play House", "I'm Left", "You're Right", "She's Gone", "Mystery Train" y "I Forgot To Remember To Forget".

En esos mismos días Elvis grabó otros temas en el estudio Sun que posteriormente fue publicando RCA. La totalidad de esas grabaciones (para muchos lo mejor que hizo Elvis) se han editado innumerables ocasiones, muchas de forma pirata, como "The Sun Sessions", lo mejor es recurrir a alguna de las ediciones oficiales de RCA.

Scotty Moore: *The Guitar That Changed the World* [LP Columbia/Epic] (1964)
Pinetop Perkins: "Pinetop's Boogie Woogie" (1950)
Jackie Brenston and his Delta Cats (Ike Turner): "Rocket 88" (1951)
The Prisonaires: "Just Walkin' in the Rain" (1953)
Little Junior's Blue Flames: "Mystery Train" (1953)
Johnny Cash: "Cry, Cry, Cry" (1955), "Folsom Prison Blues" (1955), "I Walk the Line" (1956)
Carl Perkins: "Blue Suede Shoes" (1955), "Matchbox" (1956)
Jerry Lee Lewis: "Whole Lotta Shakin' Goin' On" (1956), "Great Balls of Fire" (1957)
Roy Orbison: "Ooby Dooby" (1961)

Los orígenes del rock and roll

Lionel Hampton (con Illinois Jacquet): "Flying Home" (1942)
Illinois Jacquet: "Blues part 2" (1944)
Louis Jordan and His Tympany Five: "Caldonia" (1945)
Roy Brown: "Good Rocking Tonight" (1947)
Fats Domino: "The Fat Man" (1949)
Jimmy Preston & His Prestonians: "Rock the Joint" (1949)
Jackie Brenston and his Delta Cats (Ike Turner): "Rocket 88" (1951)
Big Mama Thornton: "Hound Dog" (1952)
Big Joe Turner: "Shake, Rattle and Roll" (1954)
Bill Haley and his Comets: "(We're Gonna) Rock Around the Clock" (1954)

Elvis Presley: "That's All Right" (1954)

Estudio Stax

Booker T. and the MG's: "Green Onions" (1962), "Soul Limbo" (1968)
Rufus Thomas: "Green Onions" (1962), "Soul Limbo" (1968
Otis Redding: "Respect" (1965), "(Sittin' On) The Dock of the Bay" (1968)
Eddie Floyd: "Knock on Wood" (1966)
Sam and Dave: "Soul Man" (1967)
The Bar-Kays: "Soul Finger" (1967)
Isaac Hayes: "Shaft" (1971)
Staple Singers: "Respect Yourself" (1971)

Nashville, Tennessee

Ernest Tubb: "Walking the Floor Over You" (1941)
Hank Williams: "Hey, Good Lookin'" (1950), "Kaw-Liga" (1952), "Your Cheatin' Heart" (1952)
Patsy Cline con The Jordanaires: "Crazy" (1961)
Jimmy Martin: "Tennessee" (1968)
Kris Kristofferson: "To Beat the Devil" (1970)
Dolly Parton: "Down On Music Row" (1973)
Waylon Jennings: "Ladies Love Outlaws" (1971), "Honky Tonk Heroes" (1973), "Are You Sure Hank Done It This Way" (1975)
Willie Nelson: "Blue Eyes Crying in the Rain" (1975), "Good Hearted Woman" (1976), "On the Road Again" (1980)
Waylon Jennings and Willie Nelson: "Mammas Don't Let Your Babies Grow Up to Be Cowboys" (1978)
Chet Atkins and Mark Knopfler: "There'll Be Some Changes Made" (1978)
Garth Brooks: "American Honky-Tonk Bar Association" (1993)
Jon Bon Jovi: "I love this town" (2007)
Hank Williams III: "The Grand Ole Opry (Ain't So Grand)" (2008)

Los primeros espirituales negros

Anne Grimes: "The Underground Railroad" (1957)
Unique Quartette (o The Southern Four): "Mama's Black Baby Boy" (1893), "Swing Low, Sweet Chariot" (1893), "Good News, Chariot's Comin'/O Mary", "Doan You Weep", "Doan You Moan" (1893)
Dinwiddie Colored Quartet: "Down on the Old Camp Ground" (1902), "Gabriel's Trumpet" (1902), "My Way Is Cloudy" (1902)
Fisk Jubilee Singers: "Sweet Low, Sweet Chariot" (1909), "Old Black Joe" (1909), "Roll Jordan Roll" (1909)

Blind Willie Johnson: "John the Revelator" (1930)
The Five Blind Boys of Mississippi (o Jackson Harmoneers): "Our Father" (1950)
Paul Robeson: "Go Down Moses (Let My People Go)" (1959), "Sometimes I Feel Like a Motherless Child" (1961)

Estudio B de RCA

Jim Reeves: "Four Walls" (1957)
Bobby Bare: "Detroit City" (1963)
Eddy Arnold: "Tennessee Stud" (1959)
Everly Brothers: "All I Have to Do Is Dream" (1958)
Waylon Jennings: "Only Daddy That'll Walk the Line" (1968)
Roy Orbison: "Only the Lonely" (1961)
Dolly Parton: "Jolene" (1974)
Elvis Presley: "It's Now or Never" (1960), "Are You Lonesome Tonight?" (1960)
Porter Wagoner: "Green, Green Grass of Home" (1965)
Chet Atkins: "Yakety Axe" (1965), "Tennessee Waltz" (1966), "Black Mountain Rag" (1971), "Vincent" (1977)

La lucha por los Derechos Civiles

JB Lenoir: "Alabama blues" (1965)
Otis Spann: "Blues for Martin Luther King" (1968)
Harry Belafonte: "Abraham, Martin and John" (1970)
Almanac Singers: "Which Side Are You On?" (1941)
Joan Baez: "Oh Freedom" (1958)
The Montgomery Gospel Trio, The Nashville Quartet and Guy Carawan: "We Are Soldiers in the Army" (1961)
Martin Luther King Jr.: "We Shall Overcome" (1965)
Pete Seeger: "We Shall Overcome" (1963), "If You Miss Me from the Back of the Bus" (1963)
Mavis Staples: "We Shall Not Be Moved" (2007)

Espirituales blancos y Gospel Country

Alfred G. Karnes: "I Am Bound for The Promised Land" (1927)
The Carter Family: "Can Circle Be Unbroken (By and By)" (1927), "On the Rock Where Moses Stood" (1930)
Ernest Tubb: "The Right Train to Heaven" (1937)
Hank Williams: "I Saw the Light" (1948)

Roy Acuff and his Smoky Mountain Boys: "Were You There When They Crucified My Lord" (1949)
The Louvin Brothers: "The River of Jordan" (1959)

Barbershop Music

The Buffalo Bills: "Alexander's Ragtime Band" (1950), Dardanella" (1950), "Toot Toot Tootsie" (1951)
The Barbershop Quartet: "Tennessee Waltz" (1959), "Darkness on the Delta" (1959)
The Gas House Gang: "Where The Southern Roses Grow" (1996), "Beethoven" (2003)
The Vocal Majority (coro): "Bandstand Boogie" (2011)

Tupelo, Misisipi

John Lee Hooker: "Tupelo Blues" (1960)
Bela Fleck: "Natchez Trace" (1988)
Mark Knopfler: "Back to Tupelo" (2004)
Elton John: "Porch Swing in Tupelo" (2004)

La autopista del blues

Roosevelt Sykes: "Highway 61 Blues" (1932)
Sunnyland Slim: "Highway 61" (1957)
Mississippi Fred McDowell: "61 Highway" (1959)
Bob Dylan: "Highway 61 Revisited (Alternate take)" (1965)
Mark Collie: "Tunica Motel" (1995)
North Mississippi All Stars: "61 Highway" (2009)

Clarksdale, Misisipi

Muddy Waters: "Canary Bird" (1965)
Jimmy Page and Robert Plant: "Walking into Clarksdale" (1998)
Bessie Smith: "Down Hearted Blues" (1923), "Mama's Got the Blues" (1923), "Baby Won't You Please Come Home" (1924)
Bessie Smith (con Louis Armstrong and Fletcher Henderson): "Careless Love Blues" (1925)
Robert Johnson: "Cross Road Blues" (1936), "If I Had Possession Over Judgement Day" (1936), "Me and the Devil Blues" (1937)
Son House: "My Black Mama", Pt 1 & 2 (1930), "County Farm Blues" (1942)
David "Honeyboy" Edwards: "Worried Life Blues" (1942), "The Army Blues" (1942)
John Lee Hooker: "Boogie Chillen'" (1948), "Boom Boom" (1962)

Muddy Waters: "(I'm Your) Hoochie Coochie Man" (1954), "I'm Ready" (1954), "Got My Mojo Working" (1956)
Sam Cooke: "Chain Gang" (1960), "A Change Is Gonna Come" (1965)
Big Jack Johnson: "Catfish Blues" (1987)

Dockery Farms

Bob Dylan: "High Water (For Charley Patton)" (2001)
W.C. Handy: "Yellow Dog Blues" (1922)
Louis Armstrong: "Yellow Dog Blues" (1954)
Charley Patton: "Pony Blues" (1929), "Down the Dirt Road Blues (Over the Sea Blues)" (1929), "High Water Everywhere", Pt 1 & 2 (1929), "A Spoonful Blues" (1929), "Jersey Bull Blues" (1934)
The Masked Marvel (Charley Patton): "Screamin' and Hollerin' Blues" (1929)
Howlin' Wolf: "Saddle My Pony" (1952), "Smoke Stack Lightning" (1956)
Pops Staples: "This May Be the Last Time" (1955)

Indianola, Misisipi

Gary Moore: "King of Blues" (1990)
Albert King: "Born Under a Bad Sign" (1967)
B.B. King: "You Upset Me Baby" (1954), "The Thrill Is Gone" (1969), "Take it Home" (1979)

Leland, Misisipi

Jim Henson (como voz de Kermit the Frog): "Bein' Green" [también conocida como "It's Not Easy Bein' Green"] (1970) (El clip original se encuentra fácilmente en YouTube)
Tony Bennett con Kermit the Frog: "Bein' Green" (1998)
Frank Sinatra: "Bein' Green" (1971)

Natchez, Misisipi

Howlin' Wolf (como Chester Burnett): "The Natchez Burning" (1956)
John Lee Hooker: "Natchez Fire (Burnin')" (1959), "The Mighty Fire of Natchez" (1964)
Geeshie Wiley: "Last Kind Words Blues" (1930)
Papa Lightfoot: "Wine, Women, Whiskey" (1954), "Wild Fire" (1955)

En los campos de algodón

Duke Ellington: "Song of the Cotton Field" (1927)
Woody Guthrie: "Harriet Tubman's Ballad" (1949)

Lightnin' Hopkins: "Cotton" (1959), "Slavery Time" (1967)
Bo Diddley: "Working Man" (1960)
John Davis & the Georgia Sea Islands Singers: "Hard Times in Ol' Virginia" (1960)
Pete Seeger: "Lincoln and Liberty" (1963)
Michel Larue: *Songs of the American Negro Slaves* [LP/CD Folkways/Smithsonian] (1960)

A lo largo del río Misisipi

Frankie Trumbauer (con Bix Beiderbecke): "Riverboat Shuffle" (1927)
Paul Whiteman (con Bix Beiderbecke y Bing Crosby): "Mississippi Mud" (1927)
Jimmie Rodgers: "Miss the Mississippi and You" (1932)
Hoagy Carmichael: "Riverboat Shuffle" (1938)
Billie Holiday: "Strange Fruit" (1939)
Hank Snow: "Mississippi River Blues" (1953)
Creedence Clearwater Revival: "Proud Mary" (1969)
Waylon Jennings: "Mississippi Woman" (1971)
Ike and Tina Turner: "Proud Mary" (1971)
Charley Pride: "Mississippi Cotton Pickin' Delta Town" (1974)
Charlie Daniels: "Sweet Louisiana" (1976)
Loretta Lynn and Conway Twitty: "Louisiana Woman", "Mississippi Man" (1979)
Emmylou Harris: "Evangeline" (1981)
Ry Cooder: "Down in Mississippi" (1986)
Phil Ochs: "Going Down to Mississippi" (1987)
Nanci Griffith: "Listen to the Radio" (1989)
Bob Dylan: "Mississippi" (2000)

Otros lugares del Delta

Cassandra Wilson: "Darkness on the Delta" (2002)
Mamie Smith: "Crazy Blues" (1920)
Alberta Hunter: "Downhearted Blues" (1922)
Ma Raney: "Booze and Blues" (1924)
Mississippi Sheiks: "Sittin' on the Top of the World" (1930)
Robert Johnson: "Kind Hearted Woman Blues" (1936), "Hellhound on My Trail" (1937), "Love in Vain" (1937)
Bukka White: "Po' Boy" (1939)
Arthur "Big Boy" Crudup: "That's All Right" (1946)
Lonnie Johnson: "Tomorrow Nigth" (1948)

Elmore James: "I Believe" (1953)
Mississippi Fred McDowell: "Soon One Mornin' (Death Come A-Creepin' in my Room)" (1959), "You Got to Move" (1965
Sonny Boy Williamson II: "Help Me" (1963)

Acadiana y el Bayou

The Byrds: "Lover of The Bayou" (1970)
Lucinda Williams: "Lafayette" (1980)
Neville Brothers: "Fire on the Bayou" (1981)
Mary Chapin Carpenter: "Down at the Twist and Shout" (1991)
Harry Choates: "Jole Blon" (Jolie Blonde) (1946), "Allons a Lafayette" (1946)
Hank Williams: "Jambalaya (On the Bayou)" (1952)
Boozoo Chavis: "Paper in My Shoe" (1954)
Clifton Chenier: "Zydeco sont pas sales" (1957), "Crawfish Jambalaya" (1973), "Tu peux cogner mais tu peux pas rentrer (Keep on Knockin')" (1976)
Les Frères Balfa: "Les haricots sont pas salés" (1972), "La danse de Mardi Gras" (1975), "Tit galop pour Mamou" (1975)
Savoy-Doucet Cajun Band: "Tits Yeux Noirs" (1981)
BeauSoleil: "Parlez-nous à boire" (1984), "Zydeco Gris-Gris" (1986), "L'amour ou la folie" (1996)
Buckwheat Zydeco: "Hot Tamale Baby" (1987)
Zachary Richard: "J'ai été au bal" (1976), "The Battle of New Orleans" (1988), "Au bord du Lac Bijou" (1996)

Nueva Orleans, Luisiana

Bix Beiderbecke: "Way Down Yonder in New Orleans" (1927)
Jelly Roll Morton: "New Orleans Bump" (1928)
Billie Holiday and Louis Armstrong: "Do You Know What It Means to Miss New Orleans?" (1947), "Farewell to Storyville" (1947) (Ambos clips de la película *New Orleans* se encuentran fácilmente en YouTube)
Mahalia Jackson: "Amazing Grace" (1947), "Take My Hand", "Precious Lord" (1956)
Ella Fitzgerald: "Basin Street Blues" (1954)
Louis Prima: "Just a Gigolo/I Ain't Got Nobody (And Nobody Cares for Me)" (1956), "Angelina/Zooma Zooma" (1957)
Elvis Presley: "New Orleans" (1958)
Fats Domino: "I'm Walking" (1958), "Walking to New Orleans" (1960)
John Lee Hooker: "Canal Street Blues" (1960)
Johnny Horton: "The Battle of New Orleans" (1960)
The Animals: "The House of the Rising Sun" (1964)

Louis Armstrong: "Christmas in New Orleans" (1958), "What a Wonderful World" (1966), "A Boy from New Orleans" (1971)
Dr. John: "Tipitina" (1972), "Right Place", "Wrong Time" (1973)
Bobby Bare: "Marie Laveau" (1973)
The Nitty Gritty Dirt Band: "Battle of New Orleans" (1974)
Lil' Queenie and the Precolators: "My Darlin' New Orleans" (1981)
Marcia Ball: "That's Enough of That Stuff" (1986)
Irma Thomas: "(You Can Have My Husband but Please) Don't Mess with My Man" (1991)
Dire Straits: "Planet of New Orleans" (1991)
Aaron Neville: "Congo Square" (1994)
Jon Bon Jovi: "Queen of New Orleans" (1997)
The New Orleans Klezmer All Stars: "Not Too Eggy" (1999)
Clarence Gatemouth Brown: "Going Back to Louisiana" (2001)
Kermit Ruffins: "Drop Me Off in New Orleans" (2001), "Big Easy" (2002), "New Orleans (My Home Town)" (2010), "I'm So New Orleans" (2015)
John Boutté: "Foot of Canal Street" (2001), "The Tremé Song" (2003)
Steve Earle: "This City" (2011)

El nacimento del jazz

Original Dixieland Jass Band: "Livery Stable Blues" (1917), "Tiger Rag" (1918)
Clarence Williams (con Sidney Bechet): "Wild Cat Blues" (1923)
King Oliver (con Louis Armstrong):"Canal Street Blues" (1923), "Dippermouth Blues" (1923), "Sugar Foot Stomp" (1923)
Jelly Roll Morton: "Jelly Roll Blues" (1924), "King Porter Stomp" (1924)
Louis Armstrong: "Potato Head Blues" (1927), "West End Blues" (1928), "Stardust" (1931), "Basin Street Blues" Pt 1 & 2 (1957)
King Oliver: "Doctor Jazz" (1927)
Sidney Bechet and his New Orleans Feetwarmers: "Preachin' Blues" (1940)
Sidney Bechet (con Noble Sissle Swingsters): "Characteristic Blues" (1949)
George Lewis' Ragtime Band: "St. Philip Street Breakdown" (1944), "Ice Cream" (1953)
Preservation Hall Jazz Band: "St. James Infirmary" (1987)

Estudio de Cosimo Matassa

Roy Brown: "Good Rocking Tonight" (1947)
Fats Domino: "The Fat Man" (1949)
Dave Bartholomew: "Tra-La-La" (1951)

Lloyd Price: "Lawdy Miss Clawdy" (1952)
Professor Longhair: "Tipitina" (1953)
Little Richard: "Tutti Frutti" (1955), "Long Tall Sally" (1956), "Rit It Up" (1956)
Bobby Charles: "Later, Alligator" (1956)
Art Neville: "Oooh-Wee Baby" (1957)

Black Indians y Second Lines

Louis Armstrong: "New Orleans Function" (1950), "When the Saints Go Marchin' In" (1958)
Fats Domino: "Mardi Gras in New Orleans" (1953)
Eureka Brass Band: "No. 51" (Dirge) "Rest Departed Hero" (1956), "Sing On" (1958), "St. Louis Blues" (1966)
Professor Longhair: "Mardi Gras in New Orleans" (1949, 1959)
Pete Fountain: "South Rampart Street Parade" (1961)
Olympia Brass Band: "Lord, Lord, Lord" (1962)
Dr. John: "My Indian Red" (1972), "Iko Iko" (1972), "Big Chief" (1972)
The Wild Magnolias: "Handa Wanda" (1974), "Party" (1999)
The Wild Tchoupitoulas: "Brother John" (1976), "Meet the Boys on the Battlefront" (1976)
Dirty Dozen Brass Band: "My Feet Can't Fail Me Now" (1984), "Voodoo" (1989), "I Shall Not Be Moved" (2004)
Branford Marsalis and The Dirty Dozen Brass Band: "Moose The Mooche" (1989)
Rebirth Brass Band: "I Feel Like Funkin' it Up" (1989)
New Birth Brass Band: "Smoke That Fire" (1995)
Tremé Brass Band: "Gimme My Money Back" (1995), "Just a Closer Walk with Thee" (2005), "Grazing in the Grass" (2009)

¿Sabes lo que significa añorar Nueva Orleans?

Louis Armstrong: "Do You Know What It Means to Miss New Orleans?" (1947)

Listas de audición

La mayoría de los temas recomendados en esta Banda Sonora pueden encontrarse en YouTube pero para facilitar su búsqueda y, sobre todo, una audición de mayor calidad sonora he creado en la plataforma **Spotify** la playlist pública titulada **El Misisipi**.

En esta playlist de acceso gratuito se incluyen 380 temas (20 horas 57 minutos de música) en el mismo orden en que se reseñan en este capítulo.

https://open.spotify.com/user/drfreebop/playlist/0bMebn1csoCje6Ndw46dme?si=VQdFF5TmSE2l7rx3FhJPAA

Así mismo, y dados los numerosos saltos estéticos que lógicamente contiene y pueden dificultar su audición continuada, he creado otras cuatro playlist temáticas (todas ellas públicas) que añaden muchos más temas musicales a los mencionados en el texto para ayudar a completar la comprensión de cada contenido.

EL MISISIPI ESENCIAL. Un resumen para acompañar la lectura con los 80 títulos (4 horas 25 minutos) que ofrecen una perspectiva sonora de este viaje (en este caso todos ellos extraídos de la playlist principal).

EL MISISIPI NACIMIENTO DEL JAZZ. Presenta en 75 temas (3 horas 50 minutos) un panorama cronológico del nacimiento de esta música incluyendo algunas grabaciones anteriores al primer disco oficial de jazz (*Livery Stable Blues*) y una selección de aquellas que, en los primeros días, sirvieron para consolidar este estilo antes de la llegada del be bop.

EL MISISIPI ORÍGENES DEL ROCK. Explora en 102 temas (4 horas 46 minutos) ordenados cronológicamente tanto los precedentes como las primeras manifestaciones de esta revolución musical. Cada oyente puede escoger cuál es en su opinión el primer disco de rock and roll de la historia.

EL MISISIPI SOLO BLUES. Los 120 ejemplos (6 horas 41 minutos) vocales y guitarrísticos más característicos de este estilo relacionados con el Misisipi que van desfilando por el libro ordenados también cronológicamente.

En un futuro iré añadiendo nuevas playlists en Spotify sobre otros estilos musicales tratados en este libro siempre con la referencia **El Misisipi** en el inicio del título para facilitar su rápida localización.

Los links directos a todas estas playlists, así como otras informaciones sobre el libro, el Misisipi o su música, se podrán encontrar en

www.instagram.com/miqjurado
www.facebook.com/miq.jurado.1
miqjurado.wixsite.com/website

EL MISISIPI ESENCIAL

https://open.spotify.com/user/drfreebop/playlist/0ccoCpeCSteW5MNDFFkSEb?si=uzudBrgnQt6AMzg4SsjSAg

Paul Robeson: "Ol' Man River" (de la película *Magnolia* [*Show Boat*]) (1936)

Bessie Smith (con Louis Armstrong): "St. Louis Blues" (1925)

Ella Fitzgerald: "Beale Street Blues" (1958)

B.B. King: "Everyday (I Have the Blues)" (1956)

Little Junior's Blue Flames: "Mystery Train" (1953)

The Prisonaires: "Just Walkin' in the Rain" (1953)

Fats Domino: "The Fat Man" (1949)

Jackie Brenston and his Delta Cats (Ike Turner): "Rocket 88" (1951)

Elvis Presley: "That's All Right" (1954)

Elvis Presley: "Blue Moon of Kentucky" (1954).

Johnny Cash: "I Walk the Line" (1956)

Carl Perkins: "Blue Suede Shoes" (1955

Jerry Lee Lewis: "Whole Lotta Shakin' Goin' On" (1956)

Booker T. and the MG's: "Green Onions" (1962)

Otis Redding: "(Sittin' On) The Dock of the Bay" (1968)

Eddie Floyd: "Knock on Wood" (1966)

Sam and Dave: "Soul Man" (1967)

Hank Williams: "Hey, Good Lookin'" (1950), "Kaw-Liga" (1952)

Patsy Cline con The Jordanaires: "Crazy" (1961)

Waylon Jennings: "Honky Tonk Heroes" (1973)

Willie Nelson: "Good Hearted Woman" (1976)

Hank Williams III: "The Grand Ole Opry (Ain't So Grand)" (2008)

Fisk Jubilee Singers: "Roll Jordan Roll" (1909)

Blind Willie Johnson: "John the Revelator" (1930)

Paul Robeson: "Go Down Moses (Let My People Go)" (1959)

Mahalia Jackson: "Take My Hand, Precious Lord" (1956)

Everly Brothers: "All I Have to Do Is Dream" (1958)

Roy Orbison: "Only the Lonely" (1961)

Dolly Parton: "Jolene" (1974)

Elvis Presley: "It's Now or Never" (1960)

Porter Wagoner: "Green, Green Grass of Home" (1965)

Joan Baez: "Oh Freedom" (1958)

Pete Seeger: "We Shall Overcome" (1963)

The Carter Family: "Can Circle Be Unbroken (By and By)" (1927)

Hank Williams: "I Saw the Light" (1948)

The Buffalo Bills: "Alexander's Ragtime Band" (1950)

The Barbershop Quartet: "Darkness on the Delta" (1959)

Mississippi Fred McDowell: "61 Highway" (1959)

Bob Dylan: "Highway 61 Revisited (Alternate take)" (1965)

Bessie Smith (con Louis Armstrong and Fletcher Henderson): "Careless Love Blues" (1925)

Muddy Waters: "Canary Bird" (1965)

Robert Johnson: "Cross Road Blues" (1936)

John Lee Hooker: "Boom Boom" (1962)

Muddy Waters: "(I'm Your) Hoochie Coochie Man" (1954)

Charley Patton: "Pony Blues" (1929)

Robert Johnson: "Love in Vain" (1937)

B.B. King: "The Thrill Is Gone" (1969),

Louis Armstrong: "Yellow Dog Blues" (1954)

Frank Sinatra: "Bein' Green" (1971)

Lightnin' Hopkins: "Slavery Time" (1967)

Michel Larue: "I Just Come from the Fountain" (1960)

Michel Larue: "Easy Rider" (1960)

Billie Holiday: "Strange Fruit" (1939)

Ike and Tina Turner: "Proud Mary" (1971)

Neville Brothers: "Fire on the Bayou" (1981)

Hank Williams: "Jambalaya (On the Bayou)" (1952)

Les Frères Balfa: "Les haricots sont pas salés" (1972)

BeauSoleil: "L'amour ou la folie" (1996)

Clifton Chenier: "Tu peux cogner mais tu peux pas rentrer (Keep on Knockin')" (1976)

Elvis Presley: "New Orleans" (1958)

Louis Prima: "Angelina/Zooma Zooma "(1957)

Original Dixieland Jass Band: "Livery Stable Blues" (1917)

Original Dixieland Jass Band: "Tiger Rag" (1918)

King Oliver (con Louis Armstrong): "Canal Street Blues" (1923)

Louis Armstrong: "Potato Head Blues" (1927)

Ella Fitzgerald: "Basin Street Blues" (1954)

Louis Armstrong: "What a Wonderful World" (1966)

John Boutté: "The Tremé Song" (2003)

Lil' Queenie and the Precolators: "My Darlin' New Orleans" (1981)

Louis Armstrong: "New Orleans Function" (1950)

Eureka Brass Band: "No. 51 (Dirge) Rest Departed Hero" (1956)

Pete Fountain: "South Rampart Street Parade" (1961)

Louis Armstrong: "When the Saints Go Marchin' In" (1958)

Professor Longhair: "Mardi Gras in New Orleans" (1958)

Dr. John: "Iko Iko" (1972)

The Wild Magnolias: "Handa Wanda" (1974)

Dirty Dozen Brass Band: "My Feet Can't Fail Me Now" (1984)

Rebirth Brass Band: "I Feel Like Funkin' it Up" (1989)

Tremé Brass Band: "Gimme My Money Back" (1995)

Louis Armstrong: "Do You Know What It Means to Miss New Orleans?" (1947)

EL MISISIPI NACIMIENTO DEL JAZZ

https://open.spotify.com/user/drfreebop/playlist/3RWxQ9fTc2j9yzySVkqQ0e?si=Fbhty0GiRxqu4iONqjpBQg

Arthur Collins and Byron G. Harlan: "Gone, Gone, Gone" (cilindro Edison, grabado en 1904)
Ossman-Dudley Trio: "Chicken Chowder" (1907)
Gene Greene: "King of the Bungaloos" (1911)
Al Jolson: "Brass Band Ephraham Jones" (1913)
Europe's Society Orchestra: "Too Much Mustard" (1913)
Six Brown Brothers: "Bull Frog" (1916)
Scott Joplin: "Maple Leaf Rag " (rollo de pianola, ca. 1916, algunas fuentes indican que podría ser anterior)
Arthur Collins and Byron G. Harlan: "That Funny Jass Band From Dixieland" (cilindro Edison, grabado el 12 de enero de 1916)
Original Dixieland Jass Band: "Livery Stable Blues" (grabado el 26 de febrero de 1917)
Original Dixieland Jass Band: "Dixie Jass Band One Step" (grabado el 26 de febrero de 1917)

Wilbur Sweatman's and his Jass Band: "A Bag of Rags" (grabado probablemente en marzo de 1917)
Frisco Jass Band: "Pozzo" (grabado el 6 de marzo de 1917)
Six Brown Brothers: "Smiles And Chuckles (Jazz Rag)" (grabado el 9 de mayo de 1917)
Earl Fuller's Famous Jazz Band (con Ted Lewis): "Yah-De-Dah" (grabado el 4 de junio de 1917)
Marion Harris: "When I Hear That Jazz Band Play" (grabado el 18 de julio de 1917)
W.C. Handy's Orchestra of Memphis: "Livery Stable Blues" (grabado en septiembre de 1917)
Blake's Jazzone Orchestra: "The Jazz Dance (The Jazz Dance Everybody Is Crazy 'Bout)" (grabado en noviembre de 1917)
Original Dixieland Jass Band: "Tiger Rag" (1918)
Louisiana Five: "A Good Man Is Hard to Find" (1918)
Original New Orleans Jazz Band: "Ja Da (Introducing You'll Find Old Dixieland in France)" (1919)
James P. Johnson: "Carolina Shout" (1921)
W.C. Handy: "St. Louis Blues" (1923)
Clarence Williams (con Sidney Bechet): "Wild Cat Blues" (1923)
King Oliver (con Louis Armstrong): "Canal Street Blues" (1923)
King Oliver (con Louis Armstrong): "Dippermouth Blues" (1923)
King Oliver (con Louis Armstrong): "Sugar Foot Stomp" (1923)
New Orleans Rhythm Kings: "Tin Roof Blues" (1923)
Jelly Roll Morton: "Jelly Roll Blues" (1924),
Jelly Roll Morton: "King Porter Stomp" (1924)
Georgia Melodians: "Red Hot Mamma" (1924)
Fletcher Henderson's Club Alabam' Orchestra (con Coleman Hawkins y Don Redman): "It Won't Be Long Now" (1924)
Bessie Smith (con Louis Armstrong and Fletcher Henderson): "Careless Love Blues" (1925)
Bessie Smith (con Louis Armstrong): "St. Louis Blues" (1925)
The University Six (The California Ramblers): "Then I'll Be Happy" (1925)
Louis Armstrong: "Heebie Jeebies" (1926)
Fletcher Henderson (con Coleman Hawkins): "The Stampede" (1926)
Louis Armstrong: "Potato Head Blues" (1927)
Frankie Trumbauer (con Bix Beiderbecke): "Singin' the Blues" (1927)
Frankie Trumbauer (con Bix Beiderbecke): "I'm Comin' Virginia" (1927)
Frankie Trumbauer (con Bix Beiderbecke): "Riverboat Shuffle" (1927)
Duke Ellington: "East St. Louis Toodle-Oo" (1927)
Duke Ellington: "Black and Tan Fantasy" (1927)
Duke Ellington (con Adelaide Hall): "Creole Love Call" (1927)
King Oliver: "Doctor Jazz" (1927)
McKenzie and Condon's Chicagoans: "China Boy" (1927)
Miff Mole: "Shim-Me-Sha-Wabble" (1928)
Louis Armstrong and Earl Hines: "Weather Bird" (1928)
King Oliver: "Dead Man Blues" (1928)
Louis Armstrong: "West End Blues" (1928)
Fats Waller: "Ain't Misbehavin'" (1929)
Fletcher Henderson (con Coleman Hawkins, Rex Stewart y Benny Carter): "Chinatown, My Chinatown" (1930)
Casa Loma Orchestra: "Casa Loma Stomp" (1930)
Cab Calloway: "Minnie the Moocher" (1931)
Louis Armstrong: "Stardust" (1931)
Sidney Bechet: "I Found a New Baby" (1932)
The Washboard Rhythm Kings: "Tiger Rag" (1932)
Art Tatum: "Tea for Two" (1933)
Bennie Moten: "Moten Swing" (1932)
Jimmie Lunceford: "White Heat" (1933)
Benny Goodman (con Billie Holiday): "Your Mother's Son-in-Law" (1933)
Duke Ellington (con Ivie Anderson): "Stormy Weather" (1933)
Benny Goodman Trio: "After You've Gone" (1935)
Billie Holiday with Teddy Wilson Orchestra (con Johnny Hodges): "These Foolish Things (Remind Me of You)" (1936)
Jones-Smith Incorporated (con Lester Young y Count Basie): "Lady Be Good" (1936)
Benny Goodman Quartet: "Runnin' Wild" (1937)

Django Reinhardt et le Quintet du Hot Club de France avec Stéphane Grappelli: "Minor Swing" (1937)
Bob Crosby: "South Rampart Street Parade" (1937)
Count Basie Orchestra: "One O'Clock Jump" (1937)
Benny Goodman and his Orchestra: "Sing, Sing, Sing (With a Swing)" (1937)
Chick Webb and his Orchestra (con Ella Fitzgerald): "A-Tisket, A-Tasket" (1938)
Chocolate Dandies (con Coleman Hawkins y Benny Carter): "I Can't Believe That You're in" (1938)
Django Reinhardt: "I'll See You in My Dreams" (1939)
Muggsy Spanier: "Big Butter and Egg Man" (1939)
Count Basie Orchestra (con Lester Young): "Lester Leaps In" (1939)
Coleman Hawkins: "Body and Soul" (1939)

EL MISISIPI ORÍGENES DEL ROCK

https://open.spotify.com/user/drfreebop/playlist/1fjan4C6kZWE6d0OEQbHWU?si=A2kuHuvBTPWvykW_Ur8B4A

Boswell Sisters: "Rock and Roll" (1934)
Kokomo Arnold: "The Twelves (The Dirty Dozen)" (1935)
Big Joe Turner & Pete Johnson: "Roll'Em, Pete" (1938)
Bob Wills & His Texas Playboys: "Ida Red" (1938)
Benny Goodman (con Charlie Christian): "Air Mail Special (Good Enough to Keep)" (1941)
Lionel Hampton (con Illinois Jacquet): "Flying Home" (1942)
Illinois Jacquet (con Nat King Cole): "Blues" (1944)
Sister Rosetta Tharpe: "Strange Things Happening Every Day" (1944)
Louis Jordan and His Tympany Five: "Caldonia" (1945)
Jay McShann & His Sextette with Jimmy Witherspoon: "Voodoo Woman Blues" (1946)
Arthur "Big Boy" Crudup: "That's All Right" (1946)
Louis Jordan and His Tympany Five: "Let the Good Times Roll" (1946)
Bob Wills & His Texas Playboys: "Bob Wills Boogie" (1946)
Nellie Lutcher: "He's a Real Gone Guy" (1947)
Sticks McGhee: "Drinkin' Wine, Spo-Dee-O-Dee" (1947)
Joe Lutcher: "Rockin' Boogie" (1947)
Roy Brown: "Good Rocking Tonight" (1947)
Arthur Smith: "Guitar Boogie" (1948)
Maddox Brothers and Rose: "Move It On Over" (1948)
John Lee Hooker: "Boogie Chillen'" (1948)
Professor Longhair: "Oh Well" (1948)
William "Wild Bill" Moore: "We're Gonna Rock, We're Gonna Roll" (1948)
Louis Jordan & The Tympany Five: "Saturday Night Fish Fry" (1949)
Wynonie Harris: "All She Wants to Do Is Rock" (1949)
T-Bone Walker: "Hypin' Women Blues" (1949)
Fats Domino: "The Fat Man" (1949)
Jimmy Preston & His Prestonians: "Rock the Joint" (1949)
Goree Carter: "Rock Awhile" (1949)
Lalo Guerrero y sus Cinco Lobos: "Marihuana Boogie" (1949)
Pinetop Perkins: "Pinetop's Boogie Woogie" (1950)
LaVern Baker: "I Want to Rock" (1950)
Tennessee Ernie Ford: "Shotgun Boogie" (1950)
Joe Hill Louis: "Boogie in the Park" (1950)
Tiny Grimes: "Rockin' the Blues Away" (1951)
Jackie Brenston and his Delta Cats (Ike Turner): "Rocket 88" (1951)
Big Jay McNeely: "Deacon Rides Again" (1951)
Little Richard: "Taxi Blues" (1951)
Bill Haley Jr and the Comets: "Crazy Man, Crazy" (1951)
Cecil Gant: "We're Gonna Rock" (1951)
Little Walter: "Juke" (1952)
Lloyd Price: "Lawdy Miss Clawdy" (1952)
Big Mama Thornton: "Hound Dog" (1952)
Bill Haley and his Comets: "Rock the Joint" (1952)
Little Richard: "Get Rich Quick" (1952)
Ray Charles: "Mess Around" (1953)
Ruth Brown: "Mama, He Treats Your Daughter Mean" (1953)
Clyde McPhatter & The Drifters: "Three Thirty-Three" (1954)
The Platters: "Voo-Vee-Ah Bee" (1954)
Joe Houston: "All Night Long" (1954)
Joe Liggins & His Orchestra: "Yeah, Yeah, Yeah" (1954)
Hank Ballard and the Midnighters: "Work with Me Annie" (1954)
Champion Jack Dupree: "Shake Baby Shake" (1954)
Big Joe Turner: "Shake, Rattle and Roll" (1954)
Bill Haley and his Comets: "(We're Gonna) Rock Around the Clock" (1954)
Elvis Presley: "That's All Right" (1954)
Elvis Presley: "Blue Moon of Kentucky" (1954)
Johnny "Guitar" Watson: "Space Guitar" (1954)
Bill Haley and his Comets: "Razzle Dazzle" (1955)
Bill Haley and his Comets: "Rock-A-Beatin'" Boogie (1955)
Little Richard: "Tutti Frutti" (1955)
Chuck Berry: "Maybellene" (1955)

Bo Diddley: "Bo Diddley" (1955)
Oscar McLollie & His Honey Jumpers: "Roll, Hot Rod, Roll" (1955)
Carl Perkins: "Blue Suede Shoes" (1955)
Elvis Presley: "Baby Let's Play House" (1955)
Elvis Presley: "Mystery Train" (1955)
Elvis Presley: "All Shook Up" (1956)
Moon Mullican: "Seven Nights to Rock" (1956)
LaVern Baker: "Jim Dandy" (1956)
Ray Charles: "Hallelujah, I Love Her So" (1956)
Gene Vincent and His Blue Caps: "Be-Bop-a-Lula" (1956)
Bobby Charles: "Later, Alligator" (1956)
Jerry Lee Lewis: "Whole Lotta Shakin' Goin' On" (1956)
Carl Perkins: "Matchbox" (1956)
Little Richard: "Long Tall Sally" (1956)
Chuck Berry: "Roll Over Beethoven" (1956)
Elvis Presley: "Hound Dog" (1956)
Elvis Presley: "Good Rockin' Tonight" (1956)
Little Richard: "Rit It Up" (1956)
Johnny Burnette Trio: "Train Kept a-Rollin'" (1956)
Buddy Holly: "Peggy Sue" (1957)
Everly Brothers: "Wake Up Little Susie" (1957)
Everly Brothers: "Bye Bye Love" (1957)
Danny & the Juniors: "At the Hop" (1957)
Chuck Berry: "Rock and Roll Music" (1957)
Jerry Lee Lewis: "Great Balls of Fire" (1957)
Duane Eddy: "Rebel Rouser" (1958)
Boots Randolph: "Percolator" (1958)
The Champs: "Tequila" (1958)
Ritchie Valens: "La Bamba" (1958)
The Big Bopper: "Chantilly Lace" (1958)
Bobby Darin: "Splish Splash" (1958)
Buddy Holly: "That'll Be the Day" (1958)
The Johnny Otis Show: "Willie and The Hand Jive" (1958)
Chuck Berry: "Johnny B. Goode" (1958)
Little Richard: "Good Golly, Miss Molly" (1958)
Ray Charles: "What'd I Say", Pt 1 & 2 (1959)
Eddie Cochran: "C'mon Everybody" (1959)
Eddie Cochran: "Summertime Blues" (1959)
Johnny and The Hurricanes: "Red River Rock" (1959)
Lloyd Price: "Stagger Lee" (1959)
The Shadows: "Apache" (1960)

EL MISISIPI SOLO BLUES

https://open.spotify.com/user/drfreebop/playlist/17U1ziU34BS3qeJTyc76qA?si=_-SX-cQyuTceDfJO01fWTDg

Mamie Smith: "Crazy Blues" (1920)
Alberta Hunter: "Downhearted Blues" (1922)
Bessie Smith (con Fletcher Henderson): "Mama's Got the Blues" (1923)
Bessie Smith: "Beale Street Mama" (1923)
Ma Raney: "Booze and Blues" (1924)
Bessie Smith: "Baby Won't You Please Come Home" (1924)
Bessie Smith (con Louis Armstrong): "St. Louis Blues" (1925)
Bessie Smith (con Louis Armstrong and Fletcher Henderson): "Careless Love Blues" (1925)
Sippie Wallace (con King Oliver): "Morning Dove Blues" (1925)
Freddie Spruell: "Milk Cow Blues" (1926)
Furry Lewis: "Falling Down Blues" (1927)
Frank Stokes: "Tain't Nobody's Biz-ness If I Do", Pt 1 & 2 (1928)
Robert Wilkins: "Rollin' Stone", Pt 1 (1928)
Rube Lacy: "Mississippi Jail House Groan" (1928)
Tommy Johnson: "Canned Heat Blues" (1928)
Bessie Smith: "Empty Bed Blues", Pt 1 & 2 (1928)
Mississippi John Hurt: "Avalon Blues" (1928)
Mississippi John Hurt: "Candy Man Blues" (1928)
Charley Patton: "Pony Blues" (1929)
Charley Patton: "Down the Dirt Road Blues (Over the Sea Blues)" (1929)
Charley Patton: "A Spoonful Blues" (1929)
Charley Patton: "High Water Everywhere", Pt 1 & 2 (1929)
The Masked Marvel (Charley Patton): "Screamin' and Hollerin' Blues" (1929)
Furry Lewis: "I Will Turn Your Money Green" (1929)
Geeshie Wiley: "Last Kind Words Blues" (1930)
Memphis Minnie and The Memphis Jug Band: "Bumble Bee Blues" (1930)
Mississippi Sheiks: "Sittin' on the Top of the World" (1930)
Son House: "My Black Mama", Pt 1 & 2 (1930)
Lonnie Johnson: "Got the Blues for Murder Only" (1931)
Willie Brown: "Future Blues" (1931)
Roosevelt Sykes: "Highway 61 Blues" (1932)
Charley Patton: "Jersey Bull Blues" (1934)
Lucille Bogan (también conocida como Bessie Jackson): "Reckless Woman" (1935)
Big Joe Williams: "Baby Please Don't Go" (1935)
Frank Jordan and Group: "I'm Going to Leland" (grabación de campo en la penitenciaría Parchman Farm, Misisipi, 1936)
Robert Johnson: "Cross Road Blues" (1936)
Robert Johnson: "If I Had Possession Over Judgement Day" (1936)
Bukka White: "Shake 'Em on Down" (1937)
Robert Johnson: "Sweet Home Chicago" (1937)
Robert Johnson: "Hellhound on My Trail" (1937)
Robert Johnson: "Love in Vain" (1937)
Robert Johnson: "Me and the Devil Blues" (1937)
Bukka White: "Po' Boy" (1939)

Bukka White: "Parchman Farm Blues" (1940)
Bukka White: "Aberdeen Mississippi Blues" (1940)
Memphis Minnie: "Me and My Chauffeur Blues" (1941)
Robert Petway: "Catfish Blues" (1941)
Son House: "County Farm Blues" (1942)
Tommy McClennan: "Travelin' Highway Man" (1942)
David "Honeyboy" Edwards: "Worried Life Blues" (1942)
David "Honeyboy" Edwards: "The Army Blues" (1942)
Lead Belly (también conocido como Leadbelly o Huddie Ledbetter): "Matchbox Blues" (1943)
Arthur "Big Boy" Crudup: "Dirt Road Blues" (1944)
Arthur "Big Boy" Crudup: "That's All Right" (1946)
Sunnyland Slim: "Johnson Machine Gun" (1947)
Lonnie Johnson: "Tomorrow Night" (1948)
John Lee Hooker: "Boogie Chillen'" (1948)
Memphis Slim: "Everyday I Have the Blues" (1949)
Muddy Waters: "Rollin' Stone" (1950)
Elmore James: "Dust My Broom" (1951)
Big Mama Thornton: "Hound Dog" (1952)
Howlin' Wolf: "Saddle My Pony" (1952)
Little Walter: "Juke" (1952)
B.B. King: "Three O'clock Blues" (1952)
Elmore James: "I Believe" (1953)
Ike Turner: "I Ain't Drunk" (1953)
Howlin' Wolf: "Evil (Is Going On)" (1954)
Muddy Waters: "(I'm Your) Hoochie Coochie Man" (1954)
Muddy Waters: "I'm Ready" (1954)
B.B. King: "You Upset Me Baby" (1954)
Papa Lightfoot: "Wine, Women, Whiskey" (1954)
Willie Dixon con Muddy Waters: "I Just Want to Make Love to You" (1954)
Muddy Waters: "Manish Boy" (1955)
Papa Lightfoot: "Wild Fire" (1955)
Muddy Waters: "Got My Mojo Working" (1956)
Howlin' Wolf: "Smoke Stack Lightning" (1956)
Howlin' Wolf (como en algunas ediciones Chester Burnett): "The Natchez Burning" (1956)
B.B. King: "Everyday (I Have the Blues)" (1956)
John Lee Hooker: "Dimples" (1956)
Sunnyland Slim: "Highway 61" (1957)
Bobby "Blue" Bland: "Farther Up the Road" (1957)
Otis Rush: "Double Trouble" (1958)
Mississippi Fred McDowell: "61 Highway" (1959)
Mississippi Fred McDowell: "Soon One Mornin' (Death Come A-Creepin' in my Room)" (1959)
John Lee Hooker: "Natchez Fire (Burnin')" (1959)
Lightnin' Hopkins: "Cotton" (1959)
John Lee Hooker: "Tupelo Blues" (1960)
Memphis Slim and Willie Dixon: "Beer Drinking Woman" (1960)
Bo Diddley: "Working Man" (1960)
Willie Dixon and Howlin' Wolf: "The Red Rooster" (o "The Little Red Rooster") (1961)
John Lee Hooker: "Boom Boom" (1962)
Sonny Boy Williamson II: "Help Me" (1963)
Sonny Boy Williamson II: "Slowly Walk Close to Me" (1963)
Skip James: "Hard Time Killing Floor Blues" (1963)
Jimmy Reed: "Shame, Shame, Shame" (1963)
Howlin' Wolf: "Three Hundred Pounds of Joy" (1963)
Buddy Guy and Junior Wells: "Stone Crazy" (1964)
B.B. King: "Sweet Little Angel" (1964)
JB Lenoir: "Alabama blues" (1965)
Muddy Waters: "Canary Bird" (1965)
Little Milton: "We're Gonna Make It" (1965)
Mississippi Fred McDowell: "You Got to Move" (1965)
Son House: "Preachin' Blues" (1965)
John Lee Hooker: "One Bourbon, One Scotch, One Beer" (1966)
Albert King: "Born Under a Bad Sign" (1967)
Albert King: "Crosscut Saw" (1967)
Lightnin' Hopkins: "Slavery Time" (1967)
Etta James: "I'd Rather Go Blind" (1967)
Big Mama Thornton: "Ball N' Chain" (1968)
Cream: "Crossroads" (1968)
B.B. King: "The Thrill Is Gone" (1969)
Otis Spann: "Aint Nobody's Business" (1969)
Hound Dog Taylor: "Give Me Back My Wig" (1971)
Canned Heat & John Lee Hooker: "Drifter" (1971)
Buddy Guy and Junior Wells: "A Man of Many Words" (1972)
Big Walter Horton with Carey Bell: "Have A Good Time" (1972)
John Lee Hooker: "Never Get Out of These Blues Alive" (1972)
Robert Lockwood Jr.: "Selfish Ways" (1972)
Albert King: "Angel of Mercy" (1973)
Hound Dog Taylor: "Ain't Got Nobody" (1973)

Bibliografía

A lo largo de los años muchas han sido las lecturas que han ido conformando mi idea sobre el Misisipi y, en especial, sobre su música. De bastantes, en especial revistas, textos de discos o documentos citados en otros escritos, no guardo reseñas concretas. Tampoco he archivado el resultado de las innumerables entrevistas o simples charlas con músicos de diferentes estilos que he tenido ocasión de realizar en mis más de cuarenta años de profesión periodística musical o en mis viajes no solo por esa zona ya que de la música del Misisipi se habla en cualquier lugar.

A menudo las audiciones musicales han sido mucho más enriquecedoras que las lecturas para profundizar en estas ideas que ya han ido apareciendo en alguno de los libros, textos para discos y novelas gráficas que he publicado.

Y, por supuesto, un sinfín de guías turísticas generalmente poco interesadas en la música pero más o menos eficaces para planear o vivir un viaje y que no voy a enumerar porque, más o menos, todas incurren en los mismos errores y en los mismos aciertos.

Esta es una pequeña lista de lecturas "indispensables" en la que deben faltar algunas.

ARMSTRONG, LOUIS: *Satchmo, My Life in New Orleans*. Signet, New York 1955. Traducido al castellano por José Janés Editor, Barcelona 1956 con el título *Satchmo, mi vida en Nueva Orleans*.

BERENDT, JOACHIM E.: *Das Neue Jazzbuch*. Fischer Bücherei K.G. Frankfurt, 1973. Traducido al castellano por Fondo de Cultura Económica, México, 1976 con el título *El Jazz*.

BERSAMIAM, JACQUES Y FRANÇOIS JOUFFA: *Black Music*. Michel Lafin, Paris 1994.

CLAXTON, WILLIAM Y JOACHIM E. BERENDT: *Jazz Life*. Taschen, Colonia 2005.

COHN, NICK: *Awopbopaloobop Alopbamboom: The Golden Age of Rock*. Grove Press, Nueva York 1969. Traducido al castellano por Nostromo, Madrid con el título de *Awopbopaloobop Alopbamboom: una historia de la música pop*.

COLLIER, JAMES LINCOLN: *Ther Making of Jazz. A Comprehensive History*. Houghton Mifflin Company, Boston 1978. Traducido al francés por Albin Michel, París 1981 en dos volúmenes con los títulos *L'aventure du jazz, des origines au swing* y *L'aventure du jazz, du swing a nos jours.*

DORIGNY, MARCEL Y BERNARD GAINOT: *Atlas des esclavages: de l'antiquité á nos jours.* Autrement, París 2013.

DOUGLASS, FREDERICK: *My Bondage and My Freedom. Part I: Life as a Slave; Part II: Life as a Freeman.* Miller, Orton & Mulligan, New York y Auburn, 1855. Reeditado por Random House en 2003.

DRISCOLL, MATTHEW THOMAS: *New Orleans brass band traditions and popular music: elements of style in the music of mama digdown's brass band and youngblood brass band.* University of Iowa (Iowa Reasearch Online) 2012.

ESCOTT, COLIN Y MARTIN HAWKINS: *Good Rockin' Tonight.* St. Martin's Press, Nueva York 1991.

EVANS, DAVID: *Charley Patton. The Conscience of the Delta.* Incluido en *Screamin' and Hollerin' the Blues by Charley Patton.* Revenant, Austin 2001.

EVANS, FREDDI WILLIAMS: *Congo Square: African Roots in New Orleans.* University of Louisiana at Lafayette Press, 2011. Traducido al francés por La Tour Verte, Grandvilliers 2012 con el título *Congo Square, racines africanes de la Nouvelle-Orléans.*

EVERETT, SUSANNE: *History of Slavery.* Magna Books, Londres 1978.

EWEN, DAVID: *History of popular music.* Barnes & Noble, Nueva York 1961.

FAHLEY, JOHN: *Charley Patton.* Blues Paperbacks/November Books, Londres 1970.

FARREN, MICK AND PEARCE MARCHBANK: *Elvis in his own words.* Omnibus Press, Londres 1977.

GIOIA, TED: *The Delta Blues: The life and times of the Mississippi masters who revolutionized American music.* W.W. Norton & Co., New York 2008. Traducido al castellano por Turner Publicaciones, Madrid 2010 con el título de *Blues, la música del Delta del Mississippi.*

GORE, LAURA LOCOUL: *Memories of the Old Plantation Home: A Creole Family Album.* The Zoe Company, Vacherie, Louisiana 2000.

GURALNICK, PETER: *Careless Love.* Little, Brown and Company, Columbus 1999. Traducido al castellano por Global Rhythm, Barcelona 2008 con el título *Amores que matan.*

GURALNICK, PETER: *Last Train to Memphis.* Little, Brown and Company, Columbus 1994. Traducido al castellano por Global Rhythm, Barcelona 2008 con el título *Último tren a Mamphis.*

GURALNIK, PETER: *Feel Like Going Home. Portraits in blues and rock and roll.* Outerbridge & Dienstfrey, Nueva York 1971. Reedición: Back Bay Books, Nueva York 1999.

HAMMOND, JOHN & IRVING TOWNSEND: *John Hammond On Record: An Autobiography*. Ridge Press/Summit Books, Nueva York 1977.

HANDY, W.C.: *Father of the Blues. An Autobiography*. Arna Bontemps, Nueva York 1941. Reeditado por Da Capo Press, Cambridge 1985.

HENTOFF, NAT & NAT SHAPIRO: *Hear Me Talkin´to Ya. An Oral Hidstory of Jazz*. Doiver, Nueva York 1966.

HILDEBRAND, LEE: *Stars of Soul and Rhythm & Blues*. Billboard Books, Nueva York 1994.

HODEIR, ANDRÉ: *Les mondes du jazz*. 10/18, París 1970.

HOFSTEIN, FRANCIS: *Le Rhythm and Blues*. Presses Universitaires de France, Paris 1991.

LAVERE, STEPHEN C.: *Robert Johnson, the complete recordings*. Columbia, Nueva York 1990.

LOMAX, ALAN: *The Land Where the Blues Began*. Pantheon Books/Random House, Nueva York 1993. Reeditado por The New Press, Nueva York 2002.

MARQUIS, DONALD: *In search of Buddy Boldehn, first man of jazz*. Louisiana State University Press, Baton Rouge 1978.

MEDLEY, KEITH WELDOM: *Black Life in Old New Orleans*. Pelican, Gretna LA 2015.

MILNER, GREG: *Performing sound forever: an aural history of recorded music*. Farrar, Straus and Giroux, Nueva York 2010.

OLIVER, PAUL, MAX HARRISON Y WILLIAM BOLCOM: *The New Grove Gospel, Blues and Jazz*. W. W. Norton & Company, Nueva York 1980. Traducido al castellano por Muchnik, Barcelona 1990 con el título de *Gospel, Blues and Jazz*.

OLIVER, PAUL: *The Story of the Blues*. The Cresset Press, Londres 1969. Traducido al castellano por Alfaguara Nostromo, Madrid 1976 con el título de *Historia del blues*.

ROBBINS, TOM: *Jitterbug Perfume*. Bantam/Ramdom House, Nueva York 1984.

ROBERTS, JOHN STROM: *Black Music of two worlds: African, Caribean, Latin and African-American Traditions*. Praeger Plubishers, New York 1972.

SCHULLER, GUNTHER: *Early Jazz*. Oxford University Press, Nueva York 1994.

SUBLETTE, NED: *The World That Made New Orleans: From Spanish Silver to Congo Square*. Lawrence Hill Books, Chicago 2008.

TISSERAND, MICHAEL: *The Kingdom of Zydeco*. Arcade Publishing, Nueva York 1998.

VASSAL, JACQUES: *Folksongs, une histoire de la musique populaire aux États-Unis*. Albin Michel, París 1971.

WERTHEIMER, ALFRED: *Elvis and the Birth of Rock and Roll*. Taschen, Colonia 2015.

Índice onomástico

A

Armstrong, Louis (Satchmo, Dippermouth) 53, 231, 238, 239, 243, 249, 251, 252, 258, 259, 260, 262, 273, 282, 283, 291, 294, 298, 299, 301, 302, 303
Arnold, Eddy 95
Art Ensemble of Chicago 17
Astaire, Fred 51
Atkins, Chet 95, 99, 128, 296, 297
Atlantic (Sello discográfico) 65, 80, 118
Avakian, George 251, 262
Axton, Estelle 81
Aycock, Alice 122
Aykroyd, Dan 244, 245

B

B.B. King All Stars 50
Bailey, Walter 53
Band, The 253
Baquet, Théogène 239
Bare, Bobby 95, 297, 302
Barnes, Juliette 129
Barnes, Walter 191
Basie, Count 73, 179
Bas, Raphaël 268
Batman 90, 91, 106, 111, 132
Batts, Willie 146
Beale, Edward Fitzgerald 40
Beatles, The 225
Beausoleil 205, 301
Bechet, Sidney 251, 273, 274, 302
Berendt, Joachim E. 44, 242
Berlin, Irving 270
Berry, Chuck 17, 73, 75, 77, 294
Big Lou 173
Black, Bill 49, 69, 74
Blasters, The 146
Bogdanovich, Peter 130
Bo III, Armando 34
Bolden, Buddy 235, 237, 238, 239, 244
Bon Jovi, Jon 87, 296, 302
Booker T. and the MG's 26, 81, 82, 296
Boutté, John 247, 266, 302
Bowie, Lester 17
Bradley, Owen 128, 288
Brando, Marlon 137
Brenston, Jackie 72, 295
Brooks, Garth 132, 296
Brown, James 179
Brown, Ray 71
Brown, Roy 253, 295, 302
Buffalo Bill 40, 255
Byrds, The 98, 301

C

Campbell, Glenn 98
Carpenter, Mary Chapin 203, 301
Carter, A.P. 100
Carter Family 100, 297

Carter, Mother Maybelle 99
Cash, Johnny 26, 43, 67, 68, 77, 80, 98, 99, 109, 126, 288, 295
Catlett, Elizabeth 243
Charles, Bobby 253, 303
Charles, Ray 53, 80, 179, 185
Chateaubriand, François-René 16
Chess (Sello discográfico) 67, 72, 191
Clapton, Eric 59, 152, 153, 173, 182, 295
Claxton, William 44
Cline, Patsy 126, 288, 296
Cole, Nat King 40, 53
Columbia (Sello discográfico) 80, 101, 114, 241, 243, 251
Cooke, Sam 136, 163, 299
Costello, Elvis 156
Cramer, Floyd 95
Cream 59, 153, 295
Creole Wild West 255
Crooper, Steve 82, 84
Crudup, Big Boy 74, 300
Cuevas, Manuel 98

D

Dalí, Salvador 98
Davis, Miles 17, 251
Dean, James 75
Denny, Jim 104
De Soto, Hernando 16, 22, 24, 62, 145
Diddley, Bo 73, 75, 136, 300
Dinwiddie Colored Quartet 114, 296
Dippermouth (Armstrong, Louis, Satchmo) 243, 260
Dixie Cups, The 257
Dixon, Willie 136, 146, 161, 189
Dockery, Will 172
Dollar Million Quartet 67
Dollis Jr., Big Chief Bo 271
Domino, Fats 221, 247, 253, 295, 301, 302, 303
Doucet, Michael 205
Douglas, Jerry 99
Douglass, Frederick 115, 119
Dr. Feelgood 146
Dr. John 247, 257, 302, 303
Dukes of Dixieland 225, 254
Dylan, Bob 17, 46, 69, 101, 143, 146, 298, 299, 300

E

Edison (Sello discográfico) 114
Edwards, Honeyboy 146
Ellington, Duke 249, 251, 299
Ertegun 80
Estes, Sleepy John 89, 155
Eureka Brass Band 249, 303
Everly Brothers 95, 297

F

Fender (guitarra) 59
Ferbos, Lionel 270
Fisk Jubilee Singers 111, 113, 112, 114, 120, 296
Fitzgerald, Ella 40, 264, 294, 301
Flint, Timothy 235
Floyd, Eddie 81, 296
Flying Burrito Brothers 98
Foster, Stephen 113
Francis, Connie 95
Francis, Sylvester 254
Franklin, Aretha 26, 53, 294
Freed, Alan 70, 72, 73
Freeman, Morgan 161

G

Gallina, Charles 46
Gasol, Marc 24, 25
Gibbons, Billy 155, 156
Gibson (guitarra) 24, 59, 60, 61, 99, 155, 161, 182, 190, 286, 294
Golden Eagles 255
González Iñárritu, Alejandro 57

Goodman, Benny 251
Gordy, Berry 80
Gore, Laura Locoul 220
Grant, Ulysses S. 40, 112
Green, Al 26, 28, 29, 30, 31, 39, 46, 294
Guardians of the Flame 255
Guillermo de Orange 114

H

Haley, Bill 72, 75, 253, 295
Hammerstein II, Oscar 13, 15
Hammond (órgano) 29, 84
Handy, W.C. 26, 40, 41, 43, 44, 45, 48, 68, 150, 160, 168, 169, 285, 294, 299
Harmonouche 268
Harris, Corey 146
Harris, Emmylou 99, 300
Harris, Wynonie 71
Hart, William 101
Harvey, PJ 146
Hayes, Isaac 79, 81, 83, 84, 98, 296
Hefner, Hugh 187
Hendrix, Jimi 98, 162
Henson, Jim 185, 299
Hillman, Chris 99
Holiday, Billie 259, 283, 300, 301
Holly, Buddy 26
Hooker, John Lee 46, 136, 154, 156, 298, 299, 301
House, Son 136, 153, 172, 298

J

Jackson, Jesse 54
Jackson, Mahalia 243, 244, 249, 301
Jacquet, Illinois 71, 295
James, Elmore 136, 153, 301
James, Elroy A. 277
James, Jesse 146
Jarmusc, Jim 57
Jarrett, Keith 251
Jennings, Waylon 95, 109, 296, 297, 300
John, Elton 98, 298
Johnson, Big Jack 160, 299
Johnson, Lonnie 182, 300
Johnson, Lyndon B. 33
Johnson, Robert 136, 151, 152, 153, 154, 155, 172, 246, 298, 300
Johnson, Wilko 146
Jones, George 126, 288
Jones, Quincy 9
Jope, Capitán 114
Jordan, Louis 71, 295
Jurado, Àlex 5, 28, 48
Jurado, Teresa 5, 226, 228

K

Kahn, Abdul Rashid 270
Keisker, Marion 66, 67, 73, 76, 78, 79
Kelly, Jack 146
Kermit the Frog 186, 290, 299
Kern, Jerome 13, 126
Kern Shaw, Steven 126
Kerouac, Jack 27
King Crimson 225
King, Albert 81, 136, 182, 299
King, B.B. 19, 43, 44, 47, 50, 59, 62, 63, 67, 133, 136, 141, 147, 154, 177, 178, 179, 180, 181, 182, 183, 185, 286, 288, 290, 294, 299
King, Martin Luther 51, 53, 82
Kizart, Willie 78
Knopfler, Mark 137, 295, 296, 298
Kristofferson, Kris 101, 133, 296
Ku Klux Klan 82

L

Lafitte, Jean 227, 229
Lansky, Brothers 62
Lanza, Mario 33
Laperla, Artur 260
Latxague, Robert 5, 22, 50, 69, 158, 161
Lauper, Cyndi 257

Laveau, Marie 227, 228, 229, 235, 291
Lennon, John 69
Lewis, Jerry Lee 26, 46, 47, 67, 68, 79, 80, 105, 113, 136, 286, 295
Lewis, Linda Gail 113
Liberace 141
Lincoln, Abraham 189, 196
Lomax, Alan 155, 237
Longhair, Professor 247, 248, 303
Lubin, Arthur 259
Lucille (guitarra) 43, 59, 60, 61, 63, 182
Lugar, Andrea 62
Luke, Lucky 226

M

Magnold, James 57
Majal, Taj 165
Mar-Keys, The 81
Marmaduke 114
Marsalis, Delfeayo 265, 266
Marsalis, Ellis 263
Mars, Bruno 51
Martin, Jimmy 109, 110, 296
Matassa, Cosimo 252, 253, 302
Mattea, Kathy 132
Maurice de Nassau 114
Mayall, John 156
McBride, Jim 57
McCoy, Hallelujah Joe 146
McDowell, Mississippi Fred 146, 298, 301
Memphis Mafia 37
Miller, Bill 126
Minton, Little 67
Misfits, The 229
Monarch (Sello discográfico) 114
Monroe, Bill 75, 99
Montana, Tootie 244, 256
Moore, Scotty 50, 69, 74, 104, 295
Morganfield, McKinley 154
Morrison, Van 113, 185
Morton, Jelly Roll 237, 258, 302
Musselwhite, Charlie 136, 156

N

Neal, Kenny 165
Nelson, Willie 95, 109, 126, 133, 287, 296
Neville Brothers, The 257
Newborn, Calvin 44
New Orleans Moonshiners 270, 271
Nirvana 46
Nitty Gritty Dirt Band 123, 302
North Mississippi All Stars 298
Nugent, Ted 61

O

Oasis 46
Oliver, King 239, 243, 302
Oliver, Paul 170
Olmsted, Frederick Law 115
Onward Brass Band 239
Orbison, Roy 68, 95, 295, 297
Original Blues Brothers Band 82

P

Panettiere, Hayden 129
Parks, Eric 62
Parks, Rosa 55
Parsons, Gram 98
Parton, Dolly 95, 98, 109, 127, 296, 297
Patton, Charley 18, 136, 167, 169, 170, 172, 173, 175, 299
Paul, Les 59, 71, 99, 155, 294
Pérez, Manuel 239
Perkins, Carl 26, 50, 67, 68, 98, 105, 295
Perkins, Pinetop 136, 156, 295
Pertofky, Adam 55
Phillips, Dewey 39, 69, 70, 79
Phillips, Sam 26, 38, 66, 67, 68, 69, 70, 72, 73, 76, 77, 78, 79, 81, 82, 104

Pierce, Webb 97
Plant, Robert 98, 156, 164, 298
Pocahontas 114
Pollack, Sidney 57
Preservation Hall Orchestra 269
Presley, Elvis 10, 20, 25, 26, 29, 31, 33, 34, 35, 36, 37, 38, 39, 40, 44, 48, 49, 57, 58, 59, 62, 67, 68, 69, 70, 73, 74, 75, 76, 77, 78, 84, 94, 95, 98, 104, 105, 126, 136, 138, 139, 140, 141 223, 285, 288, 294, 295, 296, 297, 301
Presley, Gladys 141
Presley, Lisa Marie 33
Presley, Priscilla 32, 98
Presley, Vernon 36, 139
Pride, Charley 10, 300
Prima, Louis 264, 301
Prince 17, 46, 50, 162
Pullen Jackson, George 125

R

Rana Gustavo 185, 186
Ray, James Earl 54, 56
RCA (Sello discográfico) 80, 84, 94, 95, 96, 127, 251, 287, 295, 297
Rea, Chris 146
Redding, Otis 26, 53, 81, 82, 296
Reeves, Jim 95, 98, 297
Reinhardt, Django 181
Revivalist, The 248
Richard, Little 73, 75, 77, 253, 303
Richards, Keith 98
Robertson, James 121
Robeson, Paul 13, 14, 15, 55, 293, 297
Rodgers, Jimmie 99, 136, 215, 300
Rolfe, John 114
Rolling Stones, The 173
Roosevelt, Theodore 102
Ross, Diana 185
Roth, David Lee 98
Ruffins, Kermit 263, 264, 302
Ryman, Thomas G. 102

S

Sam and Dave 46, 81, 296
Satchmo (Armstrong, Louis, Dippermouth) 238, 239, 243, 244, 249, 251, 252, 256, 257, 260, 264, 267, 269, 271, 273, 275, 276, 277, 281
Schumacher, Joel 57
Scorsese, Martin 253
Scott, Walter 118
Scruggs, Earl 99
Seals, Son 162
Selmer Macaferri (guitarra) 268
Sidran, Ben 146
Simon, David 230
Simon, George T. 245
Simon, Paul 140, 294
Sinatra, Frank 15, 185, 294, 299
Slama, Norbert 268
Slim, Memphis 84, 85, 286, 294
Slim, Sunnyland 146, 298
Sloan, Henry 167, 169
Smith, Bessie 157, 294, 298
Smith, Jacqueline 56
Sneaky Pete 263
Snow, Hank 98, 106, 300
Sophisticated Swing Orchestra 191
Soul Children 81
Soul Rebels, The 263
Soul Stirrers, The 146
Soulsville Symphony Orchestra 83
Southern Four, The 114, 296
Sparks Brothers 146
Spiller, Lucious 159, 162
Standard Negro Quartette 114
Staples, Roebuck Pops 173
Staples Singers, The 81
Starr, Ringo 79, 257

Stax (Sello discográfico) 10, 26, 53, 65, 79, 80, 81, 82, 83, 84, 85, 254, 286, 296
Stewart, Jim 81
Stooges Brass Band 271
Sublette, Ned 282
Sugarman, Tracy 245
Sun (Sello discográfico) 26, 34, 35, 38, 44, 49, 65, 66, 67, 68, 69, 70, 72, 73, 76, 77, 78, 79, 80, 81, 82, 113, 140, 254, 285, 286, 295
Sykes, Roosevelt 146, 298

T

Tamla Motown (Sello discográfico) 65, 80, 83
Third Mean Records 126, 288
Thomas, Carla 26, 81
Thomas, Rufus 26, 44, 57, 70, 136, 294, 296
Tigrett, Isaac 244
Toof, Stephen C. 31
Toussaint, Allen 247
Toyama, Yoshiko 251, 252, 271, 276, 277
Tremé Baby Dolls 277
Tremé Brass Band 254, 271, 275, 277, 278, 279, 303
Tremé, Claude 273
Tremé Funktet 271
Tubb, Ernest 95, 107, 123, 124, 125, 288, 296, 297
Turner, Big Joe 73, 295
Turner, Ike 17, 71, 72, 75, 78, 136, 156, 158, 159, 253, 295
Turner, Tina 89, 300
Twain, Shania 98

U

U2 79
Unique Quartette 114, 296

V

Vaughan, Stevie Ray 50, 182
Victor (Sello discográfico) 113, 114, 240, 241, 293

W

Wagoner, Porter 95, 98, 297
Waits, Tom 156
Washington, Walter Wolfman 266
Watermelon Slim 163, 267
Waters, Ethel 53
Waters, Muddy 136, 147, 149, 154, 155, 298, 299
Wentworth Higginson, Thomas 118
White, George L. 113
White, Jack 126
White Stripes 126
Wild Magnolias 255, 256, 271, 303
Wild Tchoupitoulas 255
Williams Evans, Freddi 232
Williams, Hank 99, 109, 110, 296, 297, 301
Williams III, Hank 109, 296
Williams, Lucinda 210, 301
Williamson, Sonny Boy 147, 301
Williams, Tennessee 229
Willis, Bob 105
Winter, Johnny 146
Withers, Ernest C. 51, 286
Wolf, Howlin' 67, 136, 173, 191, 299
Wong, Kar-Wai 57

Y

Yellow Pocahontas 255, 256

Z

Zepatos, Speros 57
Ziegfeld, Florenz 13
ZZ Top 155

OTROS LIBROS SIMILARES:

RUTAS DEL ROCK

Ezio Guaitamacchi

De los caminos del blues a Woodstock. Nashville, Nueva Orleans, Memphis, Chicago, Nueva York...

Este libro, a medio camino entre una guía turística y una enciclopedia, es un magnífico relato en clave de viaje musical que estimula la fantasía y la imaginación del lector desvelando curiosidades de todos aquellos lugares –sagrados, famosos o históricos– que el autor ha visitado, y que coinciden siempre con diferentes itinerarios que han marcado la historia de la música.

El excepcional talento narrativo de Ezio Guaitamacchi y la evocación de los lugares míticos del rock hacen de este libro una obra excepcional, un viaje poliédrico a las entrañas de la historia de la música.

NUEVAS RUTAS DEL ROCK

Ezio Guaitamacchi

Del sueño californiano al latido irlandés. San Francisco, Seattle, Liverpool, Londres, Dublín…

Este libro quiere desvelar anécdotas e «historias que han hecho historia», de los lugares que han sido testimonio de fantásticas aventuras musicales. Como la que protagonizaron Jimi Hendrix, Janis Joplin o Grateful Dead en la costa oeste americana; o Neil Young en el festival de Monterey; o los Eagles y su «Hotel California»… En este lado del Atlántico el autor hace una incursión en el Liverpool de los Beatles para trasladarse luego al Londres del Marquee, de Abbey Road, del distrito punk y de los macroconciertos en Wembley con David Bowie, Elton John o Pink Floyd. Finalizando con un paseo tintado de Guiness por la verde Irlanda de la mano de los Commitments, de U2, de Van Morrison y de los Cranberries.

Ambos volúmenes también disponibles en estuche